Von Ghetto zu Ghetto

Omarmoschee am Tempelberg in Jerusalem

Von Ghetto zu Ghetto

Reisen und Beobachtungen

von

E. N. ADLER

Mit zahlreichen Illustrationen nach Originalaufnahmen

Autorisierte Übertragung aus dem Englischen

STUTTGART
Verlag von Strecker & Schröder
1909

Umschlag von Sigurd Wendland
nach der deutschen Originalausgabe von 1909

Verlag HENTRICH & HENTRICH GbR
Ganzer Straße 10, 16866 Teetz

Satz außerhalb des Reprints: Rauscher Druck und Medien OHG, Berlin

Lithos: Reprowerkstatt Rink, Berlin

Druck und Buchbinderei: Art-Druk A. R. Bartniccy, Szczecin

ISBN 3-933471-18-4
1. Auflage 2001
Printed in Poland

Elchanan Nathan Adler

Von Ghetto zu Ghetto

Berichte eines jüdischen Reisenden ausgangs des 19. Jahrhunderts

Nachwort und Erläuterungen
von Joachim Schlör

Reihe Jüdische Memoiren
Herausgegeben von Hermann Simon
Band 6

HENTRICH & HENTRICH
Teetz 2001

Vorwort

Elchanan Nathan Adler, Sohn des Nathan Marcus Adler, stammt aus einer Familie jüdischer Gelehrter, die weit in die deutsch-jüdische Geschichte zurückreicht. Leider hat weder der Vater noch der Sohn (unser Autor) – noch sein Bruder Hermann, der Nathan Marcus im Amt des „Chief Rabbi of the United Hebrew Congregations of the British Empire" nachfolgte – autobiographische Aufzeichnungen hinterlassen. In unserer Reihe Jüdische Memoiren nimmt der Nachdruck der Reiseberichte, „Von Ghetto zu Ghetto" oder, wie es im englischen Original hieß, „Jews in many lands", deshalb eine besondere Stellung ein.
Für einen Zeitraum von über zwanzig Jahren war die Reise, war das Unterwegssein die eigentliche Existenzform eines Mannes, über dessen Leben wir sonst wenig wissen. Nachrichten, die üblicherweise einen Lebenslauf ausmachen, von Kindheitserinnerungen über Lehrzeiten und berufliche Erfahrungen bis hin zum Rückblick auf die eigene Leistung, bleiben hier ausgeblendet. Das ist nicht nur mangelnder Überlieferung geschuldet. Dieser „wissenschaftliche Reisende" hat sich selbst zurückgenommen und die Tradition jüdischer Reisender, in die er sich mit seinen Berichten stellte, an die Stelle der üblichen Überlieferungen gesetzt. Seine Aufgabe, der wir jetzt wieder lesend folgen können, war es, Informationen über die weit verstreut lebenden jüdischen Gemeinden zu finden, ihre Siedlungsformen ausfindig zu machen und einem interessierten Publikum vorzustellen – in der Hoffnung, diese Berichte über die Vielfalt jüdischen Lebens möchten die arg vereinfachten Bilder vom Judentum beim nichtjüdischen Publikum erschüttern und zugleich brüderliche Solidarität unter den jüdischen Lesern auslösen.
Wenn wir die Berichte heute nachlesen, werden uns nicht allein die Verluste vor Augen geführt, Ort für Ort, die das vergangene Jahrhundert geschlagen hat; wir begegnen auch einem Menschen, in dessen Berichten und Schilderungen eine Hoffnung auf die Überlebensfähigkeit jüdischer Gemeinden auf der ganzen Welt aufscheint. Und in diesen Schilderungen erhalten wir auch ein Bild des Autors, des Reisenden, des Menschen Elchanan Nathan Adler.

Hermann Simon
Direktor der Stiftung „Neue Synagoge Berlin - Centrum Judaicum"
und Herausgeber der Reihe „Jüdische Memoiren"

Berlin, im Juni 2001

Vorwort

Seine erste Reise nach dem Orient unternahm der Verfasser im Auftrage des Komitees des „Holy Land Relief Fund“. Es handelte sich darum, gewisse legale Schwierigkeiten aufzuklären, die infolge des Todes Sir Moses Montefiores im Jahre 1888 auf dessen Liegenschaften in Jerusalem und Jaffa entstanden waren. Zu jener Zeit standen als einzige Gebäude darauf das „Juda Touro“-Armenhaus und eine Windmühle. Von dem daran angrenzenden herrenlosen Lande hatten 300 arme und verzweifelte Juden „Besitz ergriffen“, da es, wie sie behaupteten, von Anfang an „für die Armen bestimmt“ gewesen war, „und sie wären arm“. Die Reise war erfolgreich: die Eindringlinge wurden entfernt, und ihren Platz nahmen arbeitsame Ansiedler ein, die durch Vermittlung zweier von dem „Moses Montefiore-Festimonial-Commitee“ finanzierten Baugesellschaften einige 130 bescheidene kleine Wohnungen an Stelle der fast unbewohnbaren Hütten errichteten, die sich dort im Jahre 1888 befanden. Das Resultat war also ein recht befriedigendes und ermutigte den Verfasser, nicht nur Palästina noch öfter aufzusuchen, sondern auch eine ganze Anzahl anderer Reisen nach jüdischen Zentren der Alten sowie Neuen Welt zu unternehmen. Zu einem mehr oder weniger altruistischen Interesse für seine Glaubensgenossen kam noch eine egoistische Neigung, die mit der Gelegenheit wuchs, alte Dokumente aus der jüdischen Vergangenheit zu sammeln.

Es gibt keinen Sport, der der Jagd nach vergrabenen Manuskripten gleichkommt. Selbst an Gefahren mangelt es nicht immer, und man kann sich kaum vorstellen, wie faszinierend die Aussicht auf einen „Fund“ wirkt. Nur ein wenig Glück, und man gelangt schnell zu einem unüberwindlichen Optimismus, der glückliche Funde an den unwahrscheinlichsten Plätzen erhoffen lässt. Und man wird nicht einmal oft enttäuscht.

Der Anwaltsberuf des Verfassers bietet eine Menge Gelegenheiten. Geschäfte in Spanien verleiten zu einem Abstecher nach Marokko. Russland ist ein Übergang für Zentralasien, Ägypten ist nur eine Nachtreise von Palästina entfernt. Und dann hat ein Rechtsanwalt gediegen lange Ferien, mindestens zweimal im Jahr. Es ist ganz wundervoll, darüber nachzudenken, wie viel man in zwei oder drei Wochen tun, oder wie weit man in dieser Zeit gelangen kann. Der moderne Reisende braucht nur ein paar einfache Regeln zu beobachten. Wenn seine Zeit beschränkt ist, sollte er direkt auf seinen Bestimmungsort losgehen und nicht vom Wege abweichen. Er sollte sich nicht an Zeiten und Jahreszeiten halten, noch von grossmütterlicher Furcht vor Hitze und Kälte abschrecken lassen. Ein ägyptischer Sommer hat manches für sich, ebenso wie ein russischer; keiner von beiden gilt als Saison; aber die Eingeborenen leben überall das ganze Jahr hindurch, und der Reisende muss Kosmopolit sein. „Kann nicht“ liegt auf dem Friedhof, und „Du sollst nicht“ ist ein Wort, das mehr in der Übertretung als in der Befolgung zur Geltung kommt. Was die Diät anbetrifft, so ist ein „Zuviel“ gefährlicher als ein „Zuwenig“. Der Verfasser fand beim Genusse von grünem Gemüse und reifen Früchten ständige Gesundheit. Fleisch fand er ganz unwichtig und ist vier Monate mit nur einer einzigen Fleischmahlzeit ausgekommen. Aber er verschmäht Wasser, ausser in äusserer Anwendung.

In den letzten 20 Jahren hat er es fertig gebracht, ungefähr 100 Manuskripte im Jahre zu sammeln, und jeden Kontinent, ausser Australien, wohl ein halbes Dutzend mal zu besuchen[1]. Und alles dies ohne irgendwelche unverhältnismässige Opfer an Zeit und Geld. Die folgenden Skizzen sind Aufzeichnungen von seinen Reisen nach „Judenland“, zum grössten Teil gleich an Ort und Stelle geschrieben und dann in Fachblättern und anderswo veröffentlicht.

In der stürmischen Vergangenheit fürchtete der Jude das Meer nicht; sein kaufmännischer Blick erkannte schon früh den Wert der Seewege. Die Natur hat ihn dazu mit einem besonderen Sprachtalent ausgerüstet, ihm eine besondere Sprache gegeben. Das Hebräische war — und ist — eine „Lingua franca“, die die Geheimnisse der bezaubernden Küste und des Hinterlandes der drei grossen Binnenseen der Alten Welt erschliesst. Was Amerika betrifft, so ist jetzt erwiesen, dass alle grossen Entdecker, von Kolumbus an, Juden auf ihren Reisen bei sich hatten, als Dolmetscher, Gesellschafter und Be-

---

[1] Folgende sind seine wichtigsten Reisen: Nach Ägypten und Palästina 1888, 1895, 1898 und 1901; nach Marokko 1892, 1894 und 1900; nach Algerien und Tunis 1894/95 und 1905; nach Tripolis 1905; nach Persien 1896; nach Zentralasien 1897; nach Aleppo 1898; nach Spanien und Portugal 1892, 1894, 1900 und 1903; nach Russland 1889, 1892, 1896, 1897 und 1905; nach Nordamerika 1901, 1902, 1903 (zweimal) und 1907; nach Südamerika und Westindien 1902/03 und nach Indien und Aden 1906.

rater. Auch verloren die Juden keine Zeit, den Wert des neuen Kontinentes zu erkennen, und endlich lassen die amerikanischen Geschichtsschreiber ihnen die Gerechtigkeit widerfahren, zuzugeben, dass sie zu den ersten und gleichzeitig zu den besten Kolonisten gehörten. Es war eine besondere Freude für den Verfasser, auf seinem Rückwege von „Hispaniola“ in Spanien ein Exemplar der von Kolumbus benutzten nautischen Tabellen zu finden, die in Portugal von einem Juden gesammelt, von einem anderen gedruckt und von einem dritten dem grossen Entdecker überreicht worden waren.

London, im Juni 1909.

E. N. Adler.

Inhalt

Ägypten im Jahre 1888.

Die Juden von Kairo — Synagogen — Maimonides — Die Karaiten — Rabbanitische Juden — Alt-Kairo — Inschriften — Eine jüdische Hochzeit — Laubhütten.

Für uns Juden muss Ägypten immer von höchstem Interesse sein. In Ägypten finden wir zahlreiche Spuren unserer Vorfahren vor dem Exodus. Und sogar ihre Porträts sind noch deutlich auf den Mumienhüllen von Bulak zu erkennen. In den verschrumpften, eingetrockneten Gesichtszügen Ramses' II. können wir noch die starre Hartnäckigkeit des Pharao wiederfinden, „der nichts von Joseph wusste“, gerade wie wir uns noch die Zartheit Bent Anats vorstellen können, der Prinzessin, die den kleinen Moses aus seinem nassen Grabe rettete. König und Prinzessin, beide liegen in dem anspruchslosen Museum[1] an den Ufern des Nils inmitten einer Reihe anderer königlicher Mumien von historischer Bedeutung — vielleicht an derselben Stelle, wo sie vor 4000 Jahren zu baden pflegten. Pithom und Ramses sind identifiziert worden, und die Wanderungen der Kinder Israel wurden mit einer Genauigkeit festgelegt, an die nicht einmal eine Beschreibung des berühmten Marsches der Zehntausend Xenophons heranreicht, wenn wir auch alle Einschränkungen betreffs der Routen, die von den verschiedenen Ägyptologen angegeben wurden, gelten lassen wollen.

Salomo, Jeremia, Philo, Saadia und Maimonides waren alle eng mit Ägypten verknüpft. Der Reichtum der Juden von Alexandria ist im Talmud sprichwörtlich, und der haarspaltende Scharfsinn der Neu-Platoniker fordert die Bewunderung selbst der modernen Philosophie heraus.

Wahrscheinlich kann keine Stadt der Welt — vielleicht nicht einmal Damaskus und keinesfalls Jerusalem — sich rühmen, so ununterbrochen wie Kairo seit Menschengedenken jüdische Gemeinden beherbergt zu haben. Daher kann auch keine Stadt der Welt denen, die sich mit jüdischen Altertümern beschäftigen, ein so grosses Arbeitsfeld bieten. Und doch, so merkwürdig das scheinen mag: obgleich Hunderte unserer Glaubensgenossen Kairo besuchen, entweder auf der Durchreise nach oder von Indien und den Kolonien, oder bei einer Winterreise nach Ägypten um Ägyptens willen — es wurde uns von den Gemeindevorstehern versichert, dass kaum einer je sich für die Lage der

[1] Es ist inzwischen nach einem palastartigen Gebäude verlegt worden.

Juden Kairos in Vergangenheit, Gegenwart oder Zukunft interessiert. Es traf sich besonders glücklich, dass die Umstände mich nötigten, das Versöhnungsfest und die ersten Tage des Laubhüttenfestes in Kairo zu verbringen; denn so hatte ich die beste Gelegenheit, unsere ägyptischen Glaubensgenossen zu sehen, wie sie wirklich sind. Diese Feiertage, die so ganz besonders geeignet sind, die charakteristischen jüdischen Gefühle in die Erscheinung treten zu lassen, fallen in eine Zeit des Jahres, da die Hitze so übermässig ist, dass die Fremden ihr nicht standhalten; sogar dauernd dort wohnhafte Fremde flüchten vor ihr, und es kommt nicht oft vor, dass ein Europäer Gelegenheit hat, sich der eingesessenen jüdischen Bevölkerung bei der Feier ihrer Feste anschliessen zu können. Ich traf in Alexandrien am Vorabend des Versöhnungstages ein, so dass ich dort nur einen ganz kurzen Aufenthalt nehmen konnte und kaum Zeit hatte, ausser der grossen Synagoge, der grössten in Afrika, die gerade gesäubert und für den Abendgottesdienst hergerichtet wurde, irgend etwas zu sehen. In dem Zehnuhrzug, mit dem ich nach Kairo reiste, fuhren mehrere Juden und Jüdinnen, die nach der Hauptstadt zurückeilten, um den Fasttag in ihren Familien zu verbringen; einige hatten sich in Alexandrien geschäftlich, andere aus gesundheitlichen Rücksichten aufgehalten. Ich war entzückt, unter ihnen einen Herrn zu entdecken, an den ich ein Empfehlungsschreiben hatte, und dessen Familie mir während meines ganzen Aufenthaltes mit ausserordentlicher Freundlichkeit begegnete. Ich war die ganze Zeit hindurch ihr Gast, und ihre Gastfreundschaft war mein erster und angenehmster Eindruck von orientalischen — und jüdischen — Charakterzügen. Wir speisten an jenem Freitag um zwei Uhr und speisten um fünf Uhr wieder, so dass wir körperlich für den kommenden Tag gewappnet waren. Da ich mich nahezu eine Woche lang jeder Fleischnahrung enthalten hatte, fand ich die Speisen, obgleich fremdartig, so doch gut zubereitet und wohlschmeckend. Natürlich hatten wir Reis und Geflügel — die Fastenspeisen in der ganzen Welt — aber „wir gedachten auch der Fische, die wir in Ägypten reichlich assen, der Gurken und der Melonen und des Lauches“, und es gab auch Oliven und Datteln, die man nirgends in solchem Überflusse sieht wie auf der Tafel in Kairo. Kurz vor sechs Uhr begleitete ich meine Freunde in die Synagoge von Nissim Misséri Bey, einem der vier Brüder, die die Inhaber der bekannten Bankfirma Misséri Frères sind.

Diese Privatsynagoge, fünf Minuten von Shepheards Hotel entfernt und im Ismailiaviertel gelegen, war viel näher und daher für mich viel bequemer als die öffentlichen Synagogen im Muski, besonders da die Sonne das Gehen beinahe zu einer Unmöglichkeit machte. Sie bildet eine Art Gartenhaus zu dem stattlichen Palais, in dem die Familien der vier Brüder einen musterhaften gemeinsamen Haushalt führen. Sie ist etwas kleiner als die „North London Synagoge" und weist einen sehr ähnlichen Stil auf, nur dass Büchergestelle, mit hebräischen

„Franken"-Synagoge in Damaskus.

Büchern angefüllt, eine Wand einnehmen, und keine Galerie vorhanden ist. Die Damen sassen im Freien unter einem grossen Zeltdach unter den Palmenbäumen, ganz dicht an den offenen Fenstern, so dass sie den Gebeten hätten folgen können, wenn sie es gewollt hätten, was aber nicht der Fall war. Offenbar ist den Lockungen der Unterhaltung im Orient so wenig zu widerstehen wie im Abendland, und die Zungen der Evastöchter wechseln nicht mit ihrer Hautfarbe. Was die Äusserlichkeiten anbetrifft, so war ich besonders frappiert von der freundlichen Fürsorge, die jedes Mitglied der Gemeinde mit einem weissen oder roten Fächer versehen hatte. Zuerst revoltierten meine europäischen Begriffe gegen den Gebrauch dieser weiblichen Waffe;

aber das Fleisch war schwach, ja sogar mehr als das, „es schmolz“, so dass auch ich nachgab. Mein schwarzer Anzug, das feierliche Gewand, war eine weitere Konzession an die gute Sitte, mit der ich unzufrieden war, obgleich ich trotzdem nicht mehr unter der Hitze gelitten haben mag als meine Mitbeter trotz ihrer leichten Kleidung. Einige trugen arabische Kleidung, aber die meisten — denn es war eine moderne, obgleich streng orthodoxe Versammlung — waren in „Mufti“ — der Fez jedoch war allgemein. Misséri selbst war zuweilen im europäischen und zuweilen im orientalischen Anzug, so wie sein Haus halb pariserisch und halb afrikanisch ist, vielleicht infolge seiner zwiefachen Würde als ägyptischer Bey und italienischer Chevalier. Der Vorbeter — der beste in Ägypten, wie mir gesagt wurde — schien seine Zuhörerschaft zu entzücken; aber um Geschmack an seinem Gesang zu finden, muss man wohl ein Einheimischer sein. Sein Nasalton und Singsang, alles in Moll, klangen für jedes ungewohnte Ohr wie die der Muezzin in den Moscheen, deren Rufen, vermischt mit dem Kläffen der Schakale, dem Krächzen der Habichte und dem Geschrei der Esel, den Nachtlärm von Kairo bildet. Wir Juden entlehnen immer von unserer Umgebung, und wenn jemand in irgendeine Synagoge gerät, so könnte er aus dem Stil der Dekoration und dem Charakter der Gesänge sogleich schliessen, ob er sich in einem katholischen, einem protestantischen oder einem mohammedanischen Lande befindet. Die Liturgie ist die der italienischen Sephardim mit einigen Modifikationen, die den „Minhag Mizrajim“ (ägyptische Modifikation) darstellen, so der „Priestersegen“ am Samstag, der von Maimonides eingeführt wurde. Was unsere Glaubensgenossen betrifft, so sind sie in rabbinischen Wissenschaften nicht sehr bewandert, vielmehr einem gewissen Aberglauben zugetan und zeigen eine entschiedene Hinneigung zu den Mysterien der Kabbala. Beim Kol Nidre-Gebet war dies besonders bemerkbar.

Die Synagoge Misséris ist nicht die einzige Privatsynagoge in Kairo. In Ägypten und überhaupt im ganzen Orient ist es unter den führenden Juden des Landes Mode, eine private Synagoge zu haben, die von ihren Freunden und Hausgenossen besucht wird und zuweilen die Grösse und auch den Reichtum an Stickereien und Geräten aufweist wie eine öffentliche Synagoge in Europa. Das ist eine altüberlieferte Sitte, die früher im Westen wie im Osten geherrscht hatte. Diejenigen, die Professor Kaufmanns anziehende Biographie des Verwandten seiner Frau, Samson Wertheimer, der vor 200 Jahren „Hofjude“ in Wien war, gelesen haben, werden sich der Beschreibung seiner „Schul“ erinnern. Mit dieser hatte die Synagoge Misséris ziemlich grosse Ähnlichkeit.

Die Synagoge der Cattauis ist grösser und schöner und kann sich einer Damengallerie rühmen. Daran grenzt das prächtige Wohnhaus Moïse Cattauis, einst der Palast eines der Lieblingspaschas des Khedive Ismaels, das von seinem jetzigen Eigentümer dem Lord Dufferin überlassen wurde, der während der drei Monate, die er als Englands Bevollmächtigter in Ägypten zubrachte, darin gewohnt hat. Für diese Aufmerksamkeit sandte die Königin Viktoria Herrn Cattaui ihr Bildnis, das er mit nicht geringem Stolz aufbewahrt. Der Garten ist beinahe ein Park, und es war ein für englische Augen sonderbarer Anblick, einige unserer weniger frommen oder mehr ermüdeten Glaubensgenossen auf dem Grase unter den Baumwollstauden und Platanen oder Dattelpalmen liegen zu sehen. An der Westmauer der Synagoge selbst ist eine hebräische Inschrift dem Gedächtnis des jungen Sohnes Cattauis geweiht, der von Arabis Leuten in der schrecklichen Nacht des Bombardements auf Alexandrien ermordet wurde. Raubsucht war das Motiv gewesen, und seine Meuchelmörder schnitten ihm einen Finger ab, um seinen Diamantring zu bekommen. Sein frühzeitiger Tod warf einen Schatten nicht nur auf seine nächsten Angehörigen, sondern auch auf die ganze Gemeinde; denn die Cattauis sind grosse Wohltäter ihrer Glaubensgenossen und unübertroffen an Gemeinsinn und einsichtsvoller Freigebigkeit.

Maimonides ist, wenn ich so sagen darf, der Schutzheilige von Kairo. In der Tat ist er in der ganzen Gemeinde als „Unser Rabbi Moses, der Heilige“ bekannt. Im orientalischen Viertel ist die Hauptsynagoge nach ihm benannt, und unter ihren Schätzen befindet sich eine Bibel, die, wie versichert wird, von seiner Hand geschrieben ist. In dem Hofe der Synagoge ist der Ort, wo er der Tradition nach begraben lag, bis seine Leiche nach dem heiligen Lande geschafft wurde. Dieses kellerartige Gewölbe soll mystische Kräfte besitzen, so dass es die Kranken heilen kann. Und so stark wirkt der Glaube, dass bis zum heutigen Tage Patienten, die dort hingebracht wurden, häufig genesen. Rambams (Maimonides) Aufenthalt in Fostat oder Alt-Kairo ist natürlich historisch; er war jahrelang der Arzt des Kalifen, und es ist eine Tatsache, dass die wertvollsten und authentischsten Manuskripte seiner Werke, einschliesslich der berühmten „Jad Hachasakah" der Bodleiana mit seinem Autogramm, von dem Dr. Neubauer in seinem prächtigen Katalog ein Faksimile gibt, ursprünglich in Kairo gekauft wurden. Ein anderes Foliomanuskript desselben Werkes, fünf oder sechs Jahrhunderte alt, wundervoll verziert, war einst das Eigentum Abarbanells, der, in dem Glauben, dass es von Rambams eigener Hand geschrieben sei, 3 000 Dukaten dafür bezahlte. Es wurde mir kürzlich in Frankfurt von

Jüdisches Heim in Damaskus.

Dr. Horovitz gezeigt, der es verglich und mich auf mehrere wichtige abweichende Lesearten hinwies. Es gehört einem Antiquitätenhändler in Frankfurt, der 1000 Pfund dafür fordert. Auch dieses Manuskript, glaube ich, verschaffte sich der grosse spanische Minister aus Ägypten oder in jedem Fall aus Nordafrika. Viele Legenden umgeben Rambams Namen und bilden einen Teil der Folklore Kairos. So hat die alte Geschichte, die Dr. Gaster in seinen „Beiträgen zur vergleichenden Sagen- und Märchenkunde" erzählt, ihren Ursprung in Kairo. Es heisst darin, dass Maimonides und sein Schüler oder, wie andere sagen, sein Lehrer jahrelang nach dem „Lebenselixier" gesucht hätten. Endlich haben sie Erfolg und losen nun, wer zuerst zum Experiment dienen soll. Das Los fällt auf den Kollegen Maimonides', der jenen sofort seziert, die Teile dann mit dem wundertätigen Elixier besprengt und sie in eine luftdichte Flasche oder einen Behälter birgt. Dieser darf nun neun Monate lang nicht geöffnet werden; nach dieser Zeit sollte der kühne Forscher wieder zum Leben erweckt werden und dann unsterblich sein. Aber der zum Experiment Ausersehene war des Königs Arzt; als Wochen vergingen, ohne dass er sich zeigte, ward der König unruhig und ermittelte, dass er zuletzt in der Gesellschaft des Maimonides gesehen worden war. Vor den König geladen, ist der jüdische Philosoph gezwungen, zu bekennen, was er getan hat, und in einem Anfall von zornmütiger Frömmigkeit zerbricht der König die Flasche, um zu verhindern, dass ein unsterblicher Mensch sich als Gott aufspielen könnte. In einer anderen Version ist es nicht der König, sondern Maimonides selbst, der aus Gewissensskrupeln die Flasche und damit auch seines Gefährten Aussicht auf die Unsterblichkeit vernichtet. Dr. Gaster erinnert an ähnliche Geschichten von Virgil und Paracelsus und auch an eine, in der Aristoteles das „Corpus vile“ zu Rambams Faust abgibt.

Heutzutage sind keine hebräischen Handschriften von irgendwelcher Bedeutung in Kairo zu bekommen. Die Karaitengemeinde besitzt aber einige interessante biblische Manuskripte aus dem X., XI. und XII. Jahrhundert, die, obwohl fragmentarisch, doch in guter Verfassung sind. Ihr Rabbiner (oder „Chacham“) Sabbatai Manjubi, hat die Daten und Beschreibungen derselben am Ende der verschiedenen Bücher aufgezeichnet, und er scheint ein intelligenter Mann zu sein. Das seltsamste der Karaitenmanuskripte ist eine masoretische Bibel, in der verzeichnet ist, dass sie von Moses, dem Sohne Aschers, für die Gemeinde der Beni Mikra (also der Karaiten) in der Stadt Kairo im Jahre 827 nach der Zerstörung des Tempels (d. h. 897 unserer Zeitrechnung) geschrieben sei.

Keines dieser Bücher darf verkauft werden; denn in jedem ist ein feierlicher Fluch enthalten für den Mann, der damit Handel treiben sollte. Ich hörte, dass einige Monate vorher viele alte Bücher auf dem Begräbnisplatze der „Peruschim“ oder orthodoxen Juden in Bâsâtin begraben worden wären; aber die Vorsteher versicherten mir, dass dies nur zerfetzte gedruckte Bücher und moderne Gesetzesrollen gewesen seien, die für den Gebrauch ungeeignet geworden waren.

Am Sonntag, dem Tage nach dem Versöhnungsfeste, machte ich der Karaitensynagoge meinen ersten Besuch, und zu meinem Erstaunen fand ich, dass die Gemeinde an diesem Tage fastete und mich für einen Ketzer hielt, weil ich es nicht tat. Ich konnte mich nicht vergewissern, ob ihr Kalender diesen Sonntag als den zehnten Tischri angab, oder ob sie nach dem arabischen Mondjahre rechneten. Es mag nur ein Zufall gewesen sein, aber dieser Sonntag war der zehnte des Moharrem, des ersten Monats des arabischen Jahres, und ein arabischer Festtag, der Yom Ashura, an dem Adam und Eva sich zuerst nach ihrer Vertreibung aus dem Paradiese getroffen, Noah die Arche verlassen haben soll und an dem Hussein, Mohammeds Enkel, in der Schlacht von Kerbela fiel. In Erinnerung an sein Martyrium verwunden sich die Schiiten noch bis heute an diesem Tag, und ich werde den schrecklichen Anblick der Derwische so bald nicht vergessen, die von der Gama el-Hassanen nach dem Muski zogen — eine grausige, bluttriefende Prozession. Bevor man die Karaitensynagoge betritt, die gleich einer Moschee reich mit Teppichen ausgelegt ist, muss man die Schuhe ausziehen. Die Beter standen oder kauerten auf dem Teppich; es gab weder Sitze noch einen Almemor (Altar) in der Mitte des Gebäudes. Der „Chacham", ein würdevoller alter Mann, und der Vorbeter hatten jeder ein Lesepult gegenüber dem Thoraschreine, und die Andacht war bewunderungswürdig. Sie lasen die Thora aus einem Buche mit Punktation und Akzenten; ihr Ritual unterscheidet sich durchaus von dem der Sephardim und besteht hauptsächlich aus Bibelzitaten. Die Frauen und Mädchen in bunter Festtagskleidung bleiben draussen im Hofe. Sie standen in malerischen Gruppen, die ich gerne hätte skizzieren oder photographieren mögen; als ich aber die Absicht kundgab, nach einem Photographen zu schicken, wurde ich dessen mit heiligem Schrecken verwiesen. Die Karaiten leben in einem besonderen Teile des jüdischen Viertels, und ihr Typus — der hübscheste, dem ich begegnet bin — ähnelt ausserordentlich, ja fast absolut dem arabischen. Vielleicht liegt eine Rassenvermischung durch Zwischenheirat vor. In der Tat betrachten die anderen Juden sie als Bastarde und nennen sie „Mamserim". Sie betreten auch ihre Synagoge nicht und vermeiden jeden Umgang mit ihnen. Es sind ihrer nicht viele, vielleicht im ganzen 500.

Die orthodoxe Gemeinde, die natürlich die grosse Masse der Juden in Kairo ausmacht, überschreitet die Anzahl von 10000, ist angesehen, sehr arbeitsam und nicht unpopulär. Das Geschäftsleben liegt hauptsächlich in ihrer Hand. Sie sind die führenden Bankiers, Zigarettenfabrikanten und Kaufleute, natürlich zum Teil auch Händler in orientalischen Waren und Antiquitäten. Ihre Läden sind die schönsten in den Basaren, und sie werden von den Reisenden durchgängig für redlicher gehalten als ihre mohammedanischen Mitbürger. Der Handel mit dem Innern von Afrika lag — bis unsere Politik den Sudan schloss — beinahe ganz in jüdischen Händen, und tatsächlich erzählte mir ein Mitglied einer berühmten

Haus in Damaskus.

Firma, dass ihr Khartumer Agent jetzt Kanzler bei dem Machdi sei, dessen Staatsschatz er um etwa 14 000 Pfund vermehrt hatte, die rechtmässig ihrer Firma gehörten. Die Juden von Kairo sind die besten Sprachenkenner der Welt. Ausser Arabisch und Hebräisch sprechen alle (mit Ausnahme der Karaiten) den jüdisch-spanischen Jargon, der als „Ladino“ bekannt ist; die reicheren Klassen sprechen in Gesellschaft Italienisch und lehren ihre Kinder Französisch und Englisch. Solches Sprachengewirr macht die ägyptische Hauptstadt gleichsam zu einem modernen Babel. Ich sah keine „schwarzen Juden“ und glaube auch nicht, dass es hier welche gibt, wogegen man mir versicherte, dass eine Menge weisser Juden weiter am oberen Nil, in

Berber und Khartum wohnen, sogar mehr nach dem Innern zu und näher am Äquator. Sie sind Sephardim, und das Vorherrschen der roten Haarfarbe bei ihnen ist eine Eigentümlichkeit, die auffällig ist. Die meisten von ihnen tragen orientalische Tracht und sind für das ungeübte Auge kaum von den Moslems zu unterscheiden. Sie leben in strikter Übereinstimmung mit den Vorschriften unseres Glaubens, und abgesehen von ihrer Schwäche für den Aberglauben, den sie, wie alle Juden, von ihren nicht-jüdischen Nachbarn übernommen haben, sind sie eine sehr achtbare Gemeinschaft. Ihre Gemeindeangelegenheiten unterstehen einem Komitee der führenden Mitglieder, und ich erfuhr, dass Geld gesammelt werde, um eine Art von Hauptsynagoge nach europäischem Muster im Ismailiaviertel zu bauen. Von ihren kommunalen Institutionen kann man jedoch nicht sagen, dass sie sehr florieren. Das Hospital ist etwas primitiv, die Armenapotheke dagegen nicht schlecht. Die Schulen waren im Jahre 1840 mit vielem Eklat von Crémieux und Munk (nach der Rückkehr Sir Moses Montefiores und des grossen französischen Juristen von ihrer glänzend verlaufenen Mission nach Damaskus) gegründet worden. Eines der Resultate jener Reise war die Verbindung der Juden des Abendlandes mit denen des Orientes, und der sichtbare Ausdruck dieser Vereinigung ward die „Alliance Israélite Universelle", die von Crémieux ins Leben gerufen wurde, der bis heute im ganzen Orient als ihr wohltätiger Begründer und Grossmeister angesehen wird, und dessen Bild man überall hoch in Ehren hält. Aber obgleich die „Alliance" ihr erstes Arbeitsfeld gerade in Ägypten fand, kann man die Schulen doch nicht besonders loben; auch genügen sie keinesfalls für die zahlreiche Bevölkerung. Bis vor zwei oder drei Jahren, als Madame Otterbourg aus Paris und ihre Schwestern Kairo besuchten, existierte keine jüdische Lehrerin in der Mädchenschule, und es wurde weder Hebräisch noch Religion dort unterrichtet. Diesem Mangel ist seither abgeholfen worden; obgleich die Mädchen recht intelligent aussehen, stehen jedoch die Art des Unterrichts und die Hilfsmittel der Schule auf einer sehr niedrigen Stufe im Vergleich zu denen anderer Schulen der „Alliance Israélite" in Kleinasien. Die Knabenschule im Muski befriedigt mehr; die Schüler sind geweckte Kinder, und die Lehrer sind energisch. Die Schulräume scheinen etwas klein, dunkel und dumpf im Vergleich mit einer Londoner „Board School"; das mag aber am Klima liegen. Das starke Licht, das über Ägypten lagert, wird von den Eingeborenen nicht so hoch geschätzt wie von denen, die an eine nordische Sonne gewöhnt sind. Die „Ecole payante“ oder „Ecole Cattaui“ für Knaben verdient höheres Lob. Es ist eine Schule, die von Herrn Cattaui für Kinder wohlhabender Eltern gegründet wurde. Der Unterricht ist gut und entspricht ungefähr dem einer Durchschnitts-privatschule in England. Das Lehrprogramm umfasst Geometrie, Algebra, Geographie und besonders Sprachen (Hebräisch, Arabisch, Italienisch und Englisch). Der hebräische Unterricht ist nur elementar. Die Knaben bleiben dort bis zum vierzehnten oder fünfzehnten Jahr und treten dann ins Geschäft ein oder werden auch in manchen Fällen nach Europa geschickt, um ihre Ausbildung zu vollenden.

Die Häufigkeit der entzündlichen Augenkrankheiten in den Schulen — der Fluch von Kairo — berührt geradezu schrecklich. Die Mädchen scheinen sogar mehr darunter zu leiden als die Knaben, und die Schulvorsteherin versicherte, dass eine grosse Anzahl der Schülerinnen fortwährend durch Augenkrankheiten ferngehalten werde.

Eines der bemerkenswertesten jüdischen Altertümer in oder bei Kairo ist die alte jüdische Begräbnisstätte von Bâsâtin auf dem rechten Ufer des Nils, mit ihren flachen, weissen Grabsteinen, die ein so seltsames Wahrzeichen bilden, wenn der Eisenbahnzug auf seinem Wege nach den Bädern von Heluan an ihnen vorübereilt. Aber selbst dieser alte Gottesacker mit all seinen stillen Zeugnissen der Vergangenheit ist nicht so interessant wie die Synagoge von Alt-Kairo oder „Babylon“, wie es früher genannt wurde. Unter den Archiven der Gemeinde befindet sich in dem sicheren Gewahrsam des Geldschranks eines Gemeindevorstehers — und Bankiers — ein Freibrief irgendeines alten Sultans oder Kalifen. Diese Urkunde ist achthundert oder mehr Jahre alt, und ihr Inhalt bestätigt den Juden Eigentumsrechte an diesem Gotteshause. Die Synagoge befindet sich in dem früher „Fostat“ genannten Stadtteil, und es ist eine ziemlich lange Fahrt dorthin vom eigentlichen Kairo aus. Maimonides bezeichnete es als eine doppelte „Sabbatreise“; die Entfernung beträgt gut drei oder vier englische Meilen von dem Judenviertel im Muski.

Der Reiseführer gibt an, dass die Synagoge in Fostat einst die Kirche von St. Michael gewesen sei, und im Stil der Architektur gleicht sie sicher den koptischen Basiliken in der Nachbarschaft. Einige sehr sonderbare und interessante Legenden von Moses, Elijah und Esra sind mit ihr verbunden; auf sie wird auch von unserem jüdischen

Marco Polo, dem grossen Reisenden Benjamin von Tudela, hingewiesen, der sie im Jahre 1173 besuchte und sagt, dass Moses an diesem Orte gebetet haben soll, die Hagelplage möge aufhören. Unter den Eingeborenen ist sie als „Esch-Sschamyan“ oder „Keneset Elijahuh“ bekannt. Rechts und links von dem Mittelschiffe, das in dem Hauptthoraschrein endet, sind Nischen mit kleineren Schreinen, auf

Haus in Damaskus.

deren Türen der vierundzwanzigste Psalm in reliefartigem Schnitzwerk zu lesen ist. Das ist in orientalischen Synagogen sehr gebräuchlich, die (wie andere von sephardischem Ritus) im Gegensatz zu den unserigen nicht mit Vorhängen verziert werden. Die Form der Buchstaben ist antik und die Arbeit ausserordentlich gut. Hoch oben (ungefähr 16 Fuss) an der rechten Ecke der linken Nische befindet sich ein kleiner Schrank, in dem die Thorarolle aufbewahrt wird, die Esra, „der Schriftgelehrte“, eigenhändig geschrieben haben soll. Grätz hält diese berühmte Rolle für eine Fälschung; aber die Eingeborenen haben grosse Verehrung für sie oder geben doch vor, sie zu verehren, und glauben, dass, wer zugegen ist, wenn sie herausgenommen wird, innerhalb des Jahres noch sterben müsse. Dr. Ascher vermutet, dass, obgleich die Abneigung, das Buch zu zeigen, zu stark ist, um „gemacht“ zu sein, dem Aberglauben dabei doch ursprünglich eine bestimmte Absicht zugrunde gelegt haben dürfte. Er schreibt diese Abneigung nämlich der Furcht zu, der wahre Sachverhalt könnte entdeckt werden, falls das kostbare Manuskript „zu oft gesehen werden“ sollte. Auf alle Fälle hatte ich die grösste Schwierigkeit, meinen Führer, den Sohn des Wächters, der mutmasslich in heiligen Dingen „au fait“ und ein frommer Mann war, dazu zu bewegen, mich die sehr wacklige Leiter hinaufzuklimmen und einen Blick hineinwerfen zu lassen. Endlich hatte ich meinen Willen, aber nicht ohne beinahe seine abergläubische Furcht zu rechtfertigen; denn um ein geringes hätte ich dabei den Hals gebrochen. Die Stufen waren vermorscht, und als ich auf der höchsten stand, schwankte ich und fühlte mich gleich Mohammed zwischen Himmel und Erde. Ich fand eine Türe, die eine kleine Nische verschloss, öffnete sie und entdeckte darin eine zerrissene und etwas moderige Gesetzesrolle, die augenscheinlich „possel“ (unbrauchbar) war. Die Schrift war leicht leserlich und erschien meinem unerfahrenen Auge ganz modern. Ich würde mich wundern, wenn sie mehr als 300 Jahre alt sein sollte.

In einer gegenüberliegenden Nische auf der rechten Seite entdeckte ich aber eine echte Antiquität, auf die, soviel ich weiss, noch von keinem Reisenden hingewiesen wurde. In einer Höhe von ungefähr 12 Fuss läuft um drei Seiten der Wand herum eine einzelne Schriftzeile, die in den Stein gehauen ist. Die Arbeit ist gut, die Form antik, und es sind keine Zwischenräume zwischen den Worten. Die Inschrift scheint dem Gedächtnis des „David Salomon“ geweiht zu sein, der in zartem Alter dahingerafft wurde; „der Geist des Herrn brachte ihn zur Ruhe. Möge der Herr das Herz unseres Bruders trösten, des fürstlichen Josua, des Sohnes unseres Rabbi und Lehrers. des weisen Abraham, des genannten Alamsi (Alamin)“. Der letzte Name ist augenscheinlich ein Beiname und vielleicht der Schlüssel zu der ganzen Gedächtnisinschrift. Unglücklicherweise sind hier ein oder mehrere Buchstaben, wie auch an zwei anderen Stellen, von Holzbrettern verdeckt, die ich nicht fortrücken konnte. Das Beiwort Kadosch, „heilig“, wird im allgemeinen nur von Märtyrern gebraucht.

Es ist kein Datum angegeben; aber ich sollte meinen, dass die Inschrift nicht weniger als 500 Jahre alt sein kann. Möglicherweise mag sie beträchtlich älter sein.

Im Kreuzgang einer der Kirchen von Florenz ist eine ähnliche traurige Inschrift von einem verlorenen Kinde, „dessen Eltern von allen Müttern, die es sahen, beneidet wurden". Die Geschichte ist keine ungewöhnliche — der Verlust eines vielversprechenden Kindes ereignet sich nur zu oft, und Missgeschick macht die ganze Welt verwandt. Wir kennen die Ursache des Todes des kleinen Knaben nicht und können uns leicht eine Geschichte aus dem schrecklichen Leben unter den fatimitischen Kalifen zur Zeit der Kreuzzüge dazu ausmalen.

Die ganze Synagoge ist ein kostbares Stück Altertum. Der Gottesdienst wird immer noch regelmässig dort abgehalten. Obgleich der Besuch spärlich ist, sollen aber jetzt Renovationen vorgenommen werden, und ich hörte mit Schaudern, dass die ehrbare Gemeinde von Kairo beschlossen habe, diese Synagoge in einigen Monaten reinigen und neu tünchen zu lassen. Meine Befürchtung war glücklicherweise nicht gerechtfertigt; in der Tat war es wahrscheinlich eine Folge der Restauration des Gebäudes, dass die berühmte „Genizah" entdeckt wurde, die der Verfasser später als erster Europäer (am 3. Januar 1896) betrat.

Am Vorabend des Versöhnungsfestes sah ich eine jüdische Hochzeit. Mein Dragoman, Mustapha Abdurahman, führte mich durch den Basar der Sattler, als die eigenartigen Weisen arabischer Musik an unser Ohr schlugen. Mein Führer, der wie alle Ägypter leidenschaftlich zu allem Phantastischen neigte, hiess mich mit ihm dem Klange der Töne nachgehen. Wir nahmen unseren Weg durch eine enge Strasse, deren Häuser eine gemeinsame Galerie am ersten Stockwerk hatten. Auf dieser befanden sich drei Musikanten. Wir stiegen hinauf und fanden ein Zimmer mit Menschen angefüllt. Der Diener der Misséri-Synagoge war da, und aus den Ehren, die man ihm erwies, ergab sich bald, dass ich mich in einem jüdischen Hause befand. Die Zeremonie war gerade vorüber; die Freunde des glücklichen Paares gratulierten diesem und nahmen gleichzeitig Erfrischungen zu sich. Auch ich begrüsste die Braut, die neben ihren Eltern auf einem Divan an einem Ende des Zimmers sass. Sie war jung, sehr jung, und ihr Gatte war nicht viel älter. Aber über ihre Schönheit kann ich nichts sagen; denn die Braut war dicht verschleiert. Die bräutliche Kleidung aus irgendeinem weissen, dünnen Stoffe schien nicht sehr verschieden von der, die man in Europa trägt, und in der Tat, die Ähnlichkeiten der Funktionen mit den „Hochzeitsempfängen“, die bei uns so modern werden, empfand ich als komisch und unangebracht. Die Leute waren augenscheinlich arm; aber alles war reinlich und jedermann höchst anständig und höflich. Der junge Mann war ein Handwerker, der sich einen dreitägigen Urlaub genommen hatte, um in dieser Zeit seine „Flitterwochen“ zu absolvieren.

Ich war frappiert von der Anzahl und Grösse und besonders von der Eleganz der Laubhütten in dem fashionablen Ismailiaviertel, nahe dem Esbekijepark von Kairo; natürlich wimmelte das jüdische Viertel förmlich von diesen Laubhütten. Etwas, was in Europa unerlässlich erscheint, vermisste ich: keine Hütte war bedacht — aber hier regnete es ja auch niemals! Die meisten waren auf den flachen Dächern gebaut, einige auch in den Gärten, obgleich diese in der Regel für den Zweck zu schattig sind. Fast alle Hütten waren mit Palmenzweigen reich geschmückt. Als ich von meines Wirtes Dach Umschau hielt, sah ich so viele Paläste mit grossen Sukkothhütten, dass ich mir einbilden konnte, in einem neuen Jerusalem zu sein, und mich hätte glücklich fühlen können, wenn ich nicht das unangenehme Gefühl gehabt, dass eine gewisse Neigung vorhanden, an die Stelle des Tempels am Platze Mehemet Alis in Alexandria die Börse zu setzen, wie ein jüdischer Kollege, ein Advokat am internationalen Gerichtshof, witzig bemerkte. In der Tat beobachtete schon der Kaiser Hadrian diesen Fehler an den Juden in Ägypten; denn in einem Brief an Servianus sagt er von den Alexandrinern, dass „sie alle wirklich nur einen Gott anerkennen, denselben, der von Christen, Juden und allen Nationen verehrt wird“. Dieser Gott ist natürlich Mammon, dessen Name, wie ich leider sagen muss, auch semitisch ist.

In das Ägypten des Exodus konnte ich nur einen kurzen Blick tun, als unsere englische Lokomotive durch das staubige Land von Gosen schnaubte. Dann segelten wir quer durch das Rote Meer und ritten nachher einige Stunden auf Eseln in der Wüste von Arabia Petraea bis nach Ain Mûsa. Dies ist eine Oase, die einige Autoritäten (z. B. Brugsch) mit Elim identifizieren, wo zwölf Wasserbrunnen und 70 Palmenbäume waren. Arabische Traditionen bezeichnen es als Marah; denn das Wasser in einigen der Brunnen ist salziger als in den anderen. Einiges ist ganz trinkbar, und man braucht nicht zu viel Phantasie dazu, seinen verhältnismässigen Wohlgeschmack einem Wunder zuzuschreiben. Höchst wahrscheinlich ist Ain Mûsa der Ort, wo die Israeliten den Triumphgesang Mosis gesungen haben.

Auf dem Wege zum Suezkanal hatten wir auch den Tell-Yehudieh („den Hügel der Juden") passiert, ungefähr 20 Meilen von Kairo, wo Onias, der Hohepriester, einen Tempel für die palästinensischen Flüchtlinge errichtete, die mit ihm vor der Verfolgungssucht des Antiochus geflohen waren. Keine Spur von dem Gebäude ist erhalten, doch entdeckte Brugsch einige jüdische Altertümer dort, die jetzt im Museum von Bulak aufgestellt sind.

Von Jaffa nach Jerusalem.

Landung in Jaffa — Fahrt nach Jerusalem — Die Vorstädte Jerusalems.

Die grösste Überraschung für den, der die alte „Alte Welt“ besucht, ist die Kleinheit aller Dinge. Für unsere modernen Begriffe scheinen alle alten Städte klein, und wären nicht die Ozeane von Worten, die in Sage, Geschichte und Lied sie umwogen, so würden uns diese berühmten Stätten der Vorzeit ausserordentlich unbedeutend vorkommen. Von keinem Lande gilt das in dem Masse wie von Palästina. Das Heilige Land, das in unserer Literatur und in unseren Gedanken einen so grossen Raum einnimmt, das ein Teil unserer selbst ist oder sein sollte, und das, wenn nicht tatsächlich, so doch in geistigem Sinne das Herz des Weltalls, die Wiege der Menschheit darstellt — dieses hochberühmte Land ist nicht grösser als Kent und hat eine kleinere Bevölkerungszahl als Liverpool.

Eine zweite Überraschung ist seine Nähe und leichte Erreichbarkeit. Es ist nur eine Nachtreise vom Suezkanal, der grossen Welthandelsstrasse. Port Said ist heute von London in kaum vier Tagen zu erreichen, und Jaffa ist nur zehn Stunden von Port Said entfernt. Unglücklicherweise ist diese kurze Entfernung doch gross genug, um hier, so nahe dem Weltverkehr, unserer Zeit ein verwahrlostes und verarmtes Land zu zeigen, wo einst, in der guten alten Zeit, die grosse Heerstrasse der Völker gewesen ist. Heutzutage können die Einwohner nicht mehr den reichen Karawanen einen Zoll auferlegen — sie können allenfalls noch armselige Pilger oder sparsame Touristen ausbeuten. Palästina ist eine Sackgasse und muss es bleiben, bis die Verhältnisse sich etwa durch einen so wundervollen Plan wie den des Herzogs von Sutherland ändern werden. Der Herzog schlägt nämlich vor, die natürliche Depression, die vom Jordan und dem Toten Meere gebildet wird, zur Schaffung eines interozeanischen Kanals zu benutzen, der uns einen kürzeren Weg nach Indien geben würde; aber die im Panamakanal verlorenen französischen Millionen dürften sich wohl als ein grösseres — geschäftliches — Hindernis erweisen als alle diejenigen, die die Natur etwa der Ausführung des Unternehmens entgegenstellen könnte.

Man spricht von einer Eisenbahn von Jaffa nach Jerusalem, und als ich in Konstantinopel war, sagte man, dass ein Herr Navon von der Hohen Pforte eine Konzession erlangt, und der Sultan tatsächlich den

Firman bereits unterzeichnet habe. Ich weiss nicht, wie weit das wahr ist; es verlautet in der Tat, dass ein millionenreicher orientalischer Eisenbahnkönig das Projekt finanzieren will; aber ich wage zu prophezeien, dass, wenn nicht der gegenwärtige Gouverneur von Palästina sein Vilajet bald verliert und ein neuer Pascha kommt, der Navon mehr gewogen ist, es mindestens zehn Jahre dauern wird, ehe die Eisenbahn Tatsache geworden ist. Ich zweifle auch, ob sie sich rentieren würde. Unter den jetzigen Verhältnissen eines geringen Passagier- und gar keines Frachtverkehrs würde sie sich sicherlich nicht bezahlt machen,

Jaffa.

und ich meine auch, dass die Steigungen des Terrains viel zu steil sein werden, um irgend etwas anderes als die leichteste Art von Eisenbahnen zu bauen.

Ich verliess das Land der Kartuschen und der Tarbusche an einem Dienstagabend, und bevor ich noch ganz wach war, betäubte mich schon der unentwirrbare Lärm, der uns anzeigte, dass die arabischen Bootsleute von Jaffa unser Schiff umringten und unter Geschrei und Gebrüll uns ihre Dienste anboten. Das Schiff musste auf der offenen Reede vor Anker gehen; denn der Hafen von Jaffa ist ein Ding der Vergangenheit, und da die See gerade hier meist recht ungemütlich ist, so findet der Reisende in der Regel, dass die

Unbequemlichkeiten der Landung ihm das Land seiner Erwartungen nur um so teurer machen.

Sobald die Quarantänevorschriften erfüllt waren, begab ich mich unter den Schutz von Cooks Vertreter. Ich fürchte, ich habe dem guten Manne nicht wenig zugesetzt; denn ich wollte unbedingt noch vor Einbruch der Nacht nach Jerusalem kommen. Ich hatte nur noch acht Stunden Zeit, und die Reiseführer, die in allen anderen Fällen verschiedene Angaben zeigten, gaben gerade die Entfernung nach Jerusalem übereinstimmend mit elfeinhalb Stunden und als „etwas zu viel für eine Tagestour" an. Ich war daher vorbereitet, hervorragende Taten auf arabischen Pferden zu leisten, muss aber leider konstatieren, dass es ganz anders kam. Gerade dem Wagemutigen weichen oft die Abenteuer aus, und Frau Fortuna mit ihrer Vorliebe für das Alltägliche hatte es so gefügt, dass mein Pfad geebnet sein sollte. Russische Grossfürsten befanden sich auf dem Wege nach Palästina; selbst türkische Gleichgültigkeit wich vor dem Risiko, dass die kaiserlichen Pilger durchgeschüttelt werden könnten, und so wurde tatsächlich die Landstrasse repariert. Ich war in zu grosser Eile, um mich an diesem Morgen in Jaffa aufzuhalten, und da jedermann wohl mehr Interesse an Jerusalem hat als an Jaffa, so muss ich einen Bericht über seine 800 lieblichen Gärten — von denen zehn in jüdischen Händen sind — aufschieben.

Mein Führer besorgte mir einen von Howards Hotelwagen, und nach einem leichten Frühstück ging es um neun Uhr auf die Reise. Unser Wagen war eine Art Char à banc ohne Federn. Wir hatten drei Pferde und zwei „Jehus", die beide Juden merkwürdig ähnlich sahen, in Wirklichkeit aber rassenreine Syrer waren, deren Gesichter wohl von semitischer, nicht aber jüdischer Herkunft sprachen. In bester Laune fuhren wir darauf zu; aber es dauerte nicht lange, da geriet eines der Pferde mit dem Bein über einen Riemen und ging durch, und fast wären wir über den Strassenrand hinausgeschleudert worden, der hier einige Fuss höher liegt als die Maisfelder zu beiden Seiten. Glücklicherweise stürzte das Pferd, bevor Schlimmeres passierte; es gelang uns nach einigen vergeblichen Versuchen schliesslich doch, den Gaul wieder loszubekommen, und bald waren wir im besten Zuge, die verlorene Zeit wieder einzuholen.

Nachdem wir ungefähr 12 englische Meilen in der Ebene zurückgelegt hatten, erreichten wir Ramley, wo wir uns mit Kaffee erfrischten.

Dann verliessen wir die sandige, aber baumreiche Küstenebene mit ihren Palmen-, Orangenbäumen und Kaktushecken und begannen den Anstieg in das wilde Hochland; denn Jerusalem liegt rund 750 m hoch. Hier drängte sich uns die Ähnlichkeit mit der schweizerischen Landschaft mehr und mehr auf. Ich bin so glücklich gewesen, eine Menge Bergstrassen im Seendistrikt und im Hochland, in den Alpen, in Tirol und in den Apenninen zu bereisen, aber — vielleicht mit Ausnahme des Stelviopasses — erinnnere ich mich nicht, je eine malerischere Landschaft gesehen zu haben als die, welche sich uns zeigte. Es war eine höchst angenehme Enttäuschung; denn man hatte mich auf eine langweilige, traurige und nur durch ihr Endziel erträgliche Reise vorbereitet. Mein Reisegefährte war ein deutscher Professor — der Kollege eines meiner besten Freunde — und seine Unterhaltung war ausserordentlich interessant, obwohl er meine sentimentale Wärme und meinen unbezähmbaren Enthusiasmus fortwährend zu dämpfen suchte. Er war einer von jenen Gelehrten, deren einzige Leidenschaft die Wissenschaft ist, und die vorgeben, sich von historischen Assozitationen, wie sie jetzt auf uns einstürmten, keineswegs beeinflussen zu lassen. Er schien sich nur um die geologischen Eigenschaften des Landes zu kümmern, die freilich interessant genug waren.

Unsere Kutscher liessen sich nicht viel Zeit unterwegs und schonten ihre Pferde um so weniger, als die Höhe des Backschisch, das ihnen zugesagt war, im umgekehrten Verhältnis zur Dauer der Fahrt stehen sollte. Dreimal hielten wir unterwegs. In Bâs-el-Wâdi hatten wir erwartet, von einem jüdischen Wirt begrüsst zu werden; aber statt seiner war jetzt ein Levantiner dort, der uns furchtbare Geschichten über seinen Vorgänger zum besten gab. Bei der letzten Rast in Kalonije — einst eine römische Kolonie und vielleicht das Emmaus des Neuen Testamentes — kam uns ein Dragoman entgegen, der uns die Vorzüge seines Hotels rühmte. Als wir ihm erklärten, dass Dr. R. in Howards Hotel und ich im Hotel Jerusalem wohnen würde, eilte er auf seinem Esel zurück und erreichte Jerusalem einige Minuten früher als wir. Wir kamen vor fünf Uhr an und erfuhren, dass die Abreise zweier Fremder aus Jaffa den Hotelbesitzern von Freunden sofort telegraphisch mitgeteilt worden war. Die moderne Technik hatte uns in unserer Erwartung, die Orientalen unangemeldet überraschen zu können, getäuscht, und ein Matthew Arnold würde hiernach bestätigt haben, dass Palästina in der Tat seinem Namen entspräche und ein Land von Philistern sei.

Bei der Einfahrt zeigte sich Jerusalem zunächst keineswegs imposant. Von der Jaffastrasse aus kann man weder Minarette noch Kirchtürme sehen, und die seltsamen sarazenischen Befestigungen und Mauern, die den Kreuzfahrern so harten Widerstand leisteten, sieht

Jerusalem nach einem alten Manuskript von Korfu.

man erst bei einer Strassenbiegung, die einen fast unmittelbar vor das Jaffator bringt. Aber wenn wir auch von derlei architektonischen Verschönerungen bis zu unserer Einfahrt in den Hofraum des Hotels Jerusalem nichts hatten sehen können, so bemerkten wir doch etwas, was vom praktischen, wenn nicht vom ästhetischen Standpunkt aus noch erfreulicher war: unsere Augen wurden durch den Anblick von schmucken Reihen netter Häuschen erfreut, deren weisse Kalksteinmauern mit den roten Ziegeldächern sich zu einem schönen Gesamtbilde vereinigten. Hunderte dieser kleinen Häuser bilden da draussen vor den Mauern ein neues Jerusalem und geben uns die Hoffnung, dass unseren Glaubensgenossen hier noch eine freundliche Zukunft winkt, in dem Mass, in dem Arbeitsamkeit und Fleiss die Bettelwirtschaft der Vergangenheit verdrängen. Fast alle diese Häuser waren von Juden gepachtet, von denen jetzt nahezu 5 000 hier vor dem Jaffatore wohnten. Die meisten Häuser waren von Baugesellschaften errichtet worden, eine Anzahl derselben unter den Auspizien des „Sir Moses Montefiore Testimonial Committee“; aber eine grosse Anzahl war auch von selbständigen Genossenschaften der Einwohner erbaut und aus ihren Ersparnissen bezahlt worden.

Als ich das Hotel betreten hatte, fühlte ich mich dank der liebenswürdigen Fürsorge des Besitzers, Herrn Kaminitz, wie zu Haus, und mein Freund bedauerte, dass er sich anderwärts verpflichtet hatte. Die Reinlichkeit und Bequemlichkeit von Kaminitz' Hotel, seine und seiner Söhne Zuvorkommenheit sowie die vorzügliche Küche seiner Frau kann ich nicht genug rühmen. Aber er bedarf auch nicht meiner Empfehlung; denn die zahlreichen Anerkennungen in allen möglichen Sprachen, von Hebräisch bis Griechisch und von Englisch bis Arabisch, die sich in seinem Fremdenbuche finden, würden vollständig ausreichen, zum Besuche seines Hotels zu veranlassen. Graf und Gräfin Meath, die sechs Wochen dort zubrachten, Baron und Baronin Rothschild sowie der jüdische Botschafter der Vereinigten Staaten bei der Pforte mit seiner Gattin befanden sich unter denen, die in den letzten zwölf Monaten vor meinem Dortsein ihrer vollsten Zufriedenheit über die liebenswürdige Aufnahme, die sie hier gefunden, Ausdruck gegeben hatten.

Jerusalem (1888).

Architektur — Die Bettler — Die Juden von Jerusalem — Russische Juden in Palästina — Ein chassidischer Tanz — Simchas Thora — Der „Brissker Raw" in Jerusalem — Die Rothschild-Schule im Jahre 1888 — Die Sprachen — Handwerkerschulen — Die Schüler — Die Waisenschule und andere — Klima und Gesundheitspflege — Das unterirdische Jerusalem — Die Hospitäler — Dr. d'Arbela — Die Missionäre — Die Uhren — Eine Versammlung — König Davids Grab — Die Katakomben — Derwische — Die Synagogen — Das Chalukahsystem — Jüdische Handwerker.

In Jerusalem feiert die Architektur keine grossen Triumphe. Es ist kein Athen oder Rom. Die hauptsächlichsten Gebäude dienen religiösen Zwecken, und zwar Zwecken bilderfeindlicher Religionen. Selbst die Kirche des heiligen Grabes ist, abgesehen von einigen flitterhaften, wenn auch vielleicht kostbaren Beigaben römischer und griechischer Katholiken, von strengster Einfachheit. Die Omarmoschee ist von aussen sehr schön, aber erst die Geschichte verleiht ihr einen Zauber, den sie sonst nicht besitzen würde. Gut erhaltene Ruinen gibt es erstaunlich wenige; aber man muss sich eben vor Augen halten, dass Jerusalem vierzehnmal zerstört und ebensooft wieder aufgebaut worden ist. Einige Teile der zyklopischen Mauern des zweiten und des herodianischen Tempels, besonders die Westmauer (kossel maarowi), haben allem Ansturm der Zeit und des Feindes getrotzt, sie sind jedoch eher imposant als schön. Überhaupt ist Jerusalem überall mehr interessant als künstlerisch schön zu nennen. Das seltsamste unter seinen alten Bauwerken ist das sogenannte Grabmal Absaloms im Tale Josaphat, dicht bei den jüdischen Grabsteinen am Fusse des Ölberges. Es ist eine kleine viereckige Kapelle, ein Gruftgewölbe, das aus dem Kalkstein herausgearbeitet und von etwa einem Dutzend Säulen mit jonischen Kapitälen eingefasst ist; das Ganze wird von einer sonderbar eingebuchteten Kuppel überragt, die mit der des Pavillons in Brighton eine gewisse Ähnlichkeit hat. Juden und Nichtjuden glauben fest an die Echtheit des Monumentes, und bis auf den heutigen Tag pflegen unsere Glaubensgenossen Steine darnach zu werfen, um damit ihren Kindern ihren unauslöschlichen Abscheu gegen einen rebellischen Sohn einzuimpfen. In seiner gegenwärtigen Form ist das Denkmal wahrscheinlich von den Römern — vielleicht von Trajan oder Hadrian — repariert und wiederhergestellt worden. Es ist aber nicht unwahrscheinlich, dass die Felskammer ursprünglich von dem schmerzgebeugten

David aus dem soliden Felsen gehauen worden ist, und dass die Tradition in ihrer Erklärung dieses Denkmals recht hat, ungeachtet der verhältnismässig modernen Änderungen, die die Römer anbrachten.

Der Besucher Jerusalems übrigens, der auch nur Spuren einer spezifisch jüdischen Architektur zu finden hofft, wird enttäuscht sein. Eine solche hat nie existiert, und selbst der Tempel war vermutlich nur eine Nachahmung der Meisterwerke Ägyptens und Assyriens und im Stil ein Mittelding zwischen beiden. In „Les premières civilisations“ sagt Gustave Le-Bon von den Juden: „Ihre Städte,

Juden aus Jemen in Jerusalem (Omarmoschee im Hintergrund).

ihre Tempel, ihre Paläste waren die Juden durchaus unfähig selber zu errichten, und selbst zur Zeit ihrer grössten Macht, unter der Herrschaft Salomos, mussten sie ihre Architekten, ihre Arbeiter, ihre Künstler vom Auslande kommen lassen, da es unter ihnen selbst keine gab.“ Das ist freilich wenig schmeichelhaft für uns; aber ich bin nicht Chauvinist genug, um zu bestreiten, dass dieses Urteil richtig ist.

In bezug auf seine Einwohner ist Jerusalem viel besser als sein Ruf. Es wird allgemein behauptet, dass es eine Stadt von Bettlern sei, und ich war jedenfalls darauf vorbereitet, dies bestätigt zu finden. Ich erwartete, dass einem selbst ein Aufenthalt von einer Woche durch ihre Belästigungen und Klagen unerträglich gemacht werden würde. Aber ich war höchst angenehm überrascht und kann mit gutem Gewissen sagen, dass ich während meines Aufenthaltes hier weniger von Bettlern behelligt worden bin als beispielsweise in Paris. Natürlich existiert in Jerusalem eine fürchterliche Armut; aber im Osten ist sie nicht so aufdringlich wie im Westen — vielleicht weil sie wirklich nicht so qualvoll ist. Auch schien das Stadtinnere nicht so schmutzig, wie man hätte fürchten können. Man muss allerdings sich dabei vor Augen halten, dass ich zur Feiertagszeit nach Jerusalem kam, zu einer Zeit also, in der mindestens die Hälfte der Einwohner — denn es sind ungefähr 40000 Juden unter einer Gesamtbevölkerung von etwa 60000 Seelen — von ihrer Arbeit ruhte und in festtäglichem Gewande erschien, und dass, wie sie selbst, auch ihre Häuser ein feiertägliches Gesicht zeigten.

Es ist ausserordentlich schwer, Europäern ein klares Bild von der Lage der Juden in Jerusalem zu geben. Die verschiedenen Nationalitäten, die hier vereinigt sind, bilden ein Mosaik, das in keinem anderen Teile der Welt seinesgleichen findet — mit Ausnahme vielleicht von London, wo jedoch wieder alle Verschiedenheiten in der unermesslichen Gleichmässigkeit der Umgebung verschwinden. In Jerusalem finden wir europäische, asiatische und afrikanische Juden. Fez und Buchara, Jemen und Daghestan, Tunis und Persien, das Atlasgebirge und der Kaukasus — alle sind in diesem religiösen Zentrum vertreten. Sämtlichen Juden ist das Hebräische eine „Lingua franca“; aber es wird behauptet, dass einige jüdische Untertanen Seiner ottomanischen Majestät ausserdem noch eine Geheimsprache besitzen, die kein Nichtjude verstehen könne, und die ich ebenfalls nicht kenne. Vielleicht ist dies die rätselhafte Sprache der Drusen, jener merkwürdigen Unitarier, von denen Disraeli in seinem „Tancred“ bei der Beschreibung des Besuches seines Helden bei Astarte, der lieblichen Königin der Ausaren, eine so lebendige Schilderung gibt. Es leben ungefähr 70000 Drusen im Libanon und im Haurân, und es gibt auch in Safed eine Drusenkolonie. Sylvestre de Sacy schrieb sehr viel über sie im Jahre 1828, und ein kürzlich im „Journal of the Palestine Exploration Society“ veröffentlichter Vortrag vermehrt ein wenig unsere sehr spärlichen Kenntnisse über diesen Gegenstand. Bis zum heutigen Tage bleibt ihre Sprache eines der ungelösten Probleme der Wissenschaft. Sie hüten ihre handschriftlichen Bücher so eifersüchtig, dass sie jeden Fremden töten müssen, der im Besitz ihrer heiligen Schriften betroffen wird. Es mag wohl sein, dass ihre Sprache durch Juden, die vom Libanon stammen, auch anderen Juden bekannt geworden ist. Jedenfalls haben die Juden immer einen ziemlichen Verkehr mit ihnen unterhalten. Benjamin von Tudela hat die Drusen gekannt und beschrieben. Dr. Loewe, der so beklagenswerten Tod fand, wusste mehr von ihnen als irgend jemand sonst. Er fiel ihnen im Jahre 1838 in die Hände, als sie in Palästina eindrangen und den Juden von Safed und Tiberias furchtbare Leiden zufügten. Ein palästinischer Leland müsste sich finden, der Licht in ihre Geheimsprache bringen würde. Aber die Hauptdialekte der Jerusalemer Juden sind doch, wie überall, das Jüdisch-Spanische und das Jüdisch-Deutsche, je nachdem es Sephardim oder Aschkenasim sind.

Mit statistischen Angaben will ich den Leser nicht belästigen — wenigstens nicht mehr als unbedingt nötig — und ich hoffe auch auf Nachsicht, wenn die Schilderung meiner Eindrücke ebenso unpräzis ausfällt, wie meine Ausdrucksweise nachlässig ist. Ich schreibe aber diese Aufzeichnungen so gelegentlich und so unzusammenhängend nach meinen nur allzu ungefähren Erinnerungen nieder, und fast das einzige schriftliche Material, das mir zu Gebote steht, sind die Briefe, die ich von unterwegs nach Hause schrieb. Ich habe freilich mir auf der Reise einige Bemerkungen in mein Notizbuch gemacht; aber ich hatte das Unglück, das Buch eines Nachts, als wir durch Berge und Schluchten nach Jericho hinunter ritten, der Obhut meines Dragomans anzuvertrauen. Er tat es mit einigen anderen von meinen Sachen — meist Toilettegegenständen — in eine Satteltasche; als der Morgen dämmerte, war die Tasche verschwunden. Vielleicht sind die Beduinen um meine Seife und Bürsten — und auch um meine Notizen — reicher geworden, und sie dürften inzwischen die geheimnisvollen Eigenschaften dieser merkwürdigen Attribute der Zivilisation gründlich erprobt haben. Im modernen, allzu modernen Jerusalem hatte ich keine Schwierigkeit, für die Bürsten und die Seife Ersatz zu finden. Ich bewahre mir noch, als Merkwürdigkeit, die quittierte Rechnung für diese Gegenstände auf, die in reinstem Hebräisch ausgestellt ist.

Ich muss also versuchen, ohne mein Notizbuch auszukommen, und mich mit den nachträglichen Informationen zufrieden geben, die ich mir habe verschaffen können.

Jerusalem ist der einzige Ort im Orient, wo Jüdisch-Deutsch in irgendwie nennenswertem Masse gesprochen wird. Nirgendwo sonst, weder in Syrien, noch in Ägypten, Kleinasien und der Türkei, traf ich einen einzigen Menschen, der auch nur ein Wort dieses Jargons sprach. Nur an Bord des Postdampfers von Ismailia nach Port Said traf ich einen jungen Apotheker, dessen Deutsch von jener Färbung war.

Wahrscheinlich nicht weniger als 10 000 Juden und Jüdinnen sprechen in Jerusalem den jüdisch-deutschen Dialekt, und ohne die

Typus eines russischen Juden.

Reinheit der Luft, die engen, überwölbten Strassen, die niedrigen Häuser mit den hölzernen Gittern anstatt der Fenster, die fremde Tracht und einige andere Lokalfärbungen hätte ich glauben können, im Eastend Londons oder in irgendeiner polnischen Gegend zu sein. Die Hälfte der Juden und somit mehr als ein Viertel der Gesamtbevölkerung sind Russen, entweder der Geburt oder der Abstammung nach, und sie haben es fertig gebracht, ihrer Umgebung ihre Individualität sehr stark aufzuprägen. Zur Zeit des Krimkrieges traten in der staatlichen Behandlung der Juden Russlands grosse Veränderungen ein.

Sie hatten als Soldaten gute Dienste geleistet, und die Regierung hegte den Wunsch, sie der übrigen Bevölkerung zu assimilieren. In dem Wunsche war ursprünglich nichts Machiavellistisches, obgleich er in der Folge zu sehr viel grausamem Unrecht, zu Härten und bösen Ungerechtigkeiten geführt hat. Viele Juden wanderten lieber nach dem Heiligen Land aus, als dass sie, wie Nikolaus es wollte, ihre alte Tracht aufgegeben hätten, die ihnen schon beinahe heiliger geworden war als ihre Religion. So kommt es, dass die russischen Einwanderer in Palästina ihre pelzbesetzten Mützen beibehalten, die in Russland — als am besten geeignet, den eisigen Winden der Steppen zu widerstehen — alle Zeiten überdauert haben. Diese Mützen sehen in Jerusalem sehr unangebracht aus; aber merkwürdigerweise scheinen ihre Träger sie trotz der tropischen Hitze nicht unerträglich zu finden. Es war amüsant, diese polnischen Glaubensgenossen zu sehen, die, alt und jung — und die kleinen Knaben sahen besonders komisch aus —, flache, runde Barette aus schwarzem Velvet oder Velveteen, alle mit Pelz verbrämt, trugen, die grossen, fettigen Schüsseln mit einem breiten, braungelben Rande glichen. Unterhalb dieser merkwürdigen Kopfbedeckung, die jedoch, wie mir gesagt wird, die allgemein übliche des russischen Muschik ist, quellen die wirren Locken ihrer Träger hervor, deren Peies (gedrehte Schläfenlocken) über beide Schläfen fallen und ihnen ein äusserst charakteristisches Aussehen geben. Vom Halse abwärts gleichen sie Arabern; aber ihr etwas tatarischer Körperbau zeigt, dass sie nicht die eigentlichen Söhne ihres Adoptivvaterlandes, sondern noch Polen sind.

Niemals sah ich in Jerusalem einen Juden ohne seine Kopfbedeckung, bis auf ein einziges Mal, und das ereignete sich folgendermassen: Am Abend des Gesetzesfreudefestes (Simchas-Thora) stattete ich dem berühmten Rabbi Judah Leib Diskin einen Besuch ab. Als ich eintrat, fand ich den Rabbi in einem Armstuhl sitzend und nachdenklich vor sich hin blickend. Einige der jungen Leute der Jeschibah (Gelehrtenschule) tanzten in possierlichster Weise im Zimmer herum, jeder einen „pas seul", und einer von ihnen dachte mich mit wahrhaft orientalischer Gastlichkeit zu ehren und zu erfreuen, indem er seine Kopfbedeckung mit der meinigen vertauschte. Wahrlich, die meinige war ein etwas mitgenommener Strohhut und die seinige eine Krone von Pelz; aber nichtsdestoweniger war ich sehr erschrocken und beunruhigt, als er mich krönte, und ich fürchte, meine Komplimente liessen an Würde und Eindruck zu wünschen übrig. Aber der Stil der Festlichkeit war darum von nicht weniger grossem Interesse für mich. Die Melodie, nach der sie tanzten und die auch bei den anderen litauischen Gemeinden augenblicklich die am meisten begünstigte ist, machte damals einen tiefen Eindruck auf mich. Ein musikalischer Freund, Reverend Francis Cohen, war so liebenswürdig, meine jetzt halbverblassten Erinnerungen des chassidischen Geheuls niederzuschreiben. Das Lied kann man in chassidischen Gemeinden

Gesang der Tanzenden.

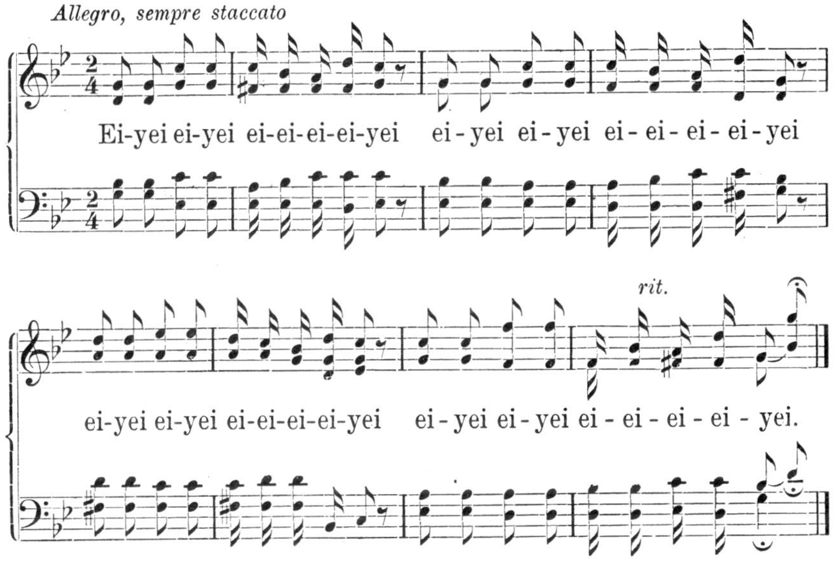

wohl 1000 Meilen nördlich von Jerusalem hören, aber hier war es offenbar die beliebteste von allen Melodien.

Wenn schon die Melodie der Tanzenden eigenartig wirkt, so ist es die Art, wie sie an genanntem Feste die „Hakaphoth“ oder Umzüge in der Synagoge machen, noch mehr. Jeder, der eine Gesetzesrolle trägt, ist von drei oder vier Männern umgeben, die langsam, aber mit sichtlichem Behagen und reichlichen Gestikulationen tanzen. Es war komisch und höchst unangemessen zugleich, zu sehen, wie ehrwürdige Graubärte auf den Zehen tänzelten gleich einer europäischen Pantomimenfee; aber dieses Tanzen fand ausserordentlichen Beifall, und auch ich musste Zufriedenheit heucheln, um nicht zurechtgewiesen zu werden, wie es Michal geschah, als sie dem aus Leibeskräften tanzenden König David Vorstellungen machte.

Eine sehr gute Illustration, in welch hohem Ansehen dieses religiöse Tanzen stand, liefert eine von dem Kabbalisten Isaak Luria erzählte Geschichte, die in der Rödelheimer Ausgabe des „Maasse"-buches im Jahre 1753 veröffentlicht und von Dr. Max Grünbaum in seiner „Jüdisch-deutschen Chrestomathie" zitiert wird. R. Isaak sagte — so wird erzählt — eines Sabbatmorgens seinen Schülern, er würde ihnen etwas Aussergewöhnliches zeigen, wenn sie ihm versprächen, nicht zu lachen, und er drohte ihnen, dass derjenige, der sein Versprechen bräche, noch im selben Jahre sterben müsse. Sie geben ihm die gewünschte Versicherung, und der Wundertäter beschwört aus den unermesslichen Tiefen sieben Geister herauf, die er beauftragt, aus der Thora vorzulesen. Es waren die Geister keiner geringeren Persönlichkeiten als Aarons, des Hohenpriesters, als Cohen, seines Bruders Moses als Lewite und der Patriarchen Abraham, Isaak, Jakob und Joseph. Der siebente und letzte Heraufbeschworene ist König David, und er kommt mit Springen und Tanzen herein zu Ehren des Gesetzes. Ein unglücklicher Schüler konnte sich des Lachens nicht erwehren unb starb in jenem selben Jahre. Aber der Rabbi selbst ging gleichfalls nicht straflos aus, und die sich anschliessende Geschichte erzählt, wie auch er bald darauf starb zur Strafe dafür, dass er sich der eitlen Neugier seiner Schüler zu willfährig und zu bereitwillig gezeigt hatte, einer unwürdigen Sensationslust wegen jene furchtbare, geheimnisvolle Gabe zu entweihen, die ihm zu höheren Zwecken verliehen war.

Der verstorbene F. D. Mocatta erinnerte mich daran, dass eine der chassidischen Feier des Gesetzesfestes nicht sehr unähnliche Sitte bei den frommen Katholiken Sevillas zu finden ist. Während des Karnevals und auch im Juni und Oktober wird in der Kathedrale jener Stadt eine feierliche Tanzmesse abgehalten. Die amtierenden 16 Knaben („seises") tanzen vor dem Hochaltare, mit federgeschmückten Hüten auf den Köpfen und wie Pagen aus der Zeit Philipps III. gekleidet. Sie tragen am Fronleichnam rote und weisse, für die Feste der heiligen Jungfrau blauweisse Farben. Es heisst, dass das Tanzen demjenigen der Israeliten vor der Bundeslade nachgeahmt sei. Einer der Päpste, der asketischer war als seine Vorgänger, nahm Anstoss daran, die heilige Messe solch unziemlich lärmender Lustig-

Aus einem hebräisch-persischen Manuskript Nizamis. (Vgl. S. 160.)

keit auszusetzen, und suchte die Sitte abzuschaffen; aber die Macht der öffentlichen Meinung war stärker als die Verordnung des Kirchenoberhauptes, und so ist die Tanzmesse in Sevilla eine feierliche Handlung geblieben bis auf den heutigen Tag.

In jener Nacht tanzte die ganze Judenschaft Jerusalems, und der schönste Teil des Schauspiels war, zu sehen, wie die Mütter ruhig in den Türen der Synagogen oder Chewra- (Schul-) Stuben mit ihren Kindern standen, die in die Händchen klatschten und hinzuliefen, um die Thorarollen zu küssen, sobald sie vorübergetragen wurden; alle schienen im siebenten Himmel des Entzückens zu sein. In den grossen Synagogen der Sephardim und Aschkenasim war die Zeremonie grossartiger und prunkvoller. Alle Kerzen waren angezündet, und 20 oder 30 Rollen wurden aus der Lade genommen und um den Almemor (Altar) getragen. In Jerusalem gibt es eine ungeheure Zahl Gesetzesrollen; denn die Einwohner sind immer noch, wie seit Jahrhunderten, durch ihre Kalligraphie berühmt, und ihre Arbeit ist billig. Jeder Vorsteher der Synagoge, der mit einer Rolle beehrt war, schien ein Morenu oder Rabbiner zu sein, und ihre festlichen Gewänder und heiteren Mienen zeigten, wie Heine vom Sabbat singt, dass an jenem Tage jeder sich glücklich fühlte wie ein König, und des Schmutzes, der Sorge und der Not des Alltags vergass. Viele kleine Knaben schwenkten Fahnen aus rotem, blauem, weissem, gelbem Seiden- oder anderem Stoffe. Auf der einen Seite dieser Fahnen waren die Verse gedruckt, die während der „Hakaphoth“ gesungen wurden, und auf der anderen war das Wappen Sir Moses Montefiores angebracht, des grossen Gönners Jerusalems, mit seinen Wappenhaltern, einem Löwen und einem Einhorn, sowie einem Devisenband mit seinem Motto „Jeruscholajim“.

Rabbi Judah Leib Diskin, in dessen Haus ich den feierlichen Tanz sah, soll nicht mit der obigen zufälligen Erwähnung abgetan werden. „Der JeLeD“ (das Kind), wie er nach den Anfangsbuchstaben seines Namens genannt wurde, war in der Tat ein Kind seiner Zeit und seiner Umgebung. Am Anfang des Jahrhunderts, das in einer westlichen Stadt Europas einen Heine hervorbrachte, geboren, wurde der litauische Knabe von seiner chassidischen Umgebung kaum als ein weniger wunderbares Genie betrachtet. Sein Streben liess sich nicht durch die Erdmauern eines russischen Dorfes einengen. Der „Litwak“, wie der Litauer — zuweilen in einem lobenden, häufiger aber in einem verächtlichen Sinne — genannt wird, ist ein sehr merkwürdiger

Judentypus, jedoch der litauische „Chossid“ ist noch merkwürdiger und noch gefürchteter. Es ist immer ein mystischer Hang im jüdischen Gemüte gewesen, und diesem gibt, wie Dr. Schechter gezeigt hat, der Chassidismus vollen Spielraum. Es ist eine rührend freudige Art von Religion, nicht eine, die an den kalten Verstand appelliert. Aber dass sie solchen Erfolg hatte, braucht niemanden zu überraschen, der die gigantische Entwicklung der „Heilsarmee“ beobachtet hat.

Diskin erhielt bald den Ruf nach Brest-Litowsk, wo er das Haupt und der Mittelpunkt der dortigen sehr bedeutenden Gemeinde wurde — allesamt „Misnagdim“ und mehr oder weniger fromm. Heutzutage ist Brest ein wichtiger Eisenbahnknotenpunkt und eine Garnisonstadt; aber in seinen Tagen war es eher eine „Mutterstadt in Israel“ als ein Zentrum des Handels oder der Politik. Der „Brissker Raw“ jedoch wurde bald eine bekannte Figur in der russischen und polnischen Judenheit, und obgleich seine geographische Verbindung mit Brissk (der polnische Name von Brest) beinahe ein halbes Jahrhundert vorher aufhörte, so wird er doch stolz als „Brissker Raw“ bezeichnet und in Jerusalem selbst beinahe wie ein Heiliger verehrt.

Als Sir Moses Montefiore seine erste Pilgerfahrt nach Jerusalem unternahm, gab es dort nur 250 Juden. Aber ihre Anzahl stieg rapid auf viele Tausende. Und sobald dort eine litauische Gemeinde existierte, die seiner wert war, sandten sie nach Diskin, und er wurde ihr Rabbi. Sein Ruf war noch grösser als seine Taten. Doch heisst dies keineswegs, dass er nicht der Heiligkeit seines Lebens und seiner talmudischen Gelehrsamkeit wegen seinen Ruf reichlich verdiente. Soweit meine Informationen reichen, hat er jedoch niemals ein Buch geschrieben. Steinschneider und Lippe, Zedner und Van Straalen sagen nichts von ihm. Das Bücherschreiben überliess er seinen Feinden.

Aus guter, altmodischer Courtoisie gegen meines Vaters[1] Sohn hatte der Rabbi mir als Willkommengruss Kuchen und Wein übersandt. Ich ging zu ihm, um ihm zu danken, und fand ihn in einem langen Pelzrock sitzend mit einer pelzbesetzten Sammetmütze auf dem Kopfe, während die Schüler seiner Jeschibah rund im Zimmer herumtanzten, eine seltsame Mischung von heulenden Derwischen und abendländischen Universitätsstudenten. Aber der alte Rabbi mit den durchdringenden Augen blickte milde auf sie und blickte auf mich vielleicht

[1] Der Vater des Verfassers war „Chief-Rabbi“ von Grossbritannien.

mit noch grösserer Milde, weil ich weder ihre Drehungen mitmachen, noch in ihre Gesänge einstimmen wollte oder konnte.

Während seines langen, frommen Lebens in Jerusalem und in der Tat beinahe bis zu seinem Ende hielt sich der Brissker Raw sorgfältig von aller Polemik und den Streitfragen der Gemeindepolitik fern, die in Jerusalem leider allzusehr im Vordergrunde stehen. Es war sein Ruhm, dass er niemals die Feder auf das Papier setzte, noch sich mit weltlichen Dingen beschäftigte — er war nach dem Heiligen Lande gegangen, um dort zu sterben. Seine Gattin war vielleicht etwas weniger altmodisch in ihren Anschauungen. Sie ist die vornehmste Dame in Jerusalem. Sie kann, wie mir erzählt wurde, „paskenen“ (Gesetzesfragen auf Grund des Talmuds beantworten) so gut wie jeder Rabbi, schreibt Hebräisch in klassischem Stil und spricht Französisch, zwar etwas weniger klassisch, aber doch verständlich. Diskins Enthaltsamkeit bei Streitfragen hat leider in Jerusalem ihresgleichen nicht und spricht Bände zugunsten seiner Weisheit und seiner Gutmütigkeit. Und doch, selbst seine Zurückhaltung hielt nicht bis zu seinem Ende vor.

Die russischen Einwanderer in Palästina hatten die ersten „Kolelim“ (buchstäblich „Universitäten“) angelegt und das unselige System der „Chalukah“ eingeführt. Die Palästinenser blieben in enger Verbindung mit ihren unternehmenderen Brüdern im Auslande, die als Sühneopfer für ihre Fügsamkeit, die Reformen des Zaren anzunehmen, Stadt für Stadt an ihre „Kolelim“ Gelder sandten, die unter die Talmud- und Thoralernenden verteilt wurden. Das Prinzip lässt natürlich allen möglichen Missbräuchen Tür und Tor offen; aber man sollte auch nicht vergessen, dass es dasselbe System ist, das die Gelehrsamkeit in Paris und Oxford, in Cordova und Padua im Mittelalter unterstützte und lebendig erhielt.

Die russischen Verfolgungen hatten sich nicht vermindert, seit Diskin seine Heimat verliess, und die Auswanderung hatte nicht aufgehört. Aber sie hatte eine neue Richtung genommen und war über den Ozean gegangen; die amerikanischen Russen oder russischen Amerikaner waren jetzt beinahe so zahlreich wie ihre Brüder daheim in Russland und nicht weniger wohltätig. Die amerikanischen Beiträge zur Chalukah waren sehr gross und beträchtlich geworden, und doch konnten sie nach dem ganzen Systeme der Kolelim nicht anders als nach dem ursprünglichen Plane verwendet werden, nach dem die amerikanische Chalukah immer ein Anhängsel der russischen Chalukah bleiben musste. Und so fand schliesslich im Jahre 1807 eine kleine amerikanische Miniaturrevolution statt: ein „Kolel Amerika“ wurde gebildet, und der Brissker Raw zu ihrem Oberhaupt ernannt. Mir scheint, es wurde ein gut Teil Feindseligkeit dadurch erregt. Der neunzigjährige Oberrabiner Samuel Salant fühlte sich verletzt, und man sagte sogar, dass er deshalb sein Amt niederlegen wollte.

Aber des „JeLeD“ Verhalten in dieser Angelegenheit erscheint, obwohl es aller Wahrscheinlichkeit nach von keinerlei persönlichen Gründen beeinflusst war, dennoch sehr bedauerlich: es ist wie ein Missklang in der Harmonie eines langen, friedlichen Lebens.

Während meines Aufenthaltes in Jerusalem verging kein Tag, an dem ich nicht meinem Freunde Nissim Behar in dem grossen und bequemen Hause der „Baron Lionel Rothschild-Schule“, die unmittelbar an das „Hotel Jerusalem“ angrenzt, einen Besuch machte. Beinahe jeden Morgen wurde ich von dem geschäftigen Lärm geweckt, den Herr Behars kleine und grosse Schüler verursachten. Überhaupt ist Jerusalem eine Stadt der Frühaufsteher. Jedermann ist beizeiten auf, und das Morgengebet — einschliesslich des „Duchenen“ (Segenspenden nach altem Ritus), das in der heiligen Stadt eine tägliche Einrichtung ist — war immer lange vor sieben Uhr vorüber. Jedermann geht in Jerusalem in die Synagoge und tut dies, ohne seines Arbeitgebers Zeit zu beeinträchtigen. Es ist der grösste Irrtum der Welt, zu denken, dass unsere Glaubensgenossen dort faul sind und nicht arbeiten, und dass die Chalukah sie zu „Rentiers“ und bequem lebenden Herren macht. Später werde ich Gelegenheit nehmen, etwas über jüdisches Gewerbe und Gewerbsleute zu sagen und auch kurz das Chalukahsystem zu erklären, wobei sich zeigen wird, dass die zehn Franken im Jahre, die ein Hausvater erhält, nicht so demoralisierend und verderblich wirken. Zunächst will ich aber über die Rothschild-Schule einiges berichten, und zwar nicht so sehr deshalb, weil sie bezüglich des theoretischen Unterrichtes die beste ist: das deutsche Waisenhaus, das von Dr. Herzberg verwaltet wird, kommt ihr hierin sehr nahe, und die Talmud-Thoraschulen innerhalb der Mauern von Jerusalem sind in dieser Hinsicht ebenfalls höchst anerkennenswert. Aber in bezug auf den technischen Unterricht, den sie erteilt, und bezüglich der praktischen Energie ihres Direktors steht sie einzig da. Für englische Juden hat sie ein erhöhtes Interesse, weil sie von

Engländern gegründet wurde — und zwar von Lord Rothschild und Sir Samuel Montagu — und hauptsächlich von englischem Geld erhalten wird. Die „Anglo Jewish Association“ gibt ihr einen jährlichen Beitrag und ebenso die „Alliance Israélite Universelle“ in Paris; aber die Hauptkosten werden natürlich von dem speziellen Komitee der Schule aufgebracht, das sein Hauptquartier in New-Court hat.

Der ziemlich langatmige Name der Schule lautet wie folgt: „Israelitisches Institut für Unterricht und Arbeit. Begründet von Lionel

„Talmud Thora“ im Orient.

Rothschild“. Aber der lange Name hat ihrem materiellen Gedeihen nicht im Wege gestanden. Aus Berichten, die ich kürzlich aus dem Osten erhalten habe, ersehe ich, dass die Schule die Erlaubnis erhalten hat, für 100 000 Franken das Terrain des Hotels anzukaufen. Herr Kaminitz will näher zum Jaffator ziehen, so dass seine Gäste nicht länger den Omnibus zu benutzen brauchen, wenn sie nach der Stadt wollen, und auch nicht weiter von ihrer arbeitsamen, aber lärmenden Nachbarschaft und von dem Geräusche der Dampfmaschinen gestört werden. Es ist schwer, sich Omnibusse und Dampfmaschinen in Jerusalem vorzustellen, und doch gehören sie zu den prosaischen Wirklichkeiten, die von unseren unternehmenden

Brüdern eingeführt wurden, und bilden wichtige Faktoren in dem Jerusalem von heute.

Herr Behar hat beinahe zweihundert Schüler, von denen ein Drittel in der Anstalt wohnt. Es sind dort beinahe doppelt soviele Sephardim wie Aschkenasim. Es verstimmte mich ein wenig, das zu sehen, obgleich ich sicher bin, dass eine bewusste Begünstigung ausgeschlossen ist. Es gibt mehr Aschkenasim in Jerusalem, als von ihren „blaublütigeren“ Glaubensgenossen, und obgleich sie in mancher Beziehung weniger angenehm sein mögen, kann ich bestätigen, dass sie sich um die Zulassung zur Schule ebenso eifrig bemühen. Wann immer sich Herr Behar auf der Strasse sehen liess, wurde er stets mit entsprechenden Gesuchen angegangen.

Die Gebete wurden von dem Minjan (Zehnmännerversammlung) immer um halb sechs des Morgens abgehalten, und eine Stunde später waren alle Klassen in vollster Tätigkeit. Die Werkstätten schallten von den Hammerschlägen, dem Kreischen der Sägen und dem Geräusch der Maschinen wider. Man kann es kaum vermeiden, poetisch zu werden, wenn man die Wirkung beschreibt, welche westliche Arbeitsamkeit auf ein westliches Gemüt hervorruft, wo man erwartet hätte, orientalische Indolenz zu finden, die das Betteln zu einer Kunst erhoben hat. Sogar in Europa würde ein Institut wie die Rothschild-Schule Bewunderung hervorrufen. Es ist eher eine Akademie als eine Schule im engeren Sinne des Wortes, und ihre Schüler stammen aus allen Teilen Kleinasiens und Syriens; einige kommen sogar aus Ägypten.

Der Lehrplan ist sehr vielseitig, aber, soweit ich das beurteilen kann, doch nicht derart, dass der erteilte Unterricht darum die wünschenswerte Gründlichkeit vermissen liesse. Hebräisch, Arabisch und Französisch sind die Sprachen, die hauptsächlich gelehrt werden, und die Schüler dürfen sich in jeder von diesen Sprachen unterhalten, nur der Jargon, sei es der jüdisch-deutsche oder der jüdisch-spanische, ist strikte verboten. Englisch wird gleichfalls gelehrt, und zwar, wie ich erfuhr, auf ausdrücklichen Wunsch der Eltern, unter denen sich neben anderen Honoratioren keine geringere Persönlichkeit als die des Paschas befand. Englisch sprechende Reisende stellen immer noch das Hauptkontingent der bemittelten Besucher des Heiligen Landes, und schon deshalb hat das Englische einen praktischen Wert. Aber in dieser Beziehung macht Jerusalem eine Ausnahme; denn im Osten und sogar in Ägypten bleibt das Französische die „Lingua franca". In bezug auf das Französische kann ich nur sagen, dass ich in keiner unserer Volksschulen Knaben fand, deren Akzent oder Grammatik einen Vergleich auch nur mit dem jüngsten der Schüler des Herrn Behar aushalten könnte. Vielleicht mögen viele das nur für ein schwaches Lob halten; aber auch was das Hebräische anbetrifft, bin ich sicher, dass der europäische Durchschnittsrabbiner vor diesen kleinen Schülern aus Jerusalem erröten würde, deren Geläufigkeit und Eleganz des Ausdruckes uns kaum glauben lässt, dass das Hebräische keine lebende Sprache mehr ist. Mathematik und andere Wissenschaften werden nicht vernachlässigt, und tatsächlich weicht die höhere Erziehung in Jerusalem von der unseren nur in dem einen Punkt ab, dass wir unserem Hange für Griechisch und Lateinisch nachgeben und jene nicht. In einigen Allianzeschulen Kleinasiens, z. B. in Smyrna, lässt sich übrigens auch diese Einschränkung nicht machen, da dort auch Griechisch — natürlich das Neugriechische — gelehrt wird.

Die Werkstätten machen einen höchst befriedigenden Eindruck; besonders geschäftig sah es in der Abteilung für Handwerk, Mechanik usw. aus. Ein wenig sonderbar erschien es, dass Olivenholz als Feuerung für die Maschine diente. Die Holzarbeiten und die Schnitzereien waren sehr interessant; die Handwerker zeigten grossen Eifer und schienen sich etwas auf ihre Arbeit einzubilden. Die Schneider- und Schuhmacherwerkstätten waren ebenfalls stark beschäftigt. Was mir am meisten auffiel, war die Tatsache, dass der technische Unterricht nicht, wie beispielsweise im Londoner „Peoples-Palace", bloss zu Unterrichtszwecken diente. Die Schule bestreitet ihre Kosten zum grossen Teil aus dem Erlös der Arbeiten, und sie wird von der Jerusalemer Bevölkerung in ziemlichem Umfange durch Aufträge unterstützt. Von einer Deputation von Handwerkern in der Stadt wurden mir sogar Klagen überbracht, dass sie von den Schulen unterboten würden. Ich untersuchte die Sache und fand, dass, weit davon entfernt, die Schule in Wirklichkeit mehr als den Durchschnittspreis für ihre Arbeit forderte und erhielt. Ich sah, wie man eiserne Bettstellen herstellte, Wagenräder reparierte, die bekannten Olivenholzsächelchen drechselte, Schuhe und Kleider anfertigte, und zwar alles auf Bestellung und zu annehmbaren Preisen. Mit Bezug auf die letzteren Beschäftigungszweige muss man beachten, dass hier nicht dieselben Einwendungen Geltung haben wie in England. Jerusalem hat keinen Exporthandel, und seine Handwerker haben daher nur lokale Bedürfnisse zu befriedigen. Die Bevölkerung vermehrt sich stetig, und es ist dort ein angemessenes Arbeitsfeld für alle, die daselbst ausgebildet werden.

Die Klassen, die das grösste Interesse beanspruchen, sind diejenigen für Zeichnen und Bildhauerarbeit — letztere erst kürzlich von Baron Edmond von Rothschild gegründet, dessen Besuch in Palästina im letzten Jahre Aufsehen erregte. Hier sah man Arbeiten, die grosses Talent und eigene Ideen verrieten, Arbeiten, die South-Kensington nicht zur Unehre gereicht hätten. Unter den geschicktesten

Typen jüdischer Schulkinder.

Steinarbeitern waren einige russische Flüchtlinge, von denen mehrere in der Schule sind. Zwei dieser Schüler, Berschawsky und Lemberg, fand ich eifrig bei der Arbeit in der Stadt, in der Via Dolorosa, wo sie Nischen am russischen Kloster ausmeisselten, dessen Einweihung durch die Grossfürsten Paul und Sergius gerade bevorstand. Es ist eine grimme Ironie des Schicksals, dass die Vorsteher der griechischen Kirche, trotz ihrer bekannten antisemitischen Vorurteile, gezwungen waren, gerade jene heranzuziehen, die, um der Verfolgung zu entgehen, aus dem Lande des Bruders der Grossfürsten fliehen mussten, die aber die einzigen Personen in Jerusalem waren, die solche künstlerische Arbeit leisten konnten, wie sie hier verlangt wurde.

Die Lage der Schule ist eine ausserordentlich günstige. An der Jaffastrasse, ungefähr zehn oder zwölf Minuten von dem Tor entfernt, ist sie das erste ansehnliche Gebäude, an dem jeder nach der Heiligen Stadt Kommende vorübergehen muss. Sie liegt nicht so weit von der Stadt, dass es die jugendlichen Einwohner Jerusalems verhindern könnte, die Vorteile der Schule auszunutzen, und die Entfernung hat, so weit ich mich überzeugen konnte, niemals jemanden vom regelmässigen und pünktlichen Erscheinen abgehalten. Vor allem liegt die Schule im Zentrum des „Jerusalem extra muros", das sich rapid entwickelt und die Übervölkerung im Inneren entlastet. Es gibt schon etwa 8 000 oder 9 000 Vorstadtbewohner. Die Schüler gehören den verschiedensten Altersstufen und Religionssekten an, und meines Erachtens wird nichts besser als dieser gemeinsame Unterricht dazu dienen, die Bitterkeit des „odium theologicum", jenes unwillkommenen Charakterzuges der Heiligen Stadt, auszurotten. Wie in den grossen Universitäten des Mittelalters gibt es hier Familienväter, die es für keine Schande halten, am Unterrichte teilzunehmen! So fand ich einen würdigen mohammedanischen Notar, vor dem ich eines Nachmittags im Serail zu erscheinen hatte, um mir von ihm eine Vollmacht bestätigen zu lassen, am nächsten Morgen auf einer Schulbank sitzend, um Französisch zu lernen.

Natürlich ist die grosse Mehrheit — besonders in den theoretischen Klassen — jugendlichen Alters. Unter ihnen befindet sich Osman Bey, der Sohn Sr. Exzellenz Reouf Paschas, des Gouverneurs von Palästina. Sein Bildungsgrad mag darnach ermessen werden, dass er Madame Behars Piano spielt und ein enthusiastischer Münzensammler ist. Ich entzückte ihn durch das Geschenk einer römischen Sesterze, die ich neben der Stufenpyramide von Sakkara aufgelesen hatte. Sephardim und Aschkenasim stehen auf dem Boden vollkommener Gleichheit. Auch gibt es, wie ich bereits erwähnte, einige christliche und noch mehr mohammedanische Schüler.

Da keiner der Juden in der Lage ist, Schulgeld zu bezahlen, kann Behar auch von den Nichtjuden keine Bezahlung fordern; aber ich glaube, einige Christen zahlen freiwillig. Ihre Anzahl ist natürlich verhältnismässig klein.

In Jerusalem fielen mir besonders die herzlichen Beziehungen zwischen den Rabbinern und Herrn Behar auf, dessen Auftreten ihr früheres Misstrauen in Vertrauen verwandelt hat. Es ist auch ein erfreuliches Zeichen für die Schule, dass die Schüler ebenso, wie sie nicht nur aus Jerusalem, sondern auch von Hebron und aus den landwirtschaftlichen Kolonien kommen, auch nach vollendeter Ausbildung nicht allesamt in Jerusalem verbleiben, sondern zum Teil nach anderen Orten Palästinas, nach Syrien und sogar nach Ägypten gehen. Die Schulgebäude sind für ihren Zweck mustergültig, aber jeder kleinste Raum ist ausgenützt, und wenn, wie ich hoffe, Vorkehrungen getroffen werden, um eventuell einige Schüler vom Lande in Wohnung und Kost aufzunehmen, wird die beantragte Erweiterung sehr notwendig werden.

Das Waisenhaus an der Jaffastrasse, das von Dr. Herzberg geleitet wird, ist ein höchst schätzenswertes Institut. Es ist die einzige jüdische Kostschule in Jerusalem und wird durchaus gut verwaltet. Leider traf ich Dr. Herzberg nicht an, da er zur Zeit meines Besuches gerade in Europa weilte. Er ist ein Mann, wie es deren nicht viele gibt, was auch seine Schriften bezeugen, und wir können stolz sein, ihn zu unseren Glaubensgenossen zu zählen. Seine Gattin ist den Kindern, die sie zweifellos lieb haben, eine zweite Mutter. Ich ging an einem Sonnabend hin und traf sie daher nicht bei ihren Arbeiten. Die Schlafzimmer sind nett und luftig mit weissgetünchten Wänden und Decken und nicht so gedrängt voll wie die Schlafsäle unserer eigenen entsprechenden Schulen.

Im allgemeinen kann man nicht viel Gutes von dem Klima Jerusalems berichten; aber wie ich später zeigen werde, können seine Nachteile gemildert werden, was auch beispielsweise aus der Tatsache hervorgeht, dass ein Lehrer, der im Londoner Jews College ausgebildet wurde und sich daher dort erst akklimatisieren musste, mit Ausnahme der Regenzeit in der freien Luft auf dem Balkon eines der Zimmer zu schlafen pflegt. Die Schüler lernen Englisch, Deutsch, Arabisch, aber kein Französisch. Dies scheint bedauerlich; denn obgleich das Französische nicht unentbehrlich ist, ist das Deutsche doch hier ganz nutzlos. Für die jungen Handwerker Jerusalems ist jetzt in Verbindung mit Dr. Herzbergs Schule auch eine Abendschule eingerichtet worden, die sich als sehr erfolgreich erweist.

Die Blumenthal-Schule ist für ungefähr 100 Schüler eingerichtet. Sie wird von Rabbi Isaak Prager geleitet; von der hebräischen und arabischen Kalligraphie seiner Schüler nahm ich einige reizende Proben mit.

Ich habe nun noch über die sephardischen und aschkenasischen Talmud-Thoraschulen mit ihren je 300 Schülern zu berichten. Letztere stehen unter der Oberaufsicht des Oberrabiners Samuel Salant, der trotz seines Alters noch sehr rüstig ist und mir für dies Amt besonders geeignet erschien. Hier fand ich die einzige Spur von „Pharisäertum", die ich während meines Aufenthaltes im Orient antraf, und auch diese war von recht milder Art. Wir kamen in eine Klasse, wo ein Knabe übersetzte oder vielmehr eine Stelle aus dem Traktat Sanhedrin vorlas. Ich forderte ihn auf, in der berühmten Einleitung von Maimonides weiter zu blättern bis zu dem Kapitel, in welchem er von den verschiedenen Theorien über das künftige Leben spricht. Der Lehrer zögerte und zog die Augenbrauen in die Höhe. Ich sah, dass er selbst bezüglich der Orthodoxie mit Rambams Philosophie nicht übereinstimmte, und ich bestand daraufhin nicht weiter auf meiner Absicht.

Ausser den erwähnten gibt es in Jerusalem noch viele Talmud-, Thora- und andere Schulen für jüdische Kinder — über 80 für Knaben und ungefähr 20 für Mädchen. Mit Ausnahme der Evelina Rothschild-Mädchenschule ist keine von ihnen für mehr als 40 Kinder berechnet, und die meisten haben noch nicht einmal die Hälfte dieser Anzahl von Schülern. Sie ähneln durchaus den Unterrichtsanstalten (Chedarim) in Whitechapel oder in irgend einem anderen Ghetto, und es ist zu befürchten, dass der Unterricht sich in den meisten Fällen auf papageienhaftes Lesen aus der Heiligen Schrift und dem Gebetbuche beschränkt.

Infolge verschiedener sanitärer Übelstände ist die Sterblichkeit in Jerusalem nach europäischen Begriffen abnorm hoch. Es ist aber durchaus kein ungesunder Ort für Fremde, weit weniger sogar als beispielsweise Rom, und wenn man ausserhalb der Stadtmauern wohnt, kann man sogar den Moskitos entgehen. Aber die Einwohner haben sehr zu leiden; kaum irgend jemand entgeht dem Fieber, das ein- bis zweimal jährlich auftritt[1]. Die Augenentzündung wird durch das

[1] Als Kronprinz Rudolf von Österreich Palästina besuchte, hatte er, ein so tüchtiger Sportsmann er war, doch gesundheitlich während seines kurzen Aufenthaltes stark zu leiden. Er wurde auf dem Wege nach Nazareth vom Fieber befallen, und zu seiner grossen Enttäuschung war er genötigt, sich in Haifa einzuschiffen, ohne sein Programm vollständig durchführen zu können. Er besuchte das Heilige Land im jugendlichen Alter von 19 Jahren, und seine „Reise im Osten",

Sonnenlicht verursacht, das von den weissen Steinmauern reflektiert wird, und die kühlen Morgen und Abende verursachen ziemlich häufige Rheumatismen. Schon der Talmud berichtet als notorische Tatsache von der zarten Gesundheit der Kinder in Jerusalem, und es scheint, als ob es heutzutage noch schlimmer wäre. Es ist ein schmerzlicher Anblick, diese schwächlichen und welken Babies, Knaben und Mädchen, zu sehen, die meist sehr klug, aber vielfach ungesund, alt aussehen. Die zu frühen Heiraten wirken immer gesundheitsschädigend, die Hauptursachen der Krankheiten sind jedoch in der schlechten Wasserversorgung und den mangelhaften Drainageverhältnissen zu suchen. Beiden Mängeln könnte ohne viele Schwierigkeiten abgeholfen werden.

Was die Drainage betrifft, so sollte man meinen, das Senkgrubensystem könnte leicht durch eine Kanalisation ersetzt werden. Die Täler von Jehosaphat und Hinnom („Gehenna", die traditionelle Hölle der Verdammten) liegen nicht mehr so tief, wie in alten Zeiten. Die zahlreichen Schichten von Geröll und Schutt sind jetzt so angewachsen, dass man von der Talsohle aus mit einem Schirm an den Robinsonbogen heranreichen kann, den Ausgangspunkt der berühmten Brücke, die den Tempel mit dem Ölberg verband. Und doch war nach Josephus die Tiefe so gross, dass niemand auf der Brücke stehen und abwärts sehen konnte, ohne schwindelig zu werden. Trotzdem ist die Höhendifferenz zwischen den bewohnten Stadtteilen und dem natürlichen Graben, der die Stadt umgibt, auch heute noch gross genug, um für Drainagezwecke benutzt werden zu können. Das „Misttor" mit seinen jetzt geschlossenen Kloaken, die zu dem Altar im Tempelhofe führten, ist genügend nahe, um zu zeigen, dass solche Gesund-

die im Jahre 1884 erschien, zeugt für das ausserordentliche Interesse, das er den Juden dort entgegenbrachte. Bei seiner Anwesenheit in Jerusalem nahm er an einem Osterfestabendmahl (Szeder) teil, das der verstorbene Chacham Baschi Panisel abhielt, und die Feier machte einen tiefen Eindruck auf ihn. Als ein Zeichen der Dankbarkeit für die Gastfreundschaft, die er genossen hatte, beschenkte er den ehrwürdigen Rabbi mit seinem eigenhändig unterschriebenen Porträt, und das Bild wurde vom Chacham Baschi als eines seiner teuersten Besitztümer hochgehalten. An Bord meines Schiffes kam ich mit einem jetzt bei dem österreichischen Konsul in Beirut angestellten Juden zusammen, der den Kronprinzen während seiner Reise im Osten als „Jäger" oder Leibdiener begleitet hatte. Er erzählte mir vielerlei von dem ehrfürchtigen Interesse, das sein fürstlicher Herr an den heiligen Stätten genommen, und von dem unerschütterlichen guten Humor, den er bei den mancherlei Schwierigkeiten und Unannehmlichkeiten seiner Reise gezeigt hatte.

heitsmassregeln dem König Salomo schon vor 3000 Jahren nicht unbekannt waren, und die Türken haben viel zu tun, um gutzumachen, was sie in Verfall geraten liessen.

Das Interessanteste in Palästina ist nach meiner Ansicht das unterirdische Jerusalem. Es wird durch die in den Sandsteinfelsen befindlichen Steinbrüche gebildet, die Salomo die massiven Steine für seinen Tempel lieferten und auch das Material boten, aus dem vierzehnmal ein neues Jerusalem erbaut worden ist. Sie sind von ungeheurer Ausdehnung und bilden ein Netzwerk von langen und weiten, aber

Aus dem unterirdischen Jerusalem.

vielfach verschlungenen Stollen, von denen der Felsen wimmelt. In dieses Labyrinth gelangt man durch einen engen Eingang nahe dem Damaskustor. Früher war es für jedermann geöffnet, und der Irrgang, zu dem es führte, war von Zigeunern (auch in Jerusalem gibt es Zigeuner) und anderen Vagabunden bewohnt. Jerusalem ist eine Garnisonstadt, und das Militär gerät dort, wie überall, leicht in böse Ungelegenheiten. Manch hässliche Szene spielte sich unter der Erde ab, während die amtliche Nachlässigkeit es achselzuckend geschehen liess. Aber selbst türkische Gleichgültigkeit wurde aus ihrem gewohnten Gleichmut aufgerüttelt, als unter dem Serail Dynamit entdeckt ward. Die Gefahr, mittels europäischer Methoden in die Luft gesprengt zu werden, wirkte kräftiger als die Vorwürfe der Europäer, und der Augiasstall wurde alsbald gereinigt und geleert. Er ist seitdem leer geblieben. Der Eingang ist jetzt versperrt und verschlossen, und die Schlüssel kommen nur gegen Backschisch zum Vorschein.

Wir waren unserer Fünf, die dieses Labyrinth betraten. In feierlichem Schweigen folgten wir, ein jeder mit einer brennenden Kerze, unserem Führer, der uns einen schlüpfrigen, abschüssigen Gang hinunterführte, weit weg bis gerade unterhalb des Tempelplatzes. Der Übergang von dem Lärme, dem blendenden Sonnenlicht und dem Staube draussen war sehr eindrucksvoll. Keine Katakomben können so sehr als eine Stadt der Toten erscheinen wie diese ungeheuren Steinbrüche, die ganz Jerusalem unterminieren. Man konnte die Spuren der Spitzhacken auf den Felsen ringsum noch bemerken und sich allmählich eine Vorstellung davon machen, welch ungeheure Menge von Arbeit auf die Aushöhlung des Berges Zion und der anderen heiligen Hügel verwendet worden sein musste. Hier endlich konnte man die alte jüdische Geschichte durchdenken und durchleben. In Jerusalem wird man zu sehr von der Aufdringlichkeit des Dragomans und von den unzähligen Sehenswürdigkeiten abgelenkt. Und selbst hier wurde unser waches Träumen jäh unterbrochen. Unser Führer entdeckte plötzlich, dass er den Weg verloren hatte, und wir mussten alle unsere Lichter verlöschen bis auf eines, um für den Fall zu sparen, dass wir viele Stunden hier zubringen müssten, bevor wir den Ausgang fänden. Glücklicherweise lief auch dieses Abenteuer günstig ab; denn das Geräusch rieselnden Wassers brachte uns bald wieder auf die rechte Spur. Wir fanden grosse Wasserteiche, gleich den unterirdischen Teichen in den grossen Salzbergwerken, nur war das Wasser nicht salzig, sondern frisch und süss. Offenbar hat man hier nach den Quellen zu suchen, die Jerusalem in den Tagen seines Glanzes versorgten und den berühmten Teich von Siloah speisten. Sogar noch jetzt gibt es eine unendliche Wassermenge im unterirdischen Jerusalem, und es würde nur eine verhältnismässig kleine Summe kosten (ich schätze: etwa eine halbe Million Mark), um eine Wasserleitung herzustellen. Vor einigen Jahren erbot sich Lady Burnett-Coutts, die Kosten aus ihrer eigenen Tasche zu bestreiten; aber politische Motive, oder möglicherweise blosse Sorglosigkeit, veranlassten die Türken, ihr edles Anerbieten abzulehnen.

So leicht es auch sein mag, die gesundheitlichen Verhältnisse Jerusalems zu verbessern, so lässt sich doch die unglückliche Tatsache seines augenblicklich recht misslichen Gesundheitsstandes nicht leugnen. Daher die grosse Anzahl von Hospitälern, deren es hier nicht weniger als elf gibt, ganz abgesehen von den vier Armenapotheken. Das grösste Krankenkaus ist das russische mit 75 Betten.

Jede Nation und jede Sekte hat ein eigenes Hospital: Engländer, Amerikaner, Griechen, Deutsche usw. Das Leprosenheim der Herrnhuter Brüdergemeinde mit seinen 23 Betten ist eine grausige Erinnerung an die Vergangenheit. Wir Juden sind besonders an vier Instituten interessiert: das neue Rothschild-Hospital ausserhalb der Stadt, das Bikkur Cholim-Hospital der Aschkenasim, das Misgab Ladach-Hospital der Sephardim und das englische Missionshospital für Juden. Das ungefähr 800 Meter vor dem Jaffatore gelegene neue Rothschild-Hospital ist ein wirklich schönes Gebäude mit allen modernen Einrichtungen. Es hat in bezug auf Luft, Drainage und Wasser die beste Lage, die innerhalb einer Stunde Umkreis von Jerusalem gefunden werden konnte. Zu dem Hospitale gehört ein Areal von ungefähr zwölf Acres, das zum Teil mit Eukalyptusbäumen bepflanzt ist, zum anderen Teil in einen Frucht- und Blumengarten verwandelt werden soll. Für englische Begriffe sind die Baukosten, 68 000 Franken, lächerlich niedrig. In der Tat hat der französische Konsul, dem es ursprünglich gehörte, nach Errichtung des Baues sich vergebens erboten, es für 148 000 Franken zurückzukaufen. Es hat für 52 und sogar noch mehr Betten Raum. Höchste Rücksicht wird auf die rituellen Speisegesetze genommen, und die Synagoge mit ihren drei schönen Gebetrollen würde den Orthodoxen zum Stolze gereichen. Alle Register, Patientenkarten, Rezepte, Etiketten sind in hebräischer Sprache gedruckt. Das Hospital wird vollständig durch die Freigebigkeit der Familie Rothschild erhalten, und Baron Alphons hat besondere Instruktionen erlassen, dass es ganz nach den Bestimmungen des „Schulchan Aruch“ (traditionelles Gesetzbuch) geführt werden soll.

In mancher Hinsicht ist es zweifellos ein Nachteil, dass das neue Rothschild-Hospital nicht innerhalb der Stadt liegt wie das alte. Die grosse Masse der Gemeindemitglieder wohnt natürlich innerhalb der Mauern; aber es wohnen immerhin schon 10 000 Juden oder mehr ausserhalb derselben, in einer Entfernung von höchstens fünf Minuten vom Hospital, und es ist alle Aussicht vorhanden, dass jede künftige Vermehrung der jüdischen Bevölkerung sich in dieser Gegend konzentrieren wird. In der Tat war es der ganz spezielle Gegenstand meiner

Reise, durch Baugesellschaften die Entwicklung der Montefioreschen Liegenschaften in die Wege zu leiten, und diese befinden sich in der unmittelbaren Nachbarschaft des Hospitals. Wenn der Plan erfolgreich durchgeführt wird, wird er zur Beschaffung von Wohnungen für etwa ein weiteres Tausend unserer Glaubensgenossen führen. Im grossen und ganzen, sehr schwere Fälle ausgenommen, wird man Patienten aus den entferntesten Teilen der Stadt nach diesem neuen Vororte leicht transportieren können. Selbst in den glänzendsten Tagen seiner Geschichte hatte man niemals mehr als 25 Minuten von einem Ende Jerusalems zum anderen zu gehen, so dass die Einwendungen gegen ein Institut ausserhalb der Stadtmauern nicht übertrieben werden dürfen.

Der Chefarzt des Hospitals ist Dr. Israel d'Arbela, ein leibhaftiger jüdischer Romanheld. Er wurde in Russland geboren, studierte in der kaiserlichen Militärmedizinschule von St. Petersburg und später auf der Universität in Rom, an welcher er den Doktorgrad erlangte. Während seines siebenjährigen Militärdienstes wurde er auf dem Schlachtfelde verwundet, und er ist einer der wenigen russischen Juden, die vom Zaren für persönliche Tapferkeit ausgezeichnet wurden. Er verbrachte kurze Zeit in Kairo, wo der Khedive ihn zum Bey machte, und ist dann in Indien und Natal gewesen, wo er ein Jahr lang als Arzt praktizierte. Von 1880 an lebte er sieben Jahre lang in Sansibar mit dem Range eines Generals als Stabsarzt im Heere des Sultans und als sein Leibarzt. In dieser Eigenschaft war er imstande, viel für den Fortschritt der Zivilisation zu tun, und er leistete den britischen Interessen, wie Sir John Kirk bezeugt hat, gute Dienste. Er impfte auch alle die dunkelfarbigen Mitglieder von Stanleys Gefolgschaft, als dieser kühne Forscher seine letzte Reise ins Innere Afrikas unternahm, und er war der letzte Europäer, der ihm Lebewohl sagte. Der grosse Forscher vertraute ihm an, dass er ausser der Befreiung Emin Paschas noch andere Zwecke bei dieser Expedition verfolge. Daher konnte Dr. d'Arbela im Jahre 1888, als jedermann den Forscher verloren glaubte, versichern, dass Stanley in Sicherheit sei. d'Arbela besitzt sieben oder acht Orden verschiedener europäischer Staaten, und seine kunstvoll ausgelegten Flinten und sein Säbel mit diamantverziertem Griffe sind sehenswert. Er ist ein reicher Mann, und was ihn veranlasste, sich im Heiligen Lande niederzulassen, war hauptsächlich der Wunsch, an dem jüdischen Kolonisationswerke in Palästina mitzuwirken und seinen beiden Kindern eine jüdische Erziehung zu geben. Der Doktor widmet den landwirtschaftlichen Kolonien viel Interesse und hat eine beträchtliche Summe darin stecken. Er besitzt eine halbe Million Weinstöcke in der Kolonie Rischon und glaubt fest an die Zukunft der Kolonisation.

Das Missionshospital, das für 28 Hauspatienten eingerichtet ist, liegt im Inneren der Stadt, und es ist seit dem Jahre 1842, dem Jahre der Gründung, zugegebenermassen sein Bestreben, Juden heranzuziehen, und zwar, um sie zur Annahme des Christentums zu bewegen. An jüdischen Krankenhäusern existiert noch das Bikkur Cholim-Hospital mit 30 Betten, das neuerdings dank der Freigebigkeit eines Bewohners von Jerusalem durch den Bau eines oberen Stockwerkes erweitert worden ist. Dies genügt aber nicht, wenn wir berücksichtigen, dass nach Jerusalem Kranke aus Hebron, Nâblus, Safed und Tiberias gebracht werden. Die Kranken aus den Kolonien, deren jüdische Bevölkerung auf 4000 angewachsen ist, und diejenigen aus Jaffa mit seinen 1500 Juden werden wahrscheinlich in das neue Hospital gehen.

Der einzige verfügbare städtische Bauplatz für ein neues Hospital wäre das Grundstück des alten Rothschild-Hospitals, und dieses wurde kürzlich an die sephardische Gemeinde für 20 000 Franken, den dritten Teil seines Wertes, unter der Bedingung verkauft, dass es nur der Gemeindewohlfahrt dienen solle. Man hat die Absicht, darauf ein Krankenhaus für den „Misgab Ladach" genannten sephardischen Unterstützungsverein zu errichten und es in derselben Art zu verwalten wie das Bikkur Cholim-Hospital, das Schwesterinstitut der Aschkenasim. Die Sephardim brachten unter sich 10 000 Franken zusammen und haben sich um ein Darlehen für den Rest bei dem „Sir Moses Montefiore-Testimonial-Commitee" beworben.

Inzwischen hat der Bankier Signor Valero das Geld vorgeschossen. Es ist auch von unseren Glaubensgenossen in Frankfurt und Amsterdam ein Kapital von ungefähr 180 000 Mark zu dem ausdrücklichen Zwecke gesammelt worden, ein Hospital in Jerusalem zu gründen und auszustatten. Sie erwarben ein Stück Land dazu; da sie aber von dem Pascha die Konzession zur Erbauung eines Hospitals nicht erhalten konnten, mussten sie den dafür gekauften Boden wieder veräussern. (Das Hospital ist inzwischen in wundervoller Lage am westlichen Ende der Jaffastrasse errichtet worden.) Es würde deshalb ausserordentlich wünschenswert sein, wenn sie das Kapital dazu verwenden wollten, das Bikkur Cholim- und das Misgab Ladach-Hospital zu vergrössern, zu verbessern und zu europaisieren. Sie würden so imstande sein, dem vorhandenen Mangel abzuhelfen, ohne die Anzahl der Institute zu vermehren, und ohne für eine neue Installation Geld zu verschwenden.

Auf meinem Rückwege nach England wohnte ich einer Sitzung des Komitees in Frankfurt bei und vertrat diese Ansicht. Unsere holländischen und deutschen Glaubensgenossen sind sehr praktisch, und ich hatte das Vertrauen, dass diese praktische Auffassung der Sache den Herren einleuchten würde, wenn auch der äussere Effekt dadurch beeinträchtigt würde.

Kompetente Beurteiler halten die Lage des alten Rothschild-Hospitals für so geeignet wie nur irgend eine innerhalb Jerusalems. Man überblickt von dort den „Felsendom" und den ganzen Tempelplatz sowie den Ölberg, und der Platz befindet sich am Rande der Klippe, die über dem Kidronbach in einer Höhe von mindestens 200 Fuss gelegen ist. Die Lage ist grossartig, aber doch nicht so gesund wie ausserhalb der Tore. Jetzt hat das Gebäude nur ein Stockwerk; aber es hat vorzügliche Zisternen und gutes Wasser, das selbst während dieses letzten trockenen Jahres nicht zu Ende ging. Gleichwohl könnte es gelegentlich doch notwendig werden, Wasser zu kaufen. Wie alle Häuser in Jerusalem ist es aus Stein erbaut und hat ein domartiges Dach. In der Tat geben die zahllosen kleinen Dome, die die Stadt zieren, ein seltsam charakteristisches Bild — etwa wie eine Anzahl weisser Bienenkörbe. Nur einige wenige Häuser haben flache Dächer; aber sogar diese bergen eine Kuppel, so dass die gewölbten Zimmer immer kühl sind, selbst im Hochsommer. Die Zimmer variieren in der Höhe und sind ohne viel Rücksicht auf Gleichförmigkeit angeordnet. Die Durchgänge sind immer offen, so dass es in der Regenzeit — und im vergangenen November und Dezember scheint es ungeheuer viel geregnet zu haben — ein ziemlich unangenehmes Wohnen ist. Nachdem das Gebäude ungefähr sieben Wochen geschlossen gewesen (als der Umzug nach der Jaffastrasse vor sich ging), wurde es am Mittwoch, den 27. Tischri (Oktober) 1888 von dem Misgab Ladach-Verein, der so freundlich war, mich zu der Einweihung einzuladen, wieder eröffnet. Die Einladung war auf einer netten kleinen weissen Karte gedruckt und natürlich hebräisch. Die

Aus einem hebräisch-persischen Manuskript „Jussul und Suleikha“. (Vgl. S. 160.)

festgesetzte Stunde war neun Uhr; aber da Zeit in Jerusalem ein sehr unbestimmter Begriff ist, musste ich erst eine Umrechnung anstellen, bei der ich herausfand, dass dies ungefähr zwei Uhr nachmittags bedeutete.

Es ist nicht wenig merkwürdig, dass die Uhren in Jerusalem zu allen Zeiten alle möglichen Stunden schlagen. Jedes kirchliche Institut besitzt seine eigene Uhr, und abgesehen davon, dass sie nicht gleichmässig gehen, differieren diese Uhren so bedeutend und willkürlich, dass es scheint, die geistlichen Streitigkeiten zögen auch die tägliche Zeiteinteilung in Mitleidenschaft. Ich bestimmte meine Verabredungen immer nach „fränkischer Zeit"; aber mit einer Stunde Spielraum musste doch stets gerechnet werden!

Die Versammlung bot weitere Beweise für das freundschaftliche Verhältnis, das zwischen den Aschkenasim und Sephardim bestand, und das ebenso augenfällig wie erfreulich war. Der ehrwürdige und stattliche Chacham Baschi Panisel, „der Erste in Zion", wie er genannt wird, war dort mit seinem Stellvertreter Har Behar Eljaschar, der später sein Nachfolger wurde, und neben ihnen sass Seine Ehrwürden Samuel Salant, der Oberrabbiner der Aschkenasim. Viele Ärzte der Stadt waren zugegen, und das Laienelement wurde durch die Herren Valero, Behar, Pines u. a. vertreten. Die Feierlichkeit bestand aus einer langen Adresse in klassischem Hebräisch, die von Menachem Cohen, dem Schatzmeister der Gesellschaft, verlesen wurde, und in verschiedenen Glückwunschreden, wie sie bei solchen Gelegenheiten in der ganzen Welt gebräuchlich sind.

Die Post an jenem Tage hatte unter anderem den „Jewish Chronicle" gebracht, worin mitgeteilt wurde, dass Major Goldsmid zum Obersten befördert worden sei. Der ritterliche Kolonel steht in Jerusalem in gutem Andenken, und es war wundervoll, zu sehen, wie des Chacham Baschi Gesicht strahlte, als ich ihm erklärte, dass die Ernennung gleichbedeutend wäre mit der Verwandlung eines Beys in einen Pascha!

Erst im Heiligen Lande selbst bekommt man einen Begriff davon, wie zahlreich die Dinge sind, die unsere Aufmerksamkeit verdienen. Der erste Eindruck von der Kleinheit des Landes wird bald verwischt, wenn man anfängt, zu verstehen, wie reich seine Erinnerungen sind. Für uns Juden ist das besonders bemerkenswert. Ich selbst gestehe offen, dass die spezifisch christlichen Denkmäler verhältnismässig wenig

Interesse für mich hatten; nicht, dass ich mich in der Regel weniger um sie kümmere, sondern weil ich für unsere eigenen, unsere ureigensten Altertümer mehr Verständnis habe. Jeder Zoll des geheiligten Bodens ist so mit unserer Geschichte während und nach der biblischen Zeit verbunden, dass ich gleich dem literarischen Ignoranten, der „Hamlet“ tadelte, weil er so voller Zitate sei, nicht umhin konnte, die Menge der „Effekte“, das „toujours perdrix“ der Sehenswürdigkeiten ohne Ende, ganz theatralisch zu finden. Ich bin daher nicht imstande, einen auch nur einigermassen genauen Eindruck von den Dingen zu geben, die ich gesehen habe. Man nehme z. B. die Grabdenkmäler. Wir alle wissen, dass wir Juden durch unsere ganze Geschichte hindurch es immer als ein hohes Vorrecht angesehen haben, im Heiligen Lande begraben zu werden, und darum ist es nicht überraschend, dass Palästina im allgemeinen und der Gottesacker des Ölberges im besonderen ein wirkliches Pantheon hervorragender jüdischer Männer bildet. Während ich dies schreibe, habe ich eine Liste von nicht weniger als 290 Patriarchen, Propheten und Rabbinern vor mir, deren Gräber identifiziert worden sind, und deren Sterbetage noch bis heute von unseren Glaubensgenossen gefeiert werden, die auf diesem grössten Campo Santo der Welt wohnen. Die Liste ist zugegebenermassen unvollständig, und doch kann ich nur über zwei oder drei dieser Gräber berichten und auch über diese nur ganz weniges.

Von den jüdischen Grabdenkmälern in Jerusalem erweckt das des Königs David natürlich bei jedem das grösste Interesse, obgleich es vom architektonischen Standpunkt aus absolut unbedeutend ist. Es liegt im Südwesten des Berges Zion, ungefähr acht Minuten vom Bethlehemtor entfernt. Eine kleine Moschee und zwei oder drei weissüberwölbte mohammedanische Gebäude liegen seitwärts und bilden einen kleinen Komplex, „Neby Daûd“ genannt. Ein Eingeborener kann für einen halben Piaster, ein Fremder für fünf Piaster das Zimmer im ersten Stockwerke betreten, in dem der Sarkophag gezeigt wird. Dieser soll, wie der Wächter versichert, der wirkliche Sarg des kriegerischen Königs sein, und er ist jedenfalls mit kostbaren Teppichen und zahllosen kleinen Lappen bedeckt, die dort von frommen mohammedanischen Pilgern niedergelegt wurden. In dieser Weise ehren sie die Gräber ihrer Heiligen, und sie hinterlassen dort ein Stückchen von ihrer Kleidung (wie wir Europäer unsere Visitenkarte zurücklassen), um den heiligen Verstorbenen zu bitten, sich im Himmel für sie zu verwenden. Die Mohammedaner in Jerusalem wollen nicht einsehen, wie absurd es ist, von den Reisenden zu erwarten, dass sie glauben, der König könne in einem oberen Stockwerke begraben sein; aber der Pascha weiss sehr gut, dass das wirkliche Grab sich in dem Gewölbe darunter befindet, das in den soliden Felsen gehauen ist. Der Zutritt zu diesem Gewölbe ist absolut verboten; es wird sogar noch heiliger gehalten wie die Höhle Machpelah, und als der österreichische Kronprinz einen persönlichen Firman vom Sultan empfing, der ihm den Eintritt gestattete, musste er sich selbst die Tore aufschliessen, und sogar der Pascha, obwohl Gouverneur des Landes mit Macht über Leben und Tod, wagte nicht, ihn zu begleiten, weil sein Name nicht in der kaiserlichen Urkunde mit genannt war.

Die Katakomben, die in den Fremdenbüchern die „Königsgräber" heissen, sind in Wirklichkeit die Begräbnisplätze des Kalba Sabbua und seiner Familie. Die Leser von Dr. Richardsons „Sternensohn" werden in diesem Manne den fast fürstlichen Schwiegervater des Rabbi Akiba wiedererkennen. Das Felsengrab besteht aus drei viereckigen Felskammern mit einem Gesims rings herum, auf dem noch die Spuren reich verzierter Sarkophage zu sehen sind. Es liegt ungefähr fünf Minuten nördlich von der Jaffastrasse, nahe dem von den Arabern so genannten „Goliathturm" (Kalât Jâlûd). Das ganze Terrain wurde von unserer Glaubensgenossin Madame Péreire im Jahre 1867 gekauft und von ihr dem französischen Staate geschenkt, wie die hebräische Inschrift in dem südöstlichen (dem grössten) Zimmer bezeugt. Viele Autoritäten behaupten, wie mir aber scheint ohne genügenden Grund, dass dies die Begräbnisstätte der Helena, der Königin von Adiabene, ist, deren Übertritt zum Judentum gemeinsam mit ihrem Sohn und Nachfolger im Jahre 48 eine der romantischsten Episoden der jüdischen Geschichte darstellt. Während der Ausgrabungen, die im Jahre 1867 und dann wieder im Jahre 1880 vorgenommen wurden, sind einige Gebeine in ihrer Ruhe gestört worden; sie wurden aber jedesmal ehrfürchtig wieder gesammelt und von unseren Stammesgenossen mit vielem Pomp begraben.

Ich berichte nur noch von einem dieser „redenden Steine" und gehe dann zu dem Jerusalem von heute über. Ein anderer dieser Plätze, wo das Zusammengehen der Juden, Christen und Mohammedaner, die trotz der Unabhängigkeit ihrer verschiedenen Traditionen darin wetteifern, sie als heilig zu betrachten, mächtiges Zeugnis für die Wahrheit der geoffenbarten Religion ablegt, ist die Gruft des Jeremias. Nahe dem Grufteingange blühen einige der wenigen Obstbäume, die übrig geblieben sind, um an die Fruchtbarkeit des Jerusalems der Vergangenheit zu erinnern.

Den Platz zu beschreiben, will ich Henry Maundrell überlassen, um so mehr, als diese Beschreibung die einzige Bezugnahme auf die Juden enthält, die der würdige Kaplan in seiner ganzen Schilderung der „Reise von Aleppo nach Jerusalem" im Jahre 1696 gibt. Er berichtet darüber: „Eine grosse Grotte, ein wenig ausserhalb des Damaskustores, ist, wie man sagt, die Wohnung des Jeremias gewesen, und hier zeigten sie uns des Propheten Bett, das aus einem Gestell auf dem Felsen ungefähr acht Fuss über den Estrich bestand, und nahe demselben ist der Platz, wo er, wie sie sagen, seine Klagelieder schrieb. Dieser Platz ist jetzt eine Schule der Derwische und wird von Türken und Juden hoch in Ehren gehalten."

Die Türken zeichnen sich, trotz all ihrer Trägheit und Sinnlichkeit, durch die tiefe Achtung aus, die sie der Religion zollen, durch ihr würdiges Benehmen und durch ihr mässiges Leben. Was religiöse Äusserungen betrifft, so war ich besonders frappiert von der Feierlichkeit der heulenden Derwische, trotz der grotesken Art ihrer Vorführungen. In mohammedanischen Ländern ist das priesterliche Amt nicht auf eine Kaste beschränkt, und jeder Handelsmann kann an hohen Fest- und Feiertagen ein Derwisch werden, ohne Nachteil für sein werktägliches Geschäft oder für seinen Ruf. Abunaji, obgleich Scheikh der grossen Moschee von Jerusalem, ist so nichtsdestoweniger ein gewiegter Kaufmann. Er sendet seinen Sohn in die Schule von Nissim Behar, dem beide, er und sein Sohn, sehr ergeben sind. Am Freitag, den 28. September 1888 überredete der Sohn seinen Vater, den heulenden „Zikr" zu Hause und nicht in der Moschee abzuhalten, so dass wir und andere Giaurs ihm beiwohnen könnten. Zu meinem grössten Erstaunen wurde keine Einwendung gemacht, und wir konnten, während die Derwische den Hof unten einnahmen, von dem bequem gelegenen Dache eines Nebengebäudes aus den mystischen Drehtanz mitansehen und die monotonen Rufe „Allah! Allah!" hören. Die Zeremonie war anders als die der „heulenden" wie auch der „tanzenden" Derwische in Konstantinopel und Kairo; aber diese wilden, eigenartigen Bewegungen sind zu oft beschrieben worden, als dass eine Wiederholung notwendig wäre. Was mich am meisten frappierte, war das „Lehrsystem“, nach dem ganz kleinen Knaben erlaubt wurde, sich dem Kreise anzuschliessen und den älteren Tänzern nachzuahmen,

Laubhütte in der bucharischen Kolonie zu Jerusalem.

sowie die Kaltblütigkeit, mit der Dr. d'Arbela die epileptischen Krämpfe eines hochgewachsenen Nubiers beobachtete, der besonders eifrig gewesen war, und in dem ich den Pförtner der Rothschild-Schule wiedererkannte. Die komische Seite der Sache war sogar noch mehr ausgeprägt als bei den chassidischen Tänzern; aber obwohl man hätte lächeln können (das Lachen ist in Jerusalem nicht in den Bann getan), so hinderte der unwiderstehliche Humor der Situation doch niemanden, das Pathos dieser Frömmigkeit zu schätzen und ihre Aufrichtigkeit zu bewundern.

Von den Synagogen ist des grossen sephardischen Tempels schon Erwähnung getan worden, des „Kahal Zion", der seit dem Jahre 1556 steht, sowie des „Beth Jaakob", der grossen Synagoge der Aschkenasim, die erst vor 25 Jahren erbaut wurde. Grösser als diese beiden ist die chassidische Synagoge, die zum Gedächtnis des Rabbi Israel von Rosen und Rabbi Nissim Back erbaut wurde. Die Syrer, die Kaukasier, die Saloniker usw. haben alle ihre eigene heilige Stätte, so dass es in Jerusalem, die Lehrhäuser (Beth Hamidrasch) mit eingerechnet, über 60 Synagogen gibt. Eine der seltsamsten ist die winzig kleine Synagoge im Karaitenviertel, wo sie, wie glaubwürdig versichert wird, niemals ein Minjan (Zehnmännergebet) haben. Ungefähr drei Familien leben hier und sorgen für all die Karaitenpilger, von denen viele im Laufe des Jahres aus Ägypten und der Krim kommen. Die Namen vieler Hunderter solcher Pilger sind zum „Gedächtnis" auf die weissen Mauern des kleinen Hofraumes oder vielmehr der kleinen Sackgasse geschrieben, um welche die kleinen Karaitenhäuschen gebaut sind. Ich sah auch, was weniger erfreulich war, ungeschickt auf die Wand gemalt die offene rote Hand, mittels deren der abergläubische Orientale sich vor dem „bösen Blick" zu schützen sucht. Manasse ben Israel hat eine seltsame Erklärung für den Ursprung dieses absolut nicht jüdischen, vielmehr überall zu den Mysterien der Volkskunde gehörenden Symbols. Die karaitischen Einwohner Jerusalems scheinen zu denken, dass sie in Jerusalem unter einem Fluche leben und dass ihre Anzahl niemals zehn Männer betragen werde. Sie werden von den anderen Juden gemieden. Ihre Synagoge ist wenigstens 200 Jahre alt.

Nunmehr ein Wort über das berühmte Chalukahsystem. Alle Gelder, die von Wohltätern für allgemeine Zwecke nach Jerusalem geschickt werden, werden von den Rabbinern und Schatzmeistern in zwei allgemeine Kassen eingezahlt, eine für die Sephardim und eine für die Aschkenasim. Die sephardische Auffassung ist, dass die Beiträge als Stipendien gesandt werden, als eine Prämie für Gelehrsamkeit; das Geld wird auf dieser Basis verteilt, und sogar wohlhabende

Personen nehmen es an, damit ihre Gelehrsamkeit nicht in Frage gezogen werden könne. Ich weiss nur von zwei „Ausnahmen“, und selbst von diesen beiden hielt es einer wie alle übrigen, bis seine europäischen Freunde ihm das Schmachvolle an der Sache zum Bewusstsein brachten. Niemand als ein Talmudgelehrter ist zu einem Anteil an der Chalukah berechtigt; aber ein Teil der Gelder wird für Gemeindezwecke und Schulen beiseite gelegt. Der Fonds wird ganz ähnlich angesehen wie etwa eine Universitätsstiftung in England. Die Mitgliedschaft wird durch Wahl und auf Grund intellektueller Eigenschaften erlangt, wobei zwar grosse Anforderungen nicht gestellt werden, aber sicherlich doch grössere, als die Komposition griechischer und lateinischer Verse und die Lösung der mathematischen Aufgaben erfordert, die das einzige „Sesam öffne dich“ in Oxford oder Cambridge zu sein pflegen und auch jetzt noch in England die besten Aussichten zum Fortkommen im sozialen wie im politischen Leben eröffnen.

Die Aschkenasim jedoch vertreten die Theorie, dass die Chalukah als eine Unterstützung für die Armen bestimmt sei; der praktische Unterschied zwischen den beiden Ansichten ist jedoch nicht sehr gross. Die meisten Leute in Jerusalem „lernen“, aber ganz gewiss sind sie alle arm, und in dieser Beziehung behält der Vergleich mit der mittelalterlichen Universität seine Geltung. Wie ich schon vorher erwähnte, sind alle Beträge nach ihrem Herkunftsorte bezeichnet und werden unter die Landsleute der Geber verteilt. Zu diesem Zwecke sind die Aschkenasim in Kolelim oder „Klassen“ (eigentlich Universitäten) eingeteilt. Jedes Mitglied des Kolel „Holland und Deutschland“ z. B. empfängt 250 Franken im Jahr; aber diesen wird nur deshalb so viel bezahlt, weil ihrer so wenige sind, dass man ihre Zahl an den Fingern herrechnen kann. Die Ungarn bekommen 150 Franken, während die Leute aus Warschau 40 erhalten, und die von Pinsk nicht mehr als sieben Franken im Jahre! Aber so klein das Einkommen, das sie auf diese Weise beziehen, auch sein mag, so ist doch eine gewisse Regelmässigkeit damit verbunden, um derentwillen es sehr geschätzt wird. Unglücklicherweise ist es gerade dieses Moment der Regelmässigkeit, das die Empfänger in den Stand setzt, es „hypothekarisch“ oder sonstwie im vorhinein zu veräussern und sich so seiner praktischen Wohltat als Hilfsmittel zu berauben. Die Mieten sind in Jerusalem nicht hoch, fünf oder sechs Napoleons im Jahre für das Durchschnittshaus;

aber sie müssen alle im voraus bezahlt werden, und um sie zu beschaffen, wird die Chalukah oft für drei oder vier Jahre im voraus verkauft oder verpfändet. Das System ist natürlich bedenklich, aber nach und nach stirbt es eines natürlichen Todes; denn die Höhe dieses unverdienten Einkommens wird jedes Jahr unbedeutender. Viele Gründe vereinigen sich zu dieser Wirkung. Die Anzahl der Empfänger vergrössert sich ungemein, und die Höhe der Beiträge vermindert sich in einem noch grösseren Verhältnis, zum Teil infolge der russischen Unruhen und zum Teil wegen der Spezifizierung von Gaben für besondere Zwecke, wie Schulen und Hospitäler. Es würde grausam und unverständig sein, die Chalukah plötzlich einzustellen; deshalb wird es der neuen Gesellschaft, „Lemaan Zion“ genannt, obgleich sie unter den besten Auspizien in Deutschland begründet wurde, wahrscheinlich nicht gelingen, ihre Abschaffung durchzusetzen, und der Sturm von Protesten, den die Gesellschaft in Jerusalem hervorgerufen hat, war für den Kenner wirklich weder überraschend noch unverständlich.

Es gibt eine grosse Anzahl jüdischer Gewerbzweige in Jerusalem, wie vielleicht aus der ärztlichen Statistik über die Stadtpatienten des Rothschild-Hospitals für das Jahr 1886 zu ersehen ist. In einer Liste von 165 Patienten kommen 34 verschiedene Gewerbe vor: Bäcker, Buchbinder, Kupferschmiede, Schuhflicker, Köche, Kolporteure, Taglöhner, Färber, Goldschmiede, Hutmacher, Tischler, Müller, Krankenpfleger, Buchdrucker, Polierer, Bildhauer, Lithographen, Schlosser, Matratzenarbeiter, Kaufleute, Schneider, Kesselflicker, Drechsler, Lohgerber, Uhrmacher usw.

Natürlich sind viele unbeschäftigt. Einige können keine Arbeit finden, andere sind zu alt. Die Langlebigkeit einiger Einwohner ist überraschend. Viele Personen, meistens aus Russland und Rumänien, schränken sich ihr ganzes Leben lang ein, um eine kleine Summe zusammenzubringen, die es ihnen ermöglicht, im hohen Alter nach Palästina zu gehen und sich dort zu erhalten, bis sie sterben. Es werden Beispiele von schwachen Veteranen erzählt, die die Heilige Stadt anscheinend als Todeskandidaten betraten; aber der Wechsel des Klimas und der Lebensweise und vielleicht auch die geistige Gehobenheit hat sie gesund, lebensmutig und beinahe wieder jung gemacht.

Die Umgebung Jerusalems.

Rahels Grab — Pilger — Reouf Pascha — Die Gebete an Rahels Grab — Bethlehem — Die Höhle Adullam.

Von den vielen „historischen Stätten“ bei Jerusalem ist Rahels Grab wahrscheinlich eine der echtesten. Doch auch seine Echtheit ist bestritten worden. Manch moderner Kritiker von der Art jenes Geistes, der stets verneint, meint, dass Rahel nördlich und nicht südlich von Jerusalem begraben wurde, rechts vom Wege nach Bethlehem. Und er wiederholt damit nur eine talmudische Kontroverse zwischen den Minim, den ersten Christen, und den Juden. Das Schwergewicht der Autorität spricht jedoch in diesem Falle zugunsten der Tradition, und sogar Robinson lässt das traditionelle Grab als das echte gelten. Durch alle historischen Zeiten haben Juden, Christen und Sarazenen die Stelle verehrt als dem Andenken ihrer gemeinsamen Mutter geweiht, des frauenhaftesten und zartesten aller biblischen Charaktere. Die einzige tatsächliche Schwierigkeit, die gegen die Identität dieses Ortes geltend gemacht wird, ist die Stelle in 1. Samuel 10, 2, wo der Prophet zu Saul, seinem künftigen Könige sagt, „dass er an Rahels Grab an der Grenze von Benjamin in Zelzah seine Leute finden werde“. Es ist geltend gemacht worden, und ohne Zweifel mit Recht, dass die Grenze zwischen den Gebieten Juda und Benjamin an diesem Wege nicht gewesen sein könne. Die Schwierigkeit ist jedoch durch Baurat Schick, den bekannten deutschen Architekten (dessen wundervolles Tempelmodell sein in der Nähe des neuen Rothschild-Hospitals gerade vor dem Jaffatore gelegenes Haus zu einer der Sehenswürdigkeiten Jerusalems macht) in befriedigender Weise gelöst worden.

Schick hielt über diesen Gegenstand in der Jerusalemer „Deutschen Gesellschaft“ im Oktober 1878 einen Vortrag, der im ersten Bande von Luncz' schätzenswertem „Jerusalemalmanach“ des Jahres 1881 veröffentlicht wurde. Aller Wahrscheinlichkeit nach hat es zwei Denkmäler gegeben, die Rahels Namen trugen. Das eigentliche lag in Juda und ist dasjenige, von dem ich jetzt spreche. Das andere war ein Kenotaph, ein leeres Ehrengrab, wie etwa Absaloms Grabmal. Dieses letztere ist natürlich identisch mit dem Denkmal im Königstale (dem Tal Josaphat), das er sich selbst zu Lebzeiten errichten liess, von dem er sagte: „Ich habe keinen Sohn, durch den mein

Andenken erhalten bleiben wird", und er benannte das Denkmal nach sich selbst, und es heisst bis auf den heutigen Tag „Absaloms Grabmal". Rahels Kenotaph war wahrscheinlich ein Denkmal, das von Benjaminiten zu Ehren ihrer Stammutter in ihrem eigenen Lande nahe der Grenze und auf einer Stelle errichtet wurde, von der aus man die eigentliche Grabstätte sehen konnte. Jedenfalls kennt und verehrt man heutigen Tages nur die letztere. Pilger aller Religionen halten es in Ehren; am häufigsten aber wird es von unseren Glaubensgenossen aufgesucht.

Ich muss leider sagen, dass die Juden nur etwa den fünfzehnten Teil der etwa 7000 oder 8000 „Hadjis" ausmachen, die die Heilige Stadt jährlich besuchen, und von den etwa 500, die dorthin gehen, muss ich als Aschkenasi leider sagen, dass die sehr grosse Mehrzahl davon Sephardim sind. Sonderbarerweise kommt ein grosser Teil aus dem Kaukasus, und in der Tat stärkt dieser Umstand nur den russischen Einfluss, der sich als der hauptsächlichste politische Eindruck jedem aufzwingt, der das Gebiet des Sultans bereist. Mehr als ein Viertel aller Pilger, die nach Palästina kommen, sind Russen. Die orthodoxe Kirche möchte Jerusalem zum Rom der Griechisch-katholischen und ihren Patriarchen zu ihrem Papste machen. Jeder Morgen Landes, der zum Verkaufe gestellt wird, scheint von russischem Geld erworben zu werden. Beinahe alle bemerkenswerten neueren Gebäude sind russische, einschliesslich des hässlichen Glockenturmes auf dem Ölberge, der ganz Jerusalem überragt und durchdröhnt und sogar von den entfernten, öden, tiefgelegenen Ufern des Toten Meeres aus sichtbar ist. Für das russische Interesse und die russische Propaganda an den heiligen Stätten gibt es kein beredteres Beispiel als den Besuch der Kaiserlichen Grossfürsten, deren Ankunft während meines Aufenthaltes in Palästina erwartet wurde, und die ich dann in Damaskus traf. Zu ihrer Ehre und ihrer Bequemlichkeit war alles in Bewegung und Aufregung. Es ist keine blosse Redensart, dass ihnen die Pfade geebnet wurden; die Jaffastrasse wurde fahrbar gemacht und eine neue Chaussee nach Hebron sogar vor der kontraktlichen Zeit beendet, da sie für ihre königliche Fahrt fertig sein sollte. Der verstorbene Baron Hirsch war von dem festen Glauben durchdrungen, dass es das Los Palästinas sein werde, eines Tages den Russen in die Hände zu fallen. Das war es auch, und zwar das allein, wie er mir versicherte, was ihn dazu veranlasste, lieber Argentinien als das Heilige Land zum Schauplatz eines grossen jüdischen Ackerbaukolonisationsexperimentes zu machen.

Um die rege Strassenbautätigkeit, wodurch das Reisen in Palästina so leicht und angenehm wird, hat sich die kluge Politik des Gouverneurs von Palästina, Reouf Paschas, besonders verdient gemacht. Seine Exzellenz, an den ich von einem persönlichen Freunde, einem Studiengenossen Reoufs in Paris, einen Einführungsbrief hatte, empfing mich bei den etwa ein halb Dutzend Gelegenheiten, bei welchen ich ihn zu sprechen hatte, äusserst liebenswürdig. Er ist ein sehr eifriger Muselmann, vielleicht sogar ein wenig bigott, und seine Willensstärke ist derart, dass er, wo religiös-prinzipielle Fragen in Betracht kommen, tatsächlich und mit Erfolg dem Missfallen des Grossveziers in Konstantinopel getrotzt und den Firman seines kaiserlichen Herrn unbeachtet gelassen hat. Den Juden freundlicher gesinnt als den Christen, betrachtet er dennoch die Ansiedlung der Juden im Heiligen Land als eine Gefahr für den Staat; denn wie jeder fromme Muselmann glaubt er fest an die Möglichkeit einer politischen Rückeroberung des Landes durch die Juden, und er persönlich fürchtet, dass diese Wiedererwerbung schon in naher Zukunft erfolgen könnte. Aus diesem Grunde hat er das Wachstum der dortigen Kolonien zu hindern gesucht und bereitet ihm weitere Hindernisse. So hat er die Eindachung und die Vollendung einer Synagoge verboten, die in Rischon le-Zion für die Mitglieder jener Kolonie erbaut worden war. Doch ist er geradsinnig und entgegenkommend und hat das grösste Vertrauen und alle Hochschätzung für Nissim Behar, den man die einflussreichste Person in Jerusalem nennen könnte. Nur einmal empfing mich der Pascha in orientalischer Gewandung, wobei er sich entschuldigte, dass er nicht in europäischer Kleidung war. Ich fürchte, seine Liebenswürdigkeit auf eine harte Probe gestellt zu haben; das Rechtsgeschäft, über das ich mit ihm zu sprechen hatte, war schwierig und mühevoll, aber er blieb gleichmässig freundlich. Immerhin war sein Gesicht bei der geschäftlichen Unterhandlung ernster als beim gewöhnlichen Gespräch, und es bereitete mir geradezu ein Vergnügen, zu sehen, wie seine Züge aufleuchteten, als ich ihm meine Komplimente über seine Amtsführung, im besonderen seine Wegebauten machte. Er projektiert Strassen von Jerusalem nach Jericho, von Jaffa nach Gaza usw. Die Verlegungstrasse der früheren Landstrasse war so geplant, dass sie nach dem Tale Josaphat über den jüdischen Friedhof

Das Grab Rahels bei Bethlehem.

geführt werden sollte, und während meiner Anwesenheit waren die Häupter der Gemeinde in einiger Bestürzung darüber, besonders da die projektierte Strasse schon abgesteckt war. Aber als man dem Pascha vorstellte, dass dies eine Entweihung des Friedhofes bedeute, war er sofort bereit, den ursprünglichen Plan zu ändern und lieber einen etwas weiteren Weg zu akzeptieren, als unsere Gefühle zu verletzen. Der Fahrweg nach Hebron ist der, auf den der Pascha am meisten stolz ist, und da der Weg an Rahels Grab vorbeiführt, hoffe ich, dass man mir diese längere Abschweifung verzeihen und nun gestatten wird, zu der Beschreibung des Grabes zurückzukehren.

Der Besuch des Grabes Rahels ist der üblichste Ausflug in die Umgebung Jerusalems, da er der leichteste ist. Er erfordert nur einen etwa zweistündigen Ritt, und jetzt, da der Weg derart verbessert worden ist, sogar noch weniger. Die meisten Jerusalemer Juden besuchen es am elften Marcheschwan (zweiter Monat nach dem jüdischen Neujahr), dem überlieferten Todestage Rahels. Für die Richtigkeit dieses Datums ist, wie mir gesagt wurde, keine Autorität anzuführen ausser dem aus dem XII. Jahrhundert stammenden „Jalkut Schimeoni“. Dieser, die früheste Sammlung der damals existierenden Midraschim (Lehrbücher), konstatiert, dass Benjamin an jenem Tage geboren wurde; aber Rabbi Simeon nennt uns die Quelle nicht, aus der er diese Kenntnis schöpfte. Dennoch wird das Datum von unseren Glaubensbrüdern nicht angezweifelt, und sie gehen an jenem Tage zum Grabe der Stammutter, um daselbst zu beten. Eine Reihe abergläubischer Vorstellungen knüpft sich an diesen Besuch. So schreibt man ein Bittgesuch, in dem Rahel gebeten wird, beim Allmächtigen Fürsprache einzulegen und ihm die Herzenswünsche des Schreibers zu unterbreiten. Dieses eigenartige Dokument stopft der Schreiber mit einem langen Stock in die Lücken der dicken Steinmauern. Ich hörte von einem Falle, wo eine solche Petition in die Hände eines jungen englischen Reisenden fiel. Unglücklicherweise legen die gerade in jenem Bittgesuche zum Ausdruck gebrachten Gehässigkeiten und Verwünschungen für das Herz und Gemüt des Schreibers kein günstiges Zeugnis ab. Über die äussere Form des Grabmals brauche ich wohl nichts zu sagen. Weiss, würfelförmig, ist es — wie all die anderen mohammedanischen Welis — mit einer Kuppel überdacht. Das Mausoleum bei der Ramsgatesynagoge, in dem Sir Moses und Lady Montefiore begraben liegen, ist eine genaue

Nachahmung des Grabmals Rahels. Das ursprüngliche Bauwerk war vollständig verfallen und wurde von Sir Moses auf einer der ersten sieben Pilgerreisen nach dem Osten restauriert. Es ist jetzt Eigentum der jüdischen Gemeinde in Jerusalem, und die Schlüssel befinden sich in den Händen eines ihrer Beamten. Der weisse Sarkophag innerhalb des Grabmals ist verhältnismässig neu; dieser sowie die zahlreichen Gedächtnistafeln und hebräischen Namen, die von Pilgern auf die Mauern geschrieben wurden, geben ihm ein äusserst charakteristisches Gepräge. Ehedem fand man nach dem Bericht Ashers dort die Namen zahlloser Gernegrosser, die alle durch die Verewigung ihrer Namen auf den Steinmauern eine billige Unsterblichkeit zu erlangen gesucht hatten. Man fand dort z. B. verzeichnet, wie viel diese oder jene Gemeinde zum Kauf des Grundstückes beigetragen, dass der eine dies, der andere jenes getan habe. Es ist nur zu augenfällig, dass Selbstverherrlichung eine Pflanze ist, die auf tropischem Boden ebensogut gedeiht, ja vielleicht besser, als in dem gemässigten Klima Englands. Am meisten aber setzte Asher die völlige Abwesenheit irgendeiner Bezugnahme auf Rahel selbst in Erstaunen. Ihr Name war nirgends erwähnt, obgleich doch alles nur ihre Ehre künden sollte. Daraufhin liess er eine Marmortafel errichten und mit einer hebräischen Inschrift versehen, deren Übersetzung wie folgt lautet:

„Die Anonymität ist eine der stillen Lebensregeln, die uns der Wiedererbauer dieses Grabmals immer zu geben pflegte. Seine Liebe zum Heiligen Lande war sehr stark, und wenn er Schmähungen zu bekämpfen hatte und selbst geschmäht wurde, sprach und schrieb er immer in einem gütigen Geiste und in der Hoffnung, eine Besserung der Lage unserer dortigen Brüder zu erzielen. Er selbst, ach, ist jetzt in ein anderes, fernes Land gegangen, aber er hat doch lange genug gelebt, um viele seiner Hoffnungen noch verwirklicht zu sehen, verwirklicht zu einem grossen Teile durch seine eigene ausgeprägte Heimatstreue. Wir werden seinesgleichen nicht wieder sehen. Möge sein Wirken belohnt werden!" —

Wir sprachen am 1. Oktober 1888, als die Sonne aufging, unser Morgengebet an Rahels Grab, nahmen eine hastige Mahlzeit ein und setzten unseren Weg fort. Nach ungefähr einer halben Stunde bogen wir von der Landstrasse nach links gen Bethlehem ab. Trotz der frühen Stunde fanden wir die berühmte Stadt voll geschäftiger Beduinen und Bauern; denn es ist die Marktstadt für die Nachbarschaft meilenweit im Umkreise. Die Bevölkerung besteht beinahe ausschliesslich aus Christen, und die Bewohner zeichnen sich durch ihre Schönheit und etwas griechische Gesichtszüge aus. Zweifellos fliesst in ihren Adern auch viel Kreuzfahrerblut. Im Jahre 1831 wurden die Mohammedaner aus der Stadt vertrieben, und sie sind niemals in nennenswerter Zahl zurückgekehrt. Mit Ausnahme eines einzigen wohnt dort kein Jude; dieser eine Jude ist der Arzt. Die ganze Stadt hat grosses Vertrauen und Liebe zu ihm; aber auch er verlebt stets die Zeit vom Freitag bis zum Sonntag mit seiner Frau und seiner Familie in Jerusalem. Von der Marienkirche, der Geburtskapelle und den anderen Sehenswürdigkeiten will ich hier nicht weiter sprechen. Die Griechen, Lateiner und Armenier streiten sich dort fortwährend um ihre heiligen Stätten, und wie töricht uns dieser Streit auch scheinen mag, so dürfen wir doch nicht vergessen, dass der Krimkrieg durch einen ähnlichen Streit um die Kirche des „Heiligen Grabes" in Jerusalem veranlasst worden ist.

Um neun Uhr verliessen wir Bethlehem. Mein Führer und die andere Gesellschaft kehrten zu den Wagen zurück und fuhren gemächlich nach Hebron, das sie in fünf Stunden erreichten. Ich hatte eine gute Karte bei mir und beschloss, meinen Weg quer durch das Land zu nehmen, nach den Marmorruinen von Herodium, dem Frankenberg, und der Höhle von Adullam. Der einsame achtstündige Ritt durch die Wildnis von Judäa war allein die ganze Reise nach dem Osten wert. Ich erhielt nachher eine strenge Strafpredigt von unserem Konsul, dass ich es gewagt hatte, ohne eine Beduineneskorte in die einsame Wüste zu gehen, und mein Reiseführer sagt, dass es überhaupt unmöglich sei. Ich kann aber nur versichern, dass ich weder einem Löwen, noch auch nur einem einzigen feindlichen Araber auf diesem Ritte begegnet bin. Der Tritt meines Pferdes störte zahllose Eidechsen und ein paar Skorpione auf, die sich in der grellen Mittagssonne auf den roten Felsen wärmten; aber ausser diesen sah ich stundenlang keine lebende Kreatur. Nahe bei dem Orte, wo Tekoah gestanden haben muss, waren mächtige Quadern von weichem weissen Kalkstein und Marmor, auf dem es mein Pferd, obwohl schrittsicher wie eine Katze, schwer hatte, zu schreiten ohne auszugleiten. Offenbar würde der natürliche Reichtum schönen Gesteins sich für Kapitalisten ebenso gewinnbringend erweisen wie die berühmten numidischen Steinbrüche. Ein ermüdender und ziemlich gefährlicher Aufstieg brachte mich zu einer Höhe von ungefähr 4000 Fuss, wo sich mir ein schöner Blick auf die Hügel östlich des Jordans und des Toten Meeres eröffnete. Nachdem ich wiederholt mit Kompass und Aneroïdbarometer Beobachtungen gemacht hatte, um die geographische Lage meines Aufenthaltsortes zu bestimmen, fand ich schliesslich meinen Weg in ein Seitental, das sich vom Djebel Ferdîs (Berg des kleinen Paradieses) herab erstreckte und in eine tiefe Schlucht auslief.

Die drohenden Klippen an beiden Seiten machten die Szene unendlich imposant, und das Bewusstsein, mich an der Stelle zu befinden, wo Davids Abenteuer während der romantischsten Episode seines

Auf der Spitze des Berges Gerizim.

Lebens sich zugetragen hatten, bevölkerte die ganze Gegend mit den Schatten der Vergangenheit. Nachdem ich sorgfältig eine scharfe Ecke, wo die Klippe sich schroff nach links und dann wieder nach rechts wandte, passiert hatte, schien es mir dann auch ganz natürlich, auf ein kleines Lager von Beduinen zu stossen, das an zwei kleinen Wasserquellen lag, die aus dem Winkel an der doppelten Biegung der Felswand entsprangen. Die Araber glichen ganz den Illustrationen unserer Bilderbibeln und trugen zweifellos ganz ähnliche Gewänder, wie sie sie die letzten 4000 Jahre hindurch getragen haben. Ich ritt auf sie zu, und trotz des Unangemessenen, das darin lag, beeilte ich mich, jedem von ihnen eine Zigarette anzubieten. Danach fühlte ich mich über ihre Absichten beruhigt, weil der Araber nicht zivilisiert genug ist, jemanden zu verraten, nachdem er von seinem Salze gegessen oder von seinem Kraute geraucht hat. Ich stieg ab, und einer von ihnen versuchte gastlich, mein Pferd aus dem winzigen Teiche zu tränken. Die Stute muss sehr durstig gewesen sein — ihr Reiter war es sicher — aber: sie verschmähte das Wasser und beharrte bei ihrer Weigerung, bis ein gutherziger Sohn der Wüste seinen Turban abnahm, ihn mit Wasser füllte und zu des Pferdes Maul führte. Der neue Eimer mag den Geschmack des Wassers verbessert haben, jedenfalls verbarg er die Farbe, und nun weigerte sich das Pferd nicht länger. Nach diesem Erfolge glaubte ich, das Wasser auch versuchen zu können, und ich tat es leider. Der fürchterliche Geschmack machte mir klar, wie gross Davids Verlangen gewesen sein musste, als er das Leben der drei Krieger aufs Spiel setzte, die er um Wasser nach Bethlehem sandte, damit „den Geschmack aus seinem Munde zu waschen“.

Dieses und andere Anzeichen überzeugten mich, dass ich in der unmittelbaren Nachbarschaft der Höhle sein musste, in der David während seines Guerillakrieges zuerst gegen Saul und dann gegen die Philister Zuflucht gesucht hatte. Demgemäss fragte ich meine braunen Freunde in gebrochenem Arabisch, ob nicht hier irgendwo in der Nähe eine wundervolle Höhle wäre. Sie nickten bestätigend und erboten sich, mir den Weg zu zeigen. Drei stämmige Burschen führten mich auf einen schrecklichen Abhang. Würde ich nicht glücklicherweise Tennisschuhe angehabt haben, so hätte ich mich kaum auf den Füssen halten können; aber endlich, nachdem wir etwa zehn Minuten gestiegen waren, erreichten wir den engen Eingang zu der Höhle, die sich wie ein Trichter nach innen ausdehnt. Unglücklicherweise waren wir nicht imstande, irgend etwas zu sehen, ausser der Dunkelheit um uns. Unser einziges Licht war ein gelegentlicher Funke von dem Stein und Zunder meiner Araber. Ich drang daher nicht sehr weit in die düstere Bergeshöhle ein.

Ich stieg wieder zu Pferde, nahm Abschied von meinen Freunden, und einer von ihnen führte mich nach Artâs, einem Dorfe in der Taloase, die von Salomons Teichen bewässert wird. Diese wundervollen Reservoire mit ihren um die Berghänge herumgehenden Aquädukten sind ausserordentlich wasserreich und beweisen, wie lohnend Wasserwerke hier sein würden. Artâs versorgt Jerusalem mit seinem voll-

5*

Salomons Teiche in Artâs.

ständigen Bedarf an Früchten und Gemüsen, und das ganze Dorf ist ein grosser, lachender Garten, von dem der Reisende nur ungern scheidet. Unglücklicherweise musste ich nun den Schatten der Palmen verlassen und den trostlosen Weg über den Wadi und die Hügel auf der anderen Seite hinan bis zu dem alten Karawanenpfad, der nach Hebron führt, weiterreiten. Hier kam ich an einigen hundert Kamelen vorbei und eilte weiter, bis ich die Fahrstrasse erreichte. Es war nach vier Uhr nachmittags, und ich musste im Galopp reiten, um die verlorene Zeit einzuholen. Je näher ich der Stadt kam, desto mehr Leute waren auf dem Wege zu sehen. Ungefähr eine Meile von den Toren entfernt traf ich mit Bezaleel Kaminitz und dem Pförtner der Hebrongemeinde zusammen, die zu Pferde waren und in kurzem Galopp herankamen, um mich zu suchen; denn ich hatte mich so sehr verspätet, dass sie fürchteten, ich wäre in die Hände von Beduinen gefallen.

Hebron, das Tote Meer und der Jordan.

Die Stadt der Freundschaft — Die Höhle Machpelah — Die Juden von Hebron — Ein nächtlicher Ritt — Eine Karawanserei — Jericho — Das Tote Meer — Der Jordan — Die Kolonie Rischon-le-Zion — Ackerbauschule der Alliance Israélite — Der Garten Montefiore.

Hebron oder „el-Khalîl", die „Stadt der Freundschaft", ist vielleicht die älteste Stadt des Heiligen Landes und wetteifert an Sehenswürdigkeiten mit Jerusalem. Unter uns Juden wird sie ehrfürchtig „die Grabstätte unserer Väter" genannt, und eine Pilgerfahrt dorthin steht in hoher Achtung. Die Mohammedaner verehren sie sogar als einen noch heiligeren Ort denn Jerusalem; ist doch Hebron der letzte Ruheplatz Abrahams: el-Khalîl Allah, „des Freundes Gottes und seines grossen Propheten". Ihre Hochschätzung hat, so schmeichelhaft sie auch für den Begründer unserer Rasse ist, den Nachteil, dass sie die Hebroniten zu den fanatischsten und intolerantesten Jüngern des Islam macht. Christen können in Hebron nicht leben, und die Juden werden wie die Hunde behandelt. Laute Flüche begrüssten uns, als wir um die grosse Moschee herumgingen, die die Höhle Machpelah einschliesst; aber da wir den Sinn der Verwünschungen nicht verstanden, auch von den Dingen, die man nach uns warf, nicht getroffen wurden, konnten wir solchen Empfang mit humoristischem Gleichmut hinnehmen. Nirgendwo im Osten traf ich auf solche Bigotterie wie in Hebron, und es überraschte mich nicht, zu erfahren, dass Dr. Stein, der Arzt, den wir vor einiger Zeit dorthin gesandt hatten, keine Mohammedaner unter seinen Patienten hat, weil die Hebroniten, im Gegensatz zu den Mohammedanern, die in Jerusalem oder anderwärts wohnen, zu grosse Fatalisten sind, um zu glauben, dass Medizin den Fortschritt der Krankheit oder das Nahen des Todesengels aufhalten könnte. Wenn die örtlichen Behörden dort und in den benachbarten Dörfern den Arzt gelegentlich in Anspruch nehmen, so geschieht das nur nach erfolgtem Todesfall oder zu einer gerichtlichen Untersuchung und zur Ausstellung eines Totenscheines. Trotzdem ward Dr. Stein mit dem Titel eines Regierungsarztes beehrt, und obgleich seine Dienste in diesem Fall unentgeltlich sind, so erhöht doch die Tatsache, dass sie angenommen werden, seinen Einfluss.

Hebron ist die erste Stadt, die der Wanderer zu sehen bekommt, der Palästina auf dem Wege durch die Wüste Sinai erreicht. Selbst die grössten Phlegmatiker werden bei einer Pilgerfahrt zu dem letzten Ruheplatz der Patriarchen tief ergriffen sein. Aber ganz abgesehen von diesen Gefühlsregungen machen die Schönheit der Lage und das beinahe englische Grün der Abhänge, die es umgeben, Hebron zu einem hervorragenden Orte. Es kann deshalb durchaus nicht wundernehmen, dass Dean Stanley und andere Schriftsteller bei der Schilderung des Gegensatzes zwischen der Wildheit der Felsen, die man viele Tage durchschreiten muss, und der Fruchtbarkeit des gut bewässerten Tales, in dem Hebron liegt, geradezu poetisch werden.

Hebron.

Die vorherrschende Farbe der Klippen ringsum ist purpurn; die Mohammedaner sagen, dass Adam, der erste Mensch, aus der roten Erde Hebrons gebildet worden sei, und dass auch sein Name von hier stamme. Die Verbindung, die so zwischen Adam und Edom oder Esau, dem traditionellen Patriarchen der Araber Syriens, hergestellt wird, ist bemerkenswert. Darin, dass Adam hier begraben wurde, stimmen sowohl talmudische wie auch mohammedanische Legenden überein. Hebrons früherer Name — Kirjat Arba —, der „die Stadt der vier Patriarchen“ bedeuten kann, wird als Zeugnis zugunsten dieser Hypothese geltend gemacht.

Die aus weissem und rotem Marmor über der Höhle Machpelah erbaute Moschee ist beinahe viereckig, und ihre vier Minarette, an jeder Ecke eines, geben ihr ein charakteristisches Gepräge. Die massiven, glatt behauenen Steine der Einfassungsmauern erinnern an die Ruinen des Tempels, und die sechzig viereckigen Strebepfeiler und Gesimse ringsumher zeigen, wie stark der Ort zu der Zeit befestigt gewesen sein muss, als die Kreuzfahrer auf Hebron Anspruch erhoben, und die Sarazenen das Land von ihnen zurückgewonnen hatten. Gleich allen heiligen Stätten hat auch diese mannigfache Schicksale gehabt und ist abwechselnd Tempel und Kirche gewesen, bevor Saladin hier eine Moschee errichtete. In die Moschee selbst darf kein Giaur

Die grosse Moschee über Machpelah (Hebron).

ohne des Sultans besonderen Firman eintreten. Ein solcher wurde König Eduard, damaligem Prinzen von Wales, ausgestellt, als er im Jahre 1862 die Stätte besuchte; der Besuch ist in Stanleys „Sinai und Palästina" anschaulich geschildert worden. Ohne solchen Firman werden die besten Überredungsmittel den Eintritt nicht vermitteln. Selbst dem Baron Edmond und der Baronin Rothschild gelang es nicht, den Pascha von Palästina dazu zu bestimmen, sie auf seine eigene Verantwortung einzulassen, und so besuchten sie Hebron nicht, obgleich sie das ganze übrige Palästina bereisten. Mr. Benh Levy hat mir erzählt, dass selbst eine Summe von 500 Pfund nicht genügte, um den Gouverneur von Hebron oder den Scheik der Moschee gefügig zu machen.

An einer Ecke der Einfassungsmauer nahe dem stattlichen Portal an der Hauptfront der Moschee findet sich eine kleine Öffnung, die mit glatten Steinen zugemauert ist, aber doch noch genügend Raum lässt, um hindurchzukriechen. Dieser unoffizielle Eingang führt zu den unterirdischen Räumen, und am Vorabend unserer Feste dürfen wir Juden hierher kommen, um zu beten wie an der Klagemauer in Jerusalem. Natürlich ist es nicht erlaubt, den engen Pfad in das uralte Gewölbe oder in die Höhle darunter hinabzusteigen; aber es gibt viele jüdische Volkserzählungen, die sich an diesen Ort knüpfen. Ludwig August Frankl z. B. verlegt hierher den Ursprung des „Purim Taka“ oder „Fenster-Purim“, das noch von den sephardischen Juden in Hebron am Jahrestag ihrer Befreiung von einer unerträglichen Steuer gefeiert wird. Es scheint, dass dort einst ein Pascha lebte, der das Geld sehr liebte. Von der Erinnerung an die Methoden des Königs Richard Löwenherz angefeuert oder vielleicht aus eigener freundlicher Initiative — denn grosse Geister denken zuweilen gleich —, beschloss Seine Exzellenz, von seinen jüdischen Untertanen Geld zu erpressen. Er forderte 50 000 Piaster unter der Drohung, die Führer der Gemeinde umbringen zu lassen und die übrigen Juden in die Sklaverei zu verkaufen, falls er das Geld nicht erhielte. Die Rabbiner waren völlig ratlos; denn sie konnten das Geld nicht zusammenbringen. Schliesslich fanden sie keinen anderen Ausweg, als in ihrer Not an die Patriarchen zu schreiben. Sie taten es und bestachen den Wächter der Moschee, die Petition an einem Bindfaden in die Höhle Machpelah hinabzulassen; denn natürlich wagte er auch nicht, dort einzutreten. In jener Nacht erwachte der Pascha und fand an seinem Bette drei ehrwürdig aussehende weisse Gestalten, die 50 000 Piaster von ihm forderten und ihn mit dem Tode bedrohten, wenn er sie ihnen nicht aushändigen würde. Der Pascha sah, dass es ihnen bitter Ernst war, ging zu seinem Geldkasten und zahlte den drei geisterhaften Alten die geforderte Summe. Am nächsten Morgen bei Tagesanbruch kamen des Paschas Soldaten in das jüdische Viertel, um die 50 000 Piaster zu holen, die er ihnen auferlegt hatte. Die Juden waren alle in der Synagoge und beteten; denn sie wussten, dass ihre letzte Stunde gekommen war. Die Soldaten klopften an das Tor und der Pförtner eilte, zu öffnen, als er in der Vorhalle, gerade dort, wo die Juden ihre Hände waschen, bevor sie die Synagoge betreten, einen Geldsack bemerkte. Er brachte ihn dem Parnes (Vorsteher), der ihn dem

Pascha überreichte. Der Pascha erkannte sowohl Beutel wie Geld als sein Eigentum und erklärte, dass Abraham, Isaak und Jakob aus ihren Gräbern auferstanden seien, um ihn von einer schlechten Tat zurückzuhalten, und dass die Juden in Wahrheit ein Volk sein müssten, das Allah teuer ist, wenn die Patriarchen nach so vielen Tausenden von Jahren wieder zum Leben zurückkehrten, nur um sie vor Ungemach zu schützen. Er machte der Gemeinde das Geld zum Geschenke, verlangte aber, dass sie ihm verspräche, für ihn zu beten, wenn er je ins Unglück geraten sollte. Vermutlich liegt dieser Erzählung etwas Wahres zugrunde, und sie ist offenbar einer vernunftgemässen Deutung fähig.

Die Hebroner jüdische Gemeinde war immer sehr klein, und im Jahre 1888 zählte sie sogar kaum 1000 Seelen unter einer zehnmal so grossen Gesamtbevölkerung. Um das Jahr 1265 ging Nachmanides nach Palästina, und ein kurzer Brief, den er seinem Sohne Nachman schrieb, gibt eine lebendige Schilderung Palästinas, wie es nach den Kreuzzügen war. „Mit einem Wort," sagt er, „es scheint eine unglückliche Regel zu sein, dass ein Platz, je heiliger er gewesen war, desto mehr verwüstet worden ist." Jerusalem lag in Trümmern; wo Marmorpaläste gestanden hatten, lag das Land jetzt wüst und öde, und jeder, der da wollte, konnte es sich aneignen. Es gab nur ein einziges Minjan (Gebetsgemeinschaft von zehn Männern) von Juden dort, die jeden Sabbat in ihren Häusern zum Gebete zusammenkamen. Nachmanides überredete sie, eines der weniger demolierten Gebäude als Synagoge zu wählen, und sie sandten nach Sichem (Nâblus) um eine Gesetzesrolle. Nachmanides besuchte auch Hebron, „die Stadt der Gräber unserer Vorfahren, damit ich dort bete und mir ein Grab kaufe und dort bestattet werde". In jenen Zeiten gab es dort nicht einen einzigen Juden. Aber 100 Jahre vorher, als Benjamin von Tudela es im Jahre 1170 besuchte, fand er in Hebron einige Glaubensgenossen, und er ging sogar mit einigen in die Gruft von Machpelah, die er beschreibt; sie wurde offenbar in jenen Zeiten nicht so eifersüchtig bewacht wie jetzt. Heutzutage sind in Hebron ungefähr so viele Aschkenasim wie Sephardim, und jede Gemeinde hat drei Synagogen. Die Aschkenasim haben keinerlei Schulen, die Sephardim eine Talmud-Thora mit ungefähr 60 Schülern.

Der sephardische „Chacham" (Erster Geistlicher) war Rachmin Franko, der aschkenasische Rabbiner der über 90 Jahre alte Simeon

Manasse Schlutzker. Es gibt nur einen reichen Juden in der Stadt, namens Romano, und selbst er kann kaum als dort ansässig bezeichnet werden; denn er lebt den grösseren Teil des Jahres in Konstantinopel. Er besitzt ein schönes, grosses Haus, natürlich aus Stein, und der Speisesaal im ersten Stocke würde einem normannischen Schlosse nicht zur Unehre gereichen. Herr Romano ist sehr gastfreundlich, und alle jüdischen Ankömmlinge werden in sein Haus gebracht, als wenn es ganz selbstverständlich wäre, dass sie dort einquartiert und beköstigt werden wie in einem Hotel. . . . Weder Bezahlung noch ein Geschenk

Tiberias.

wird angenommen; aber es wird erwartet, dass man für die Armenkasse der Gemeinde einen Beitrag entrichte.

Jerusalem, Hebron, Safed und Tiberias sind die vier „heiligen Städte“ der Juden, und bis die Kolonisation diesen Zustand änderte, wohnten beinahe alle Juden Palästinas in diesen Städten. In Jerusalem leben etwa 40 000 Juden, in Hebron ca. 1 000; in Safed bilden sie die Hälfte einer Bevölkerung von 12 000 Seelen und in Tiberias zählen sie etwa zwei Drittel der Bevölkerung. In Akka sind unter 10 000 Einwohnern nur 150 Juden, in Nâblus unter 18 000 nur 120 und in Gaza ebenfalls nur 120 unter den 20 000 Seelen. Einschliesslich der neuerlichen Einwanderung von russischen und rumänischen Juden dürften sich in Palästina rund 70 000 unserer Glaubensgenossen unter einer Gesamtbevölkerung von nicht ganz einer Million Seelen befinden.

An einem Montagabend verliessen wir um neun Uhr das „Hotel Jerusalem", um nach dem Jordan und dem Toten Meere zu reiten. Wir bildeten eine kleine, aber imposante Karawane. Zuerst kam unsere Beduineneskorte, der Scheik des Dorfes von Abu Dîs, dessen Dienste wir durch Vermittlung des englischen Konsuls erlangt hatten. Ferner war mit uns der Dragoman Khalil, der die Leitung der Expedition

Tiberias vom galiläischen See aus gesehen.

hatte, dann kam des Hotelbesitzers Sohn, mein getreuer Bezaleel Kaminitz, der mich von der Zeit meiner Ankunft in Jerusalem bis zu meiner Einschiffung in Jaffa nicht aus den Augen liess. Weiter folgte der Maultiertreiber Selim, dessen Maultier mit allerlei guten Dingen beladen war. Alle ausser mir waren bis an die Zähne bewaffnet, an unseren Sätteln hingen die Wasserflaschen. Khalil war sehr stolz auf seine Flinte, und nach Tagesanbruch richtete er sie fortwährend nach allen Seiten. Es gab eine Menge Wild und keine Jagdgesetze, und er war entschlossen, wundervolle Jagdresultate zu erzielen. Er beschlich eine Menge Wildhühner, und einmal in der Ebene von Jericho schwang sich sein Ehrgeiz sogar bis zu einem

Königsadler auf; aber seine Leistung beschränkte sich auf die Verschwendung von Pulver und darauf, dass er mir einen Schreck einjagte. Ich hatte keine Absicht, ihm als Zielscheibe zu dienen, und während wir weiterritten, hatte ich Mühe, ihn zu überzeugen, dass ich nicht nötig hätte, seinen Flintenlauf zu untersuchen, um zu wissen, dass er mit Kugeln statt mit Schrot schösse, und dass er so nichts ausrichten könne.

Der Maultiertreiber war musikalisch, und trotzdem seine Melodie ein nasaler Singsang und sein Thema die Vorzüglichkeit der Speisen war, die er mit sich führte, gab Selims Gesang der Expedition etwas Romantisches. Es bedurfte dessen aber nicht, um unseren mitternächtlichen Ritt reizvoll zu machen. Es ist unmöglich, die Pracht der nächtlichen Sterne zu beschreiben, die wie strahlende Augen zahlloser Engel voll Teilnahme auf den Menschen herabblicken. Wir waren nicht in der Stimmung, zu plaudern, und ritten schweigend hintereinander her, unseren Gedanken freien Lauf lassend. Von solch einer Nacht im Heiligen Lande schreibt Thackeray, dass die Erinnerung an die dabei das Herz bewegenden Empfindungen im Menschen hafte, solange sein Gedächtnis wach bleibe, und dass er sie ebensooft fühlen wie selten von ihnen sprechen würde.

Wir umgingen den Ölberg, passierten Bethanien und ritten langsam von einer Schlucht zur anderen. Gelegentlich hatten wir einen Hügel zu erklimmen, aber grösstenteils führte der Weg abwärts durch das Bett irgend eines ausgetrockneten Flusslaufes oder Wâdis. Der Pfad war äusserst schroff und zum Teil gefährlich, so dass wir mehrmals absteigen und unsere Pferde am Zügel führen mussten. Hin und wieder fanden wir noch Spuren der alten römischen Heerstrasse nach Jericho, die bewiesen, dass man in früherer Zeit, trotz der bedeutenden Senkung von nahezu 4000 Fuss innerhalb der zirka 20 englischen Meilen, die Jericho von Jerusalem trennen, in nicht mehr als drei Stunden Ritt von einer Stadt die andere hätte erreichen können.

Ungefähr auf halbem Wege erreichten wir einen Khan, d. i. eine Karawanserei mit zwei grossen Portalen, die aussahen, als wenn sie den Weg zu irgend einem mächtigen Gebäude dahinter versperrten. Wir rüttelten an den Toren und machten soviel Lärm wie möglich; aber niemand nahm auch nur die geringste Notiz von uns. Khalil wurde ungeduldig und feuerte seine Flinte ab; aber selbst darauf erfolgte keine Antwort. Unsere Pferde bedurften einer kleinen Rast, und so blieb nichts übrig, als abzusteigen und sich auf dem nackten Felsen niederzulegen. Ich schlief niemals in meinem Leben so fest, und obgleich man mich nach einer knappen halben Stunde weckte, fühlte ich mich so erfrischt, als ob ich eine ganze Nacht geruht hätte. Am folgenden Nachmittag passierten wir den Hadrûrkhan wieder auf unserem Rückwege, erlangten nach einigem Parlamentieren Zutritt und fanden, dass die ganze Besatzung nur aus einem armen, alten Araber bestand, der in einer verfallenen, kleinen Hütte in der Ecke eines grossen, leeren, von hohen Steinwällen umgebenen Hofraumes wohnte. Der Wirt war sehr aufmerksam und bereitete uns türkischen Kaffee, so gut er es verstand. Er gab zu, dass er uns die Nacht vorher gehört, aber für Beduinen gehalten hätte, vor denen er eine Heidenangst hatte. Er zeigte uns die innere Türe der Hütte, die ganz durchschossen war, und versicherte, dass er schon regelrecht belagert worden und beinahe gefangen und erschlagen worden wäre um der paar Kupfermünzen willen, die er besass.

Wir ritten weiter, bis wir zu der „Sultansquelle“ kamen, vielleicht derselben, deren Wasser Elia mit einer Hand voll Salz versüsst hatte. Diese oder der „Teich des Moses“, der dicht dabei ist, dürfte die Örtlichkeit der berühmten Begegnung zwischen Saladin und dem Prinzen in Scotts „Talisman“ gewesen sein. Einige Minuten weiter ritten wir durch einen der schönen Bogen von Herodes' Wasserleitung, der die Ebene kühn durchschneidet, und hielten eine kleine Weile, um die massiven Ruinen zu bewundern. Bald erreichten wir das russische Hospiz in Jericho, wo wir um drei Uhr des Morgens ankamen. Der Zugang zu dem weltberühmten oder vielmehr -berüchtigten Platz, einst eine Liebesgabe des Antonius an Kleopatra, führte durch dichte Vegetation, die mich mehr an eine Waldpartie bei Surrey als an irgend etwas anderes erinnerte. Die Vegetation ist tropisch, weil die natürliche Depression der Ebene sowie die ganzen gigantischen Klüftungen, die das Tal des unteren Jordan bilden, das Klima und die Temperatur so umgestalten, als ob die Gegend dem Äquator um 15 Grad näher läge. Im Garten des Hospizes wachsen Bananen, Feigen und Weintrauben wie in Ägypten; aber den grössten Eindruck machen die Maisfelder und andere Getreidearten, die hängenden Weiden und die Scharlachblumen des Tyaganthbaumes. Das Hospiz selbst enthält grobe Holzschnittporträts des Zaren und anderer Russen, zeichnet sich aber durch die Abwesenheit von Mönchen aus. Es ist zum Obdach der Pilger auf dem Wege zur Jordantaufe bestimmt, und steht allen Ankommenden offen; Speisen erhält man hier jedoch nicht.

Nach einem kurzen Aufenthalte brachen wir, gerade als die Sonne aufging, nach dem Toten Meere auf, das 7 Meilen von hier entfernt liegt. Wir hatten durch eine Ebene zu reiten, die bis auf eine leichte Neigung abwärts ziemlich plan läuft. Nachdem wir das fruchtbare Gebiet ungefähr 2 Meilen südöstlich von Jericho hinter uns gelassen hatten, kamen wir auf eine unfruchtbare, jeder Vegetation bare Landstrecke, wo der Boden eine Art sandigen Lehms ist, mit Asphaltschichten und winzigen, glänzenden Salzkristallen bedeckt.

Die unerwartete Schönheit der Seeszenerie entzückte uns. Das Wasser lieblich blau und klar, die Hügel rings umher höher und die Felsklippen, besonders auf der Ost- oder Moabseite, schroffer abfallend, aber das Spiel von Lichtern und Schatten war dasselbe, und die glänzende Farbe des Kalksteines und der vulkanische Felsen entschädigte für die Abwesenheit des Laubwerkes. So verödet die Szenerie dalag, war dort doch keine Spur von den düsteren Schauern wahrzunehmen, die man am Toten Meere erwartet. Obgleich 1 300 Fuss unter dem Meeresspiegel, sozusagen in den Eingeweiden der Erde, konnten wir uns doch nicht ausserhalb der Welt fühlen, als wir durch die klare Luft deutlich den Glockenturm auf dem Ölberge erblickten, der 4 000 Fuss über uns und in der Luftlinie 25 englische Meilen entfernt liegt. Einige Tage vorher, am Sabbat bei Sonnenuntergang, hatte ich das Tote Meer von demselben Turm aus gesehen, und seine dunkelgraue oder grünlichgelbe Farbe gab ihm damals ein trostloses und mystisches Aussehen. Aber hier an seinen Ufern verlieh die klare Nähe dem Bilde eigenen Reiz.

Natürlich stieg ich in das Wasser und fand, dass es leicht war, darin zu schwimmen, kaum anders aber als in gewöhnlichem Seewasser. Der Geschmack jedoch war fürchterlich; die bittere Schärfe des Mangans neutralisierte ganz die des Salzes, und das Wasser machte einen Moskitostich an meinem Knöchel sehr schmerzhaft. Die Sonne brannte zu heiss, als dass man sich mit unbedecktem Kopfe länger als ein oder zwei Minuten im Wasser hätte aufhalten können. Es kam mir vor, und es sah auch so aus, als wenn ich eher in Öl als in Wasser badete. Die Wasserfläche war ruhig und glatt wie die schönste Spiegelscheibe und ebenso klar trotz der grossen Tiefe dieses nördlichen Teiles des Sees. 1 300 Fuss und mehr sind hier gemessen worden. Wir blickten eine Weile zu dem gegenüberliegenden Berge Nebo, und der Scheik deutete auf eine Ruine in den Hügeln von Judäa hinter uns als dem Grabe Moses auf unserer eigenen — der falschen — Seite des Toten Meeres. Die mohammedanische Tradition gibt nicht zu, dass „kein Mensch seine Grabstätte kennt bis auf diesen Tag“. In einer Höhe von fast 5 000 Fuss ragte der Gipfel des Pisgah majestätisch vor uns auf. Solange man nicht den Charakter des Landes und die wunderbare Klarheit der Atmosphäre kennt, kann man sich nicht vorstellen, wie es möglich sein konnte, dass Moses von seinem Gipfel aus das ganze gelobte Land von Gilead bis Dan hatte überschauen können.

Geologische Erwägungen machen es beinahe unmöglich, anzunehmen, dass die Stätten von Sodom und Gomorrah unter den Wassern des Toten Meeres begraben sein sollen. Die Erdsenke, die es erfüllt, ist eine ursprüngliche, und die Verdunstung hat den See seichter, nicht tiefer gemacht. Weder in der Bibel, noch, wie ich glaube, in Talmud oder Midrasch findet sich etwas, woraus geschlossen werden könnte, dass die Städte der Ebene nicht bloss vom Feuer, sondern auch vom Wasser zerstört worden seien. Der Schwefel und der Asphalt nahe dem Nordende und vielleicht auch die Lava und andere Anzeichen vulkanischer Tätigkeit an dieser Stelle weisen auf den bröckligen Lehmboden, der stellenweise wie Flugsand unter dem Fusse weicht und der sich zwischen Jericho und dem Toten Meere hinzieht, als den wahrscheinlicheren Platz der beiden Städte hin. Die einzigen Argumente für das Gegenteil sind die phantastischen Erzählungen der Reisenden — derer, die sich auf den See hinaus gewagt haben, und die behaupten, dass sie unten in der Tiefe Ruinen von Türmen und Palästen gesehen hätten. Es ist möglich, dass diese Berichte nicht ganz der Phantasie entstammen. Oft hängen Nebel über dem See, und vielleicht wiederholen sich hier die atmosphärischen Bedingungen, die in der Strasse von Messina die Fata Morgana entstehen lassen.

Vom Toten Meere ritten wir weiter nach der Jordanfurt oder dem „Platze der Taufe“, wahrscheinlich die Gegend von Gilgal und die Stelle, wo Elia im Feuerwagen gen Himmel fuhr. Hier badete ich wieder und schwamm durch den Strom, der reissend und trübe, aber sehr schmal war. In ihren kindlichen Vorstellungen haben sich wohl die meisten, wie Mark Twain sagt, den Jordan als einen mächtigen Strom ausgemalt, der 7000 Meilen lang und entsprechend breit sein müsse. In Wirklichkeit ist er ungefähr so lang wie die nicht weniger berühmte Themse, nur noch viel schmäler. Das Wasser war warm, aber nach dem Bad im Toten Meere und den sengenden Strahlen der tropischen Sonne, denen ich mich ausgesetzt hatte, empfand ich das Bad im Jordan im Schatten des Dickichts und der Klippen als eine höchst willkommene Abwechslung. Sein Wasser ist so missfarbig wie das des Nils, und als wir einige russische Pilger auf ihrem Wege zu dem einzigen Bade trafen, das ihre Religion anbefiehlt, und das zu nehmen man sie überreden kann, konnte ich nicht umhin zu denken, dass sie und ihresgleichen es wären, die die ursprüngliche Reinheit des Schnees vom Hermon so getrübt hatten. Wir ritten durch das Dickicht zurück, in welchem, wie wir ohne Bedauern hörten, Löwen jetzt kaum noch anzutreffen sind, und kehrten so schnell als wir konnten nach Hause zurück.

Auf dem Wege setzten uns die beinahe unzugänglichen Eremitenzellen in dem Felsen des Djebel Karmel in Erstaunen. Wir waren auf der anderen Seite einer tiefen Schlucht, und die Höhlen, in denen die armen Heiligen ihr Leben hinbringen, scheinen und waren auch ursprünglich zweifellos die Lagerstätten wilder Tiere. Ein lebensgefährlicher Gang, den ich einen Pfad nicht nennen kann, war so abschüssig, dass ein kleiner Esel das einzige vierfüssige Tier war, das ihn gehen konnte, und auch er nur, weil er abgerichtet war, ihn zu passieren, seit er auf den Füssen stand. Kurz vor zehn Uhr langten wir wieder in Jerusalem an nach einer Abwesenheit von weniger als 24 Stunden, von denen wir 19 im Sattel verbracht hatten.

Ich musste Jerusalem am Donnerstagabend verlassen, um den Dampfer nach Beirut nicht zu verfehlen, der am nächsten Tage von Jaffa abgehen sollte. Dr. d'Arbela hatte sich freundlichst erboten, mich zu begleiten und mir die Kolonie „Rischon-le-Zion“ zu zeigen. Unser Wagen war um acht Uhr vor der Tür; aber es gelang uns nur mit grossen Schwierigkeiten, um Mitternacht endlich abzureisen, nach Erledigung der offiziellen Geschäfte im Serail und vor dem Kadi, nach Absendung der Telegramme nach England, den Abschiedsvisiten usf. Herr Kaminitz, dessen hebräische Hotelrechnung sowohl hinsichtlich der Vorzüglichkeit des Wortschatzes und der Kalligraphie, wie auch der Kleinheit der Endsumme eine meiner interessantesten orientalischen Merkwürdigkeiten ist, sass neben dem Kutscher auf dem Bocke. Diesmal hatten wir einen Landauer anstatt eines offenen Wagens, und die Strasse war in besserem Zustande als bei meinem Kommen, doch schien mir das Rütteln und Schütteln viel schlimmer. In Ramleh schliefen wir etwa eine Stunde auf einem Divan, tranken Kaffee, brachen um vier Uhr wieder auf und erreichten nach einer mehrstündigen Fahrt, die zur Hälfte über die Sandwege links von der Jaffastrasse führte, kurz nach Tagesanbruch die Kolonie. Sie liegt auf einer kleinen Anhöhe inmitten einer sandigen Ebene, über die der Seewind hinstreicht. Das Gesamtareal beträgt ungefähr 600 Hektar. Der Boden ist sandig und kann kein Getreide hervorbringen, ist aber, wie die Experten sagen, vorzüglich für Weinkultur geeignet. Dies ist jedenfalls die etwas teuer erkaufte Erfahrung der Kolonisten, die infolgedessen ihre ausschliessliche Aufmerksamkeit jetzt dem Weinbau zuwenden. Der Eindruck der Anlagen ist keineswegs malerisch, der Boden erscheint mit den Weinreben gestrüppähnlich bedeckt und sieht aus wie Stechginster auf unfruchtbarer englischer Heide. Allerdings sah ich die Weinberge unter verhältnismässig ungünstigen Umständen; denn die Ernte war vorüber, und alle Trauben waren sorgfältig von den Stöcken gepflückt. Die Art der Weinkultur ist die nordeuropäische, und ich muss gestehen, dass ich enttäuscht war, die Kolonisten nicht unter ihrem Weinstock sitzend oder — noch lieber — darunter arbeitend zu finden, sie vielmehr beim Schneiden über den Weinstock gebeugt zu sehen. Ein Weinberg sieht unendlich viel schöner aus, wenn die Reben an stattlichen Pappeln oder in Festons von einem Baumriesen zum andern gezogen wird. Aber eine Anpflanzung von einer Million niedriger Sträucher, die den Weinreichtum von Rischon ausmachen, ist praktischer und einträglicher und sicherlich ein Zeichen von selbständigem Vorgehen. Mir wurde gesagt, dass die schwarzen Beeren im Geschmack und in der Grösse den Vergleich mit den erlesensten Burgunder Trauben aushalten, und dass der rote Wein zu guten Aussichten auf einen grossen Export nach Europa berechtigt. Jedenfalls wird von dem Wohltäter, der sich die Entwicklung Rischons angelegen sein lässt, an den notwendigen Ausgaben nicht gespart. Für die Errichtung einer Kelter und eines Kühlraums sind allein 100 000 Franken bewilligt worden, und Alphons Bloch, der weitblickende Direktor der Kolonie, erwartet, in ungefähr zwei Jahren grosse Resultate verzeichnen zu können. Die

Kolonisten, die sämtlich Israeliten sind, arbeiten mit Stolz und Liebe; jeder hat etwa einen halben Hektar zu Eigentum. Zur Zeit der Ernte fehlt es an Arbeitskräften. Man musste Araber zur Aushilfe bei der Ernte und Soldaten zum Schutze vor Schakalen und den Räubereien fremder Araber annehmen.

Es sind im ganzen ungefähr 300 Kolonisten dort angesiedelt, davon ein Viertel kräftige Männer, meist Rumänen, die imstande sind, sich zur Wehr zu setzen und durchaus nicht anstehen, es bei Gelegen-

Die Synagoge in der Kolonie „Zichron Jakob".

heit zu tun, wenn es gilt, ihr Eigentum zu beschützen. Die Häuser sind sauber und solide aus Stein gebaut, die meisten haben zwei Stockwerke, und die Hauptstrasse, an der fast alle die 30 oder 40 Häuser liegen, die das Dorf bilden, ist breit, gerade und mit Bäumen bepflanzt, so dass sie den Eindruck einer kleinen Promenade macht. Jedes Haus hat einen kleinen Vorgarten, dahinter Hof und Hinterhaus und oft auch einen Stall. Das schönste Haus hat zwei Schlaf- und ebensoviele Wohnzimmer. Hinter diesem Gebäude dehnt sich ein ganz altmodischer, englischer Blumengarten, Stiefmütterchen, Iris, Lilien usf. aus. Die Lilie war übrigens ein Bestandteil des königlichen Wappens von Juda, lange bevor das Haus Frankreich sich dieses liebliche Emblem erwählte.

Nach einem etwa vierstündigen Aufenthalt in Rischon besuchten wir die ungefähr 8 englische Meilen entfernt gelegene Ackerbauschule der „Alliance Israélite“ in einem zweispännigen Wagen, der zwar nicht sonderlich schön aussah, uns aber schnell und bequem an unseren Bestimmungsort brachte. Durch eine schöne Baumallee, die jedem Parke zur Ehre gereichen würde, kamen wir zu dem Hauptgebäude. Obgleich es beinahe Mittag war, fanden wir den Direktor und seine Frau

Jüdische Kolonisten in Palästina.

im Garten unter schattigen Bäumen sitzend. Ringsherum waren duftende Orangen- und Zitronenbäume. Die Orangenernte aus diesem Garten ist nicht unbedeutend; in jenem Jahre betrug sie rund 100 Napoleon. In der Schule waren 40 Schüler, die ich gerade alle in einem Schulraum beim Geographieunterricht antraf. Sie stammten aus etwa einem Dutzend Orten an den Ost- und Südküsten des Mittelländischen Meeres und waren im Alter von 12 bis 18 Jahren. In ihren unschönen französischen, blauen Blusen, etwas stupide aussehend, boten sie doch ein Bild der Gesundheit und waren sonnengebräunt. Die Schule besitzt einige gute Maschinen, einen artesischen Brunnen, Sesamfelder und eine richtige Musterfarm. Die Zöglinge werden hauptsächlich in Obst- und Gemüsebau unterwiesen. Nach drei- oder vierjähriger

Lehrzeit verlassen sie die Schule mit einer Unterstützung von 40 Pfund in der Tasche. Natürlich verhindern es die speziellen Umstände, dass sich das ganze Unternehmen völlig aus sich selbst heraus erhält; aber es unterliegt keinem Zweifel, dass dort viel Gutes geleistet wird, und dass der stolze Name „Mikweh Israel“ (Die Hoffnung Israels) nicht unverdient ist. Seit meinem Dortsein hat die Alliance beschlossen, die Zahl der Schüler auf 60 zu erhöhen und aus ihrer Schule in Tunis einige nach dorthin überzusiedeln. Ein erster Trupp, aus sieben jungen Tunesiern bestehend, langte in der Schule am 19. November 1888 an. Nach Beendigung ihrer agrikulturellen Ausbildung in Jaffa sollen sie nach Hause zurückkehren und bei dortigen Farmern Beschäftigung finden, bis sie genug Geld gespart haben, um selbst Eigner einer kleinen Farm werden zu können. Wie die Zöglinge die Zeit von dem Verlassen der Schule in „Mikweh Israel“ bis zu ihrer Etablierung als Landeigentümer selbst am besten nützen, ist kein leichtes Problem. Es könnte wünschenswert sein, den Montefioregarten in Jaffa, wenn er verfügbar ist, dazu zu benutzen, um ihn für die jungen Leute zu parzellieren, die so beinahe unabhängig und doch nicht ohne Aufsicht wären.

Von der Ackerbauschule fuhren wir über Land auf einem fürchterlich schlechten Wege nach dem von dort etwa fünf, von Jaffa nahezu zwei Meilen entfernt gelegenen Montefioregarten, dem gerade gegenüber sich die gut prosperierende Kolonie „Sarona“ befindet, die im Jahre 1868 von einigen christlichen Deutschen aus Württemberg begründet wurde. Wir fanden Samchun, den Aufseher oder Gärtner, der keine Pacht bezahlt, nicht zu Hause; er war nach Jaffa gegangen, um seine Einkäufe für den Sabbat zu machen und hatte den Schlüssel mitgenommen. Ich versuchte geltend zu machen, dass ich — mit einer Vollmacht von Montefiore versehen — berechtigt sei, das primitive Schloss aufzubrechen, aber Samchuns Sohn drohte auf die Strasse zu gehen und einen Polizisten zu rufen, wenn wir das täten. Nachdem wir das Tor tüchtig hin und her gerüttelt hatten, sahen wir, dass es erfolglos sei, und hielten es für das beste, den Versuch aufzugeben. Jedoch sahen wir von verschiedenen geeigneten Punkten aus in den Garten hinein — auf den Fusspitzen stehend, über das Tor, vom Fenster eines Gebäudes, wo ein massives Wasserrad über den Brunnen gebaut ist und durch die Lücken der Kaktushecke. Die Kaktusfeigen waren gut zu essen, ihre Parasiten, die Kochenilleinsekten, äusserst kurios zu beobachten. Wir sahen von dem Garten genug, um seine wundervolle Fruchtbarkeit mit Genugtuung zu bemerken. Trotz der verhältnismässigen Vernachlässigung durch seine Gärtner, die Samchuns — die armen Kerle hatten viel vom Fieber zu leiden —, schien der Ort in seiner üppigen Vegetation ein wahres Paradies, und Bananen, Datteln, Orangen, Zitronen und Pflaumen erfüllten die Luft mit ihren Düften. Wir kamen ungefähr um zwei Uhr nach Jaffa und assen hier

Garten „Montefiore" bei Jaffa.

in einem jüdischen Restaurant zu Mittag. Die jüdischen Kaufleute und Restaurateure scheinen gut vorwärts zu kommen. Der englische Vizekonsul Amzalak ist ein Jude, und doch, sonderbar genug, obwohl es in Jaffa über 2000 Juden gibt (ungefähr ebensoviele Aschkenasim wie Sephardim) und eine noch viel grössere Zahl in der Nachbarschaft, in den Kolonien usw. leben, hat man doch keine grössere Synagoge und nur eine ganz primitive Talmud-Thoraschule. Die Sephardim haben weder Rabbiner noch Lehrer, und die Gemeindeangelegenheiten scheinen gänzlich unorganisiert zu sein.

Ungefähr eine Stunde vor Beginn des Sabbats schiffte ich mich an Bord des Khedivedampfers „Rahmaniyeh" nach Damaskus ein, und damit schloss zu meinem Bedauern eines der interessantesten Kapitel meines Lebens.

Zweiter Besuch in Palästina im Jahre 1895.

Die Alten und die Jungen.

Einige zwanzig alte Leute mit weissen Bärten sitzen an einem langen Tische, der mit aufgeschlagenen Talmudbänden bedeckt ist. Die heilige Gesetzesrolle ist zu ihrer Linken eingeschreint, und hinter ihnen sehen wir gewichtige alte Bände, eng in die Nische eines gewölbeartigen Raumes eingepresst, der seltsame Kurven und Winkel zeigt. Stammt dieses Bild von dem Pinsel irgend eines alten Meisters? Nein, ein wie altertümliches Bild es in entsprechendem Rahmen auch erscheint, ist es doch die Photographie einer wirklichen Szene von heute. Ich sah sie vor wenigen Jahren in Jerusalem, und jeder kann sie morgen sehen oder nächstes Jahr und ebenso vielleicht noch nach 100 Jahren. Die verschiedenen Fehler in der Ausführung sind stille Zeugen der Echtheit. Die unschön krumme Bank, die schief hängenden Lampen, das Ineinanderübergehen von Käppchen und Bärten sind notwendige Folgen einer schlecht eingestellten Kamera. Die billige und hässliche Uhr in der Ecke wäre in ein Phantasiebild nicht hineingekommen. Der unkünstlerische Charakter ist eine Garantie der Echtheit. Das Bild ist ein wirkliches, und ein scharfes Auge wird die hebräische Inschrift im Hintergrund entziffern können, die die Szene erklärt. Überdies ist die Photographie, so wie sie ist, mindestens auch ein triumphierendes Zeugnis von der Stärke des Lichtes selbst in den tiefsten Winkeln eines palästinensischen Stadtinnern.

Für diejenigen, deren europäische Augen das Hebräische nicht entziffern können, mag gleich gesagt sein, dass wir die Wiedergabe einer Gruppe von Insassen des Altenheims „Moschab Sekenim“ in Jerusalem vor uns haben. Sie sind in dem Hauptraume des Institutes versammelt — zum Gebete versammelt —, aber gemäss guter alter jüdischer Sitte „lernen“ sie vor dem Gebete. Der ehrwürdige Greis in der Mitte ist Rabbi Kadisch Halevi von Wolkowisk. Obgleich ein verhältnismässig junger Mann von nur etwa 70 Jahren, ist er in mehr als einer Hinsicht das Haupt der Jeschibah oder des Institutes. Er hat 65 männliche und 47 weibliche Kollegen. Viele davon sind über 80 Jahre alt. Eine gute alte Dame, Madame Breina Spira aus Zoslauv, ist über 97 Jahre alt, Daniel ibn Joseph Tuil aus Smyrna ist 92 und Salem Rosanawski aus Kischinew 90 Jahre. Der grosse hagere Mann, der an dem Vorhange des Thoraschreines steht, ist ein Schmied, Abraham Skalir. Die früheren Berufsarten der Insassen sind alle in dem Jahresberichte des Institutes aufgezählt. Drei von ihnen waren Kolonisten, einer Arzt, mehrere Lehrer, Schlächter, Maurer, Schneider, Hausierer, einer Messingarbeiter, einer Arbakanfoth-(Schaufäden-) Weber usw. Ein angenehmer, aber sehr russischer Zug der Anstalt ist, dass wir mit ihr statt einer Suppen- eine Teeküche vereinigt finden. Während zweier Stunden nach Einbruch der Dunkelheit hat jeder, der da will, Anspruch auf ein Glas heissen Tees, der umsonst verabfolgt wird, und es werden jeden Abend etwa

„Moschab Sekenim“ in Jerusalem.

400 Glas verabreicht — eine schöne Form der Wohltätigkeit, die an die generösen Nahrungsverteilungen der mittelalterlichen Klöster und Konvente erinnert.

Was am meisten an den Insassen ins Auge fällt, ist das Durchgeistigte, das Intellektuelle ihrer Züge. Es ist ein Asyl, in dem alte, im Kampf ums Dasein aufgeriebene Menschen kostenlos unterhalten werden. Hier ist es ihnen vergönnt, ihr Ende in Ruhe abzuwarten. Hier treffen wir nicht die degenerierten europäischen Trunkenbolde und Verbrechertypen, noch weist das Äussere unserer Freunde irgend etwas spezifisch Jüdisches auf. In der Tat: an keinem anderen Orte kann man so wie in Jerusalem, wo alle Nationen vertreten sind, sich von der Tatsache überzeugen, dass es keinen einheitlich-charakteristischen Typus für das jüdische Gesicht gibt. Der alte Mann an der Ecke des Tisches, der vierte zur Rechten des Rabbi Kadisch, könnte als Modell für Tycho de Brahe dienen, der Mann hinter ihm sieht aus wie ein Mohr von Venedig, und einige andere sind geradezu russische „Muschiks“ und nichts anderes. Aber sie repräsentieren alle eine sehr interessante Seite des Judentums, die anzuzweifeln oder zu diskreditieren jetzt so in der Mode ist. Nicht nur in Indien ist der Yogi, der beschauliche Weise, anzutreffen, der, nachdem er all seine Pflichten als Mensch erfüllt hat, sich von dem Weltgetriebe zurückzieht, um über Diesseits und Jenseits nachzudenken. Wir haben unsere jüdischen Yogis sogar ausserhalb des blendenden Lichtes, das vom Sohar ausstrahlt. Solche „Weisen“ sind sehr viele im Moschab Sekenim. Sie arbeiten nicht und spinnen nicht, aber die Welt ist besser dadurch, dass sie in ihr sind, wie unweltlich sie auch sein mögen. Es ist herzerfrischend, zu denken, dass nicht jeder in Eile ist, nicht jeder geschäftig Geld zu verdienen oder auszugeben bestrebt ist, dass es noch Menschen gibt, die Musse haben.

Die gegenwärtige Lage des Baues ist gerade dort, wo man ihn zu finden erwarten würde, nämlich im ältesten Teile der Stadt, nahe dem Meidan und ungefähr zwei Minuten von der aschkenasischen Hauptsynagoge entfernt, die über dem Grabe Rabbi Juda des Frommen erbaut ist. Er nimmt zwei Seiten einer engen Gasse ein — im eigentlichen Jerusalem gibt es keine Strassen. Auf der einen Seite ist das Männerhaus, das Eigentum der Anstalt und als „Wakuf“, d. h. Wohltätigkeitsbesitztum, registriert ist. Die Frauen bewohnen ein gegenüberliegendes, bloss gemietetes Quartier. Doch hat dieses Haus den Vorteil, dass es vom Dach aus eine schöne Aussicht auf den Tempelplatz hat. So schön jedoch die Lage, von sentimentalen Gesichtspunkten aus betrachtet, auch ist, so ist sie doch nicht gerade gesund, und obgleich unsere alten Leute sich dort wohl zu fühlen scheinen, so würden sie doch ausserhalb der Stadt mehr frische Luft haben. Dort haben wir das wirkliche „Neue Jerusalem“ und dort muss jedes Juden Herz höher schlagen, wenn er die netten Gruppen kleiner, steingebauter Häuschen sieht, die in den letzten zehn Jahren wie durch Zauberei entstanden sind.

Die Strassenbenennung im Oriente steckt noch in ihren Kinderschuhen und ist daher pittoresk. „Die rechte Hand Moses“, „Nathans

Dorf" ersetzen jetzt die schmutzigen Hütten der Squatters, die sieben Jahre vorher den Montefioregarten hatten verlassen müssen. Sie bilden einen sehr ansehnlichen Zugang zur Stadt vom Bahnhof aus, und man sagte mir, dass der Anblick ihrer Sabbatkerzen, die am Freitag Abend aus 100 Fenstern erstrahlen, das Schönste sei, was

Alte Frauen in Jerusalem.

man vom gegenüberliegenden Lechmerehospital aus sehen könnte. Die „Hundert Tore" und „Montefiores Gedächtnis", das „Tor des Ecksteins", das „Mosestor", das „Haus Israels", „Rechoboth", „Das Erbe der Sieben", „Der Stein Israels", „Das Zelt des Friedens" sind einige andere Namen von Gebäudekomplexen, die uns in leichtem Niveaugefäll nach dem Ende der Jaffastrasse leiten. Hier, unmittelbar bei dem Wachtturme, der die äusserste Grenze des Vorstadtbereiches in Jerusalem bildet (denn die türkische Zollbehörde erlaubt keinen

Hausbau jenseits des Wachtturmes), hat das Altenheim ein Grundstück von 11000 Quadratmetern erworben und mit dem Bau eines neuen Hauses nach dem Muster der Berliner Altersversorgungsanstalt begonnen. Sie wurde dazu durch das hochherzige Versprechen eines russischen Millionärs veranlasst, der ihr 35000 Rubel geben wollte. Aber der Millionär hatte viele Prozesse, und nachdem er 5000 Rubel gezahlt hatte, geschah es, dass der hohe Gerichtshof in St. Petersburg sein ganzes Besitztum pfändete, derart, dass er jetzt nichts weiter zahlen kann. So ist der Bau einstweilen unterbrochen worden.

Die beste Fürbitte für das Altenheim ist vielleicht ein Zitat aus dem eigenen Aufrufe seiner Leiter, einer „Petition to pious ladies and gentlemen", deren Englisch nicht gerade gut, aber doch in der Empfindung einwandfrei ist. „Es geht über unsere Kraft," heisst es dort, „für alle Bedürfnisse zu sorgen. Gott weiss, dass wir getan haben, was wir konnten; aber wir müssen uns jetzt an die Grossmütigen und Frommen um Hilfe wenden. Habt Mitleid, ihr Frommen, und nehmt Teil an dem verdienstvollen Werke. Werdet Mitglieder dieser Gesellschaft durch Entrichtung des Mitgliederbeitrages, und der Lohn für eure Frömmigkeit und Grossmut wird euch zu teil werden in dieser und in jener Welt. . . . Helfet dieser Gesellschaft, und der Allmächtige wird euch Erfüllung eurer Wünsche zu teil werden lassen und euch den Wiederaufbau Zions und Jerusalems erleben lassen. . . .

Wer von euch, Brüder, fühlt nicht für die Alten und Schwachen, für die Armen und Hilflosen, die niemanden haben, der sich nach ihnen umsieht und für sie sorgt, und deren inniges Wünschen es ist, ihre letzten Erdentage im Gebet und Studium der Heiligen Schrift in der heiligen Stadt Jerusalem zu verbringen, wenn nur ein Plätzchen für sie dort bereit wäre."

Ein sehr viel anderes, wenn auch in seiner Art ebenso interessantes Bild würde eine Gruppenaufnahme der Lehrer und Schüler der „Lionel Rothschild-Schule" in Jerusalem geben; der Kontrast ist ein erhebender; denn die Jugend ist immer erfreulicher als das Alter. Hier würden wir kein enges Interieur finden, sondern ein stattliches, modernes Gebäude mit europäischen Fenstern und Läden, und nette Holzzäune und der Olivenbaum würden das Lokalkolorit abgeben. Nichts als der Fez, der das offizielle Element im ganzen Machtbereiche des Sultans bildet, würde die Gruppe von einer europäischen ähnlichen Charakters unterscheiden.

Die Gesichter der Schüler sind sogar noch verschiedener untereinander als diejenigen ihrer „Väter“ in Moschab Sekenim. Und das ist notwendigerweise so. Denn in der technischen Schule finden wir eine vielgestaltige Vereinigung verschiedener Nationen und glücklicherweise auch verschiedene Religionen. Die Juden können stolz sein auf die Tatsache, dass an dem Herde religiösen Fanatismus sie die ersten waren, die ihre Tore allen Religionen öffneten, und Mohammedaner und Christen erkennen gleicherweise die Vorzüglichkeit der jüdischen Schulen an.

Die jungen Leute lernen jetzt die Gewerbe der Schmiede und Tischler, der Schlosser und Mechaniker, der Kupferschmiede und Messinggiesser, der Bildhauer und Wagenbauer. Es ist eine richtige Akademie für technische Erziehung. Sie bezieht ihre Zöglinge aus Palästina und der Türkei, aus Russland und Rumänien und sogar Griechenland, und sie schickt sie, wenn sie ihre Lehrzeit beendet haben, nach Ägypten, nach den Kolonien Palästinas, wie Richon, Petach Tikwah und Samarin, nach Belgrad, Zypern und Rhodos und sogar nach Marseille, und wo immer sie hinkommen, verdienen sie mit der Arbeit ihrer Hände einen auskömmlichen Lebensunterhalt. In Jerusalem selbst ist ihre Arbeit unersetzlich. Die oberen Stockwerke des Hospitals und des Hotels dort sind mit einer Wasserversorgung ausgestattet, die in allen ihren Teilen von den Zöglingen hergestellt worden ist. Sie haben Dampfmaschinen konstruiert und Pumpen und all die merkwürdigen Dinge, die zu den modern-sanitären Einrichtungen gehören. Zwar sind einige Teile einer zehnpferdigen Maschine, die mir gezeigt wurde, aus Messing statt aus Eisen gemacht; aber das liegt daran, dass man in Jerusalem noch keine Eisengiesserei hat.

Die „Technische Schule“ kann nicht gleich aus allen unseren orientalischen Glaubensgenossen geschickte Handwerker machen; aber ihre Zöglinge finden sich schon im ganzen Osten zerstreut, und sie verbreiten die Liebe zum Handwerk und das Ansehen der Schulen unter den entferntesten jüdischen Gemeinden. Ich selbst traf mit dort ausgebildeten jungen Leuten zusammen, die sich jetzt ihren guten Lebensunterhalt als Handwerker verdienen, und zwar nicht nur in Palästina, sondern auch in Zypern und in Ägypten. Im übrigen mehrt sich, was hauptsächlich der englischen Philantropie zu danken ist, die Anzahl der Werkstätten beständig, und ihre Wirksamkeit macht sich immer mehr bemerkbar.

Nirgends ist das Vorurteil, dass die Juden nicht von ihrer Hände Arbeit leben wollen oder können, so schnell beseitigt worden wie gerade in Jerusalem. Klöster und Moscheen, Hospitäler und Kirchen, Villen und Hotels, alle sind in der Versorgung mit den Einrichtungen moderner Zivilisation von unserer technischen Schule abhängig. Die Flügeltüren des Klosters St. Joseph bewegen sich so leicht und sehen so schön aus, dass sie den angesehensten Kunsttischlern in Paris oder London Ehre machen würden. Dort in der Schule hat man geschnitzte Bücherregale, die von den Schülern im Anfangsunterrichte gemacht worden sind, aber jeden Bibliomanen neidisch machen würden.

Ein einziges Beispiel wird vielleicht lebendiger als alle Worte den moralischen Nutzen vor Augen führen, der von solch einem Institut in Palästina ausgeht. Als ich Jerusalem erreichte, wusste ich, dass die Schüler gerade Eisentore für die Patriarchengräber in Hebron arbeiteten, und dass die Gitter von dem Scheik und seiner geistlichen Behörde bestellt waren, die um die Ablieferung drängten. Nun wird, wie schon früher gesagt wurde, von den Türken nichts so heilig gehalten und nichts so eifersüchtig gehütet wie diese Moschee, die über der Höhle von Machpelah errichtet ist. Kaum einem halben Dutzend Europäern ist es verstattet worden, sie zu besuchen. Die letzte Gelegenheit war, als die Herzöge von Clarence und York mit Major Conder dort waren. Sie erlangten den erforderlichen Spezialfirman vom Sultan, und es wurde ihnen ein Regiment Soldaten zum Schutze mitgegeben, und doch brach in den engen, weissen Gassen von Hebron ein wahrer Aufruhr aus, als sie die Moschee betraten.

Nun, mir war es vergönnt, mit zwei moslemischen Zöglingen in der Verkleidung eines technischen Beirats der Schule hineinzugelangen. Ich trug einen Tarbusch und hielt ein Mass in der Hand nebst einigen Flaschen Goldtinktur, um die Tore zu verschönern, die wir mit uns gebracht hatten, und die jetzt aufgestellt werden sollten. Ich wagte nicht zu sprechen aus Furcht, mich als ganz gewöhnlicher Tourist zu verraten; aber bevor uns der Zutritt gestattet wurde, war noch ein einführendes Gespräch mit dem Scheik der Moschee notwendig und mit der grössten Feierlichkeit der Welt und mit orientalischen Gesten musste ich heftig den Gedanken verneinen, dass der Regen die Vergoldung abwaschen könnte.

Ich besuchte auch die „Evelina Rothschild-Schule“ für Mädchen und die wundervolle Villa, die die „Association“ gerade damals von dem lateinischen Patriarchat für die Schule erworben hatte. Fräulein Fortunée Behar, ihre energische Leiterin, war entschlossen, die Schule nach englischem Muster zu führen. „Machanaim", wie die Villa benannt ist, wurde vor fünf bis sechs Jahren von den Bankiers Frutiger erbaut und von ihnen bewohnt, bis sie Jerusalem verliessen. Ihre Fenster gewähren einen ideal schönen Ausblick auf die Omarmoschee, den Tempelplatz und den Ölberg. Der Garten ist voll schöner Bäume, und die Brunnen haben mehr als reichlich Wasser. Beides, Holz und Wasser, sind schätzenswerte Dinge im Orient, und sie werden die vermehrten Unterhaltungskosten der Schule etwas kompensieren. Es sind nur wenige (wenn überhaupt irgendwelche) Veränderungen nötig, um die Innenräume für Schulzwecke einzurichten. Man hatte Schwierigkeiten mit den Verkaufsurkunden, Schwierigkeiten, die jetzt umgangen, wenn nicht beigelegt sind, und die augenscheinlich ihren Grund in der sehr unverhohlenen Eifersucht der türkischen Beamten hinsichtlich des ständig zunehmenden Einflusses und der steigenden Zahl der Juden in Palästina hatten.

Die Allianzeschulen in Jaffa (für Knaben und Mädchen) verdienen gleichfalls alles Lob. Jaffa ist beinahe eine hebräische Hafenstadt geworden. Die Ladenfronten sind mit hebräischen Namen und hebräischen Schildern versehen. Der Markt ist ein jüdisches Forum, und sogar die Kinder sprechen Bibelhebräisch. Es gibt nur weniges, das den Juden mehr an die Rückkehr ins Land seiner Väter gemahnt, als wenn er sieht, wie seine kleinen Glaubensgenossen ihre Schularbeiten in hebräischer Sprache machen und sogar beim Schwatzen sich ihrer als einer gewiss sehr lebenden Sprache — der Sprache des Spiels — bedienen.

Saloniki.

Die Synagogen — Gottesdienst am Versöhnungstage — Die Talmud-Thoraschule — Inschriften und Manuskripte — Die Donmé — Volo.

Ich kam am Freitag, den 23. September 1898 in Saloniki an und besuchte am Sonnabend die Synagoge, und zwar schon 20 Minuten vor sieben Uhr, aber der „Sepher" (Thora) wurde bereits gelesen. Am Morgen begannen die Bussgesänge (Selichoth), und die ganze Andacht war um drei Uhr früh beendet. Das Nachmittagsgebet (Minchah) dauerte den ganzen Vorabend des Versöhnungstages. Als ein Gegengewicht zu dem Übermasse von Gebeten blickte der Olympus stirnrunzelnd zu meinem Fenster hinein und erinnerte mich daran, dass die ganze Welt ein grosses Pantheon ist.

Am meisten charakteristisch in diesen Synagogen ist der Marmorfussboden. Die Sitze sind bewegliche Bänke und manchmal Stühle. Die Sizilianer besitzen ganz prächtige, purpurne oder hochrote Armstühle, auf deren Rücklehnen die Namen der Spender reich in Gold gestickt sind. Aber jede Form dieser Stühle ist nur ein Beweis dafür, dass die Saloniker vor Jahren, ebenso wie heute noch die Perser, auf dem Boden kauernd ihre Gebete verrichteten. Die Bequemlichkeit für die weiblichen Besucher war keine besonders grosse. Die Galerien oder Ecken, die für sie reserviert, sind sorgfältig entweder mit Holz vergittert oder durch Vorhänge den indiskreten Blicken des anderen Geschlechtes entzogen. Sie sind ganz so wie die Zellen, die für die Haremsschönheiten in den Theaterlogen in Kairo eingerichtet sind. Aber ich hörte nicht, dass die Moral des grossen Publikums dadurch zum Guten beeinflusst werde — im Gegenteil. Die reicheren Saloniker Jüdinnen, die den Orientalismus aufgegeben haben, erfreuen sich eines schlechteren Rufes als ihre ärmeren Schwestern. Die Jüdinnen sind nicht hässlich, und die Nationaltracht kleidet sie gut.

Von allen Synagogen schien mir die von „Aragon" die malerischste. Sie ist gross, der Almemar ein luftiger Baldachin am äussersten Westende, und die Galerie ist hoch. Auch der Thoraschrein ist hoch angebracht, und an beiden Seiten auf einer etwas niedrigeren Plattform nehmen eine Anzahl Gemeindeältester Platz. Noch auffallender war die „Italia"; denn die Synagoge war nur halb fertig, der Fussboden noch nicht ausgemauert, die Galerien noch rohe Latten, und doch kletterten die Frauen die schwindeligen Treppen des Gerüstes hinauf, und die Halle war voll von Betern. Die heiligen Geräte waren aus verschiedenen Gemeinden zusammengetragen, und natürlich gab's hier eine Menge hoher Dreissig-Stunden-Kerzen. In der „Fakima-Modianos"-Synagoge erschienen diese Lichter dadurch europaisiert, dass die Visitenkarten der Spender mit weissen Seidenbändchen daran befestigt waren, wie wir das etwa bei Blumenspenden zu machen pflegen. In keinem der Gotteshäuser, die aschkenasischen ausgenommen, war das Niederwerfen üblich (weder für die „Abodah" noch für „Alenoo", bestimmte Gebete am Versöhnungstage), aber das

Synagoge „Catalan" in Saloniki.

„Duchenen" (Priestersegen), geschah bei allen Gebeten mit Ausnahme von „Mincha" (Nachmittagsgebetes). Vor dem Abendgebete (Neïlah) predigte der Rabbiner zehn Minuten lang, natürlich in „Ladino" (Jargon der spanischen und portugiesischen Juden). In der Tat war es ganz erstaunlich, wieviel Ladino in den Gottesdienst eingeführt war. Das meiste von „Techinnoth", vom Sündenbekenntnis und den Bussgesängen war in dieser Sprache, und der Vorbeter schien wirklich bewegt, als er in jener Sprache predigte, seine Zuhörer aber schienen weniger gerührt zu sein.

In allen Synagogen und Bethäusern mit Ausnahme der aschkenasischen liess man zwischen „Musaph" (Mittagsgebet) und „Minchah"

(Nachmittagsgebet) eine Pause von zwei Stunden eintreten, während welcher Zeit sich einige der Beter zu einer Siesta zurückzogen. Viele strömten in die Kaffeehäuser, die mit einer Menge Leute angefüllt waren, die aber weder rauchten noch tranken. Während des Gottesdienstes waren die Strassen leer. Mehr als die Hälfte der zirka 130 000 Einwohner von Saloniki sind Juden, und drei Viertel des gesamten Handels ist in ihren Händen. Alle Bootsleute des Hafens sind Juden, und an den Sonnabenden können die Dampfer weder einladen noch ihre Ladung löschen. Träger und Schuhmacher, Maurer und Seidenarbeiter, alle sind sie Juden.

Bei den Aschkenasim ist der Ritus dem norditalienischen ähnlich, die Aussprache sephardisch und das Publikum geräuschvoller und eifriger, mir aber kaum vertrauter als das andere auch. Ich muss gestehen, dass ich sie während der Siesta nicht aufgesucht habe. Am Versöhnungstage wird jeder zur Thora „aufgerufen". Die drei letzten Verse des vierten Thoraabschnittes werden immer und immer wieder nach der Reihe für jedes Mitglied wiederholt. Ein Lokalcharakteristikum des Gottesdienstes ist die Einfügung eines besonderen Gebetes gegen das Feuer und die Pest in das „Owinu Malkenu" (Gebet, das dem Vaterunser entspricht). Das Feuer ist mehr gefürchtet als die Pest. Zunz und Steinschneider beklagen die Feuersbrünste in Konstantinopel und Adrianopel als die schlimmsten Feinde der hebräischen Schriften; Saloniki hat jedoch noch mehr gelitten, und das Feuer von 1890 vernichtete die halbe Stadt. Wo ich auch anfragte, beständig bekam ich dieselbe Antwort: „Wir hatten Bücher, sie sind aber verbrannt."

Die Talmud-Thoraschule liegt noch in Ruinen.

Zwei hebräische Inschriften finden sich dort noch an ihrem ursprünglichen Platz am Brunnen des Hofes; es gelang mir, Photographien von ihnen aufzunehmen. Zwei andere sind nach dem Hause des Rabbiners geschafft worden. Eine ist von 1752 und die andere von 1624 datiert. Die letztere ist von besonderem Interesse, weil sie dem Andenken Noah Cohen Aschkenaris gewidmet ist.

Die Gesamtsumme meiner Beute repräsentiert leider nur negativen Wert! Es sind drei Manuskripte, von denen das eine ziemlich alt, aber uninteressant ist; es ist ein Vademekum für Ärzte aus dem XV. Jahrhundert. Die anderen beiden sind ganz modern-biblische Auslegungen eines griechischen Proselyten, Rabbi Abraham ha-Ger, ungefähr 60 Jahre alt und in erträglichem Hebräisch. Mit gedruckten Werken hatte ich kein Glück. Vor einiger Zeit teilte Dr. Berliner in der „Hebräischen Bibliographie“ mit, dass er zwei Seiten einer mysteriösen Talmudausgabe besässe, die er einem Saloniker Bucheinbande entnommen hatte.

Ich hatte in der Genizah von Kairo ein grosses Fragment von 50 Seiten der „Berachhot“ (Segensprüche) derselben Ausgabe gefunden, und wir gaben uns der beglückenden Illusion hin, dass dieses eine Saloniker Inkunabel sei. Bald tauchte hier aber eine vollständige

Ruinen der abgebrannten Talmud-Thora in Saloniki.

Kopie der Baba Meziah derselben Ausgabe auf mit erhaltener Titelseite, und es scheint, dass der Druck erst vom Jahre 1706 herrührt. Die Drucker rühmen sich, dass gerade für diese Ausgabe neue Buchstaben geschnitten wurden, der Druck ist jedoch miserabel, so schlecht, dass ein Kenner, dem ich mein Fragment zeigte, hoffnungsvoll vermutet hatte, dass es sich als eine vereinzelte Probe hebräischen Holzschnittdruckes erweisen möchte.

Für Saloniki gibt es eine interessante historische Tatsache. Als Sabbatai Zevi im Jahre 1666 die Köpfe orientalischer und anderer Juden verdrehte und so viel Aufregung hervorrief, dass sogar Oldenburg, der Gründer der Royal Society, Spinoza schriftlich um seine aufrichtige Meinung über diesen sogenannten Messias befragte, wurden die Saloniker Juden besonders stark von diesem Wahn ergriffen, und eine grosse Zahl trat mit ihrem Helden zum Islam über. Sie wurden äusserlich Türken, und noch bis auf den heutigen Tag sind ihre Nachkommen — es soll von ihnen in der Stadt etwa 250 Familien geben — als „Donmé" oder Getaufte bekannt. Ich sah sie am Sonnabend rauchend vor ihren offenen Läden; man sagte mir aber, dass sie im geheimen Juden wären und zu Hause von den Riten alles hielten, was sie könnten. Sie verheiraten sich nicht mit

Die Synagoge in Volo.

den Türken, von denen sie allerdings auch ziemlich argwöhnisch betrachtet werden. Ich redete einen von ihnen Hebräisch an; er verstand mich augenscheinlich, bedeutete mir aber, dass er Türke sei. Einer von ihnen hatte auch an den Allianzeschulen ein Lehramt bekleidet, und seine Söhne besuchten die Schule. Ein Responsum über diese Donmés findet sich in den Aufzeichnungen R. Joseph Davids, des Grand-Rabbin, der im Jahre 1737 starb, und dessen Schriften drei Jahre später veröffentlicht wurden. Ein anderes Responsum über sie enthalten die im Jahre 1891 in Saloniki veröffentlichten Bücher, in denen Rabbi Raphael Samuel Arditi erzählt, wie er auf eine an ihn von „drei Gruppen von Getreuen" gerichtete Frage entschied.

Die „Getreuen“ werden jedoch an anderen Stellen als Ketzer (Minim) bezeichnet, und mir wurde auf das bestimmteste versichert, dass der Rabbi mit den „Getreuen“ keine anderen als diese merkwürdigen Donmé gemeint hat.

Da wegen ungünstiger Winde kein direktes Schiff nach Athen ging, konnte ich eine Stunde in der Voloer Synagoge verweilen, mich dort eine Stunde lang mit Rabbi Mosé Pesakh, dem Gemeindefaktotum, unterhalten und einen verstohlenen Blick auf die dortige Genizah werfen. Die Synagoge ist wie die Gemeinde erst 30 Jahre alt und der grosse Papierkorb der Genizah also verhältnismässig modernen Inhaltes. Ich fand dort eine Larissa „Kethubah“ (Trauungsdokument) von 1851, Fragmente eines alten Saloniker Psalters, ein sephardisches Gebetbuch, in Ladino eine Geschichte Frankreichs (!) und ein Gedenkblatt zu Ehren des verstorbenen Dr. Mosé Allatini, in dem beiläufig auch jener zwei anderen Saloniker Wohltäter, des Barons und der Baronin Hirsch, mit Lob und Dank Erwähnung geschehen ist. Die Porträts dieser beiden sah ich übrigens auch in mehreren Häusern in Saloniki. Von einem Krämer in Volo kaufte ich ein griechisches und hebräisches Gebetbuch und einen Band Aboth („Sprüche der Väter“), der im Jahre 1885 und 1886 in Korfu gedruckt war. Von Rabbi Mosé hörte ich, dass es in Volo ungefähr 150 jüdische Familien gebe und ebensoviele in Larissa, obgleich dort vor dem russisch-türkischen Kriege doppelt soviele gewesen wären. Die Larissaer Juden hätten von den Gebirgsbewohnern von Epirus wegen ihrer türkischen Sympathien zu leiden gehabt, wovon die Voloer Juden aber verschont geblieben waren. Volo ist ein Seehafen und hat Konsulate, und diesem Umstande verdankt es, dass es während der türkischen Besetzung vor jeglichem Schaden bewahrt blieb.

Smyrna.

Die Heimat Sabbatai Zevis — Jung-Israel — Eine dramatische Vorstellung — Magnesia — Ein wundervolles Manuskript — Bounar Baschi — Rhodos — Mersina.

Die ersten Tage des Laubhüttenfestes brachte ich in Smyrna zu. Der europäischen Schuljugend ist die Stadt als eine der vielumstrittenen sieben Geburtsstätten Homers bekannt, den Juden des Orientes ist Smyrna aber die Geburtsstadt Sabbatai Zevis, des falschen Messias vor 200 Jahren. Sein Vater Mordechai und sein Onkel Isaak starben hier im Jahre 1666, und ihre Gräber und Grabinschriften sind noch wohl erhalten.

Mir wurde auch gesagt, dass damals in Smyrna ein hebräischer Almanach mit einem rohen Holzschnitt erschienen sei, der Sabbatai Zevi auf Davids Throne sitzend und als König von Israel darstellte; es war mir jedoch unmöglich, ein Exemplar davon zu finden.

Es gibt hier vier grosse und fünf kleinere Synagogen. Da ich ein Fremder war, ging ich zuerst in die der Fremden, wo ich so glücklich war, den ehrwürdigen Oberrabbiner, den „Chacham Baschi" Rabbi Abraham Palacheo, anzutreffen. Er war ein vornehm aussehender Mann mit langem, weissem Bart, und sein Alter wurde auf 90, 93 oder 95 Jahre angegeben. Seine Unterhaltung war geistreich und lebhaft — vorzugsweise in Ladino, aber er sprach auch fliessend Hebräisch und hat in dieser Sprache 18 Bücher geschrieben, einige davon in Versen. Er konnte jedoch nicht hoffen, die Anzahl von Büchern zu erreichen, die sein Vater geschrieben hatte; denn jener war ihm noch um 60 Bücher voraus, und — sagte er — „ich bin jetzt ein alter Mann". Übrigens war sein Vater ebenfalls Oberrabbiner von Smyrna gewesen. Die Smyrnioten hielten beide in hohen Ehren und erzählen von dem Vater eine höchst merkwürdige Geschichte. In Smyrna war im Jahre 1822 eine grosse Feuersbrunst (seitdem sind noch mehrere gewesen), und hierbei verlor Rabbi Chaim 54 von seinen Manuskripten. Aber er verzweifelte nicht, sondern schrieb eines nach dem anderen nochmals, um sie dann zu drucken und herauszugeben.

Es war ein ergreifender Anblick, den alten Mann zur Tebah schreiten zu sehen, als er aufgerufen wurde, und ihn beim Schlusse des Gottesdienstes zu beobachten, als die ganze Gemeinde, jung und alt, an ihm vorüberzog und ihm die Hand küsste, die er ihnen dann mit einem Segenspruch aufs Haupt legte. Er war der letzte, der die Synagoge verliess, wobei er sich auf den Arm des Dieners stützte und, wenn auch vom Alter gebeugt, mit raschen Schritten nach Hause ging. Er sah aus wie Irvings „Cardinal Wolsey“ — seine Gestalt war ebenso hoch, seine fliessenden Gewänder waren ebenso malerisch — allenfalls erschien seine Umgebung etwas mehr bühnenmässig.

Die Allianzeschulen hatten gerade Ferien. Die Gebäude sind für ihren Zweck sehr geeignet, sehr luftig und haben nicht zu viel Licht. Die Knabenschule war früher das Palais des Gouverneurs, die Mädchenschule wurde speziell für den Zweck erbaut. Die Knaben lernen auch englisch, und viele der massgebenderen Gemeindemitglieder meinen, dass die Mädchen es ebenfalls lernen sollten. Die englische Kolonie in Smyrna ist gross und angesehen — sie zählt mehrere tausend Seelen. In englischen Häusern werden Allianzeschüler gern als kaufmännische Angestellte angenommen. Das Französische, oder besser gesagt Frankreich, ist zurzeit weniger beliebt, und zwar wegen der Dreyfusaffäre; Jung-Israel schwärmt für England, weil die Juden dort so gut behandelt werden.

Weitere Synagogen sind die „Portugiesische“ und die „Grosse“. Die Jeschiboth („Schulen“), von denen die des Rabbi Hillel und des Rabbi Hai Gagin die bedeutendsten zu sein scheinen, gehören gewöhnlich einzelnen, meist den Söhnen oder Nachkommen von Rabbinern. Die Bücher sind weder besonders alt noch auch interessant. Die Liturgien fehlen, die Responsen beherrschen den Gottesdienst. Mit einer einzigen Ausnahme begegnete ich stets grösster Liebenswürdigkeit, und man erlaubte mir, die Bücher zu betrachten, so viel ich nur wollte. Aber diese Ausnahme, wie ich leider sagen muss, bildete der einflussreichste und am meisten gefürchtete Mann der Stadt. Es war Levi Bechor, ein Siebenzigjähriger, der sehr unfreundlich wurde, als ich ihn bat, mir seine Manuskripte zu zeigen. Er sagte mir, er hätte keine und würde sie mir nicht zeigen, wenn er welche hätte, weil vor 13 Jahren ein Engländer (?) zu ihm gekommen sei, der ihm seine freundliche Aufnahme damit gelohnt hätte, dass er mit zwei Manuskripten davonging. Ich machte geltend, dass ich für jene Missetat nicht verantwortlich zu machen sei; aber er blieb unerbittlich, wenn er mich auch mit Konfitüren traktierte. Levi Bechor ist von Beruf Astrologe und Wahrsager. Er wird von den Türken sehr geschätzt und leider, wie ich sagen muss, auch von unseren Glaubensgenossen. Er rechnet 200 oder 300 Franken für eine Konsultation; gelegentlich wurde er sogar nach Konstantinopel berufen und in den dortigen Serails vielfach in Anspruch genommen. Wenn jemand etwas verliert, so ist Bechor der Detektiv, von dem man annimmt, er werde den Dieb herausfinden. Man erzählte mir ein ausserordentliches Beispiel seiner Weisheit. Eine Börse mit Geld war verloren gegangen, und die Diener liefen, um ihn zu befragen. Die Börse fand er nun zwar nicht, aber er überzeugte alle von seinen übernatürlichen Gaben, indem er erklärte, es sei eine rote Börse, die gestohlen worden, und sie war in der Tat rot gewesen.

Dicht bei den Allianzeschulen befindet sich das Salomon Rothschild-Hospital. Die Frauenabteilung hatte sich am Tage vor dem Feste völlig geleert, aber mehrere Männer waren in ihren Abteilungen. Ein armer Bursche hatte sich bei einem Falle das Bein verletzt und hatte eine Operation durchgemacht. Er war ein tapferer kleiner Kerl und zuckte kaum, als der Verband gewechselt wurde, obwohl es ihm offenbar viel Schmerzen verursachte. Ein anderer Patient befand sich im letzten Stadium der Schwindsucht.

Am Montagabend wurde im Hofraume des Hospitals eine Amateurtheatervorstellung gegeben. Die Schauspieler waren frühere Allianzeschüler, das Stück hiess: „La grammaire française“. Die Billets waren in „Ladino“ gedruckt — altspanisch in hebräischen Buchstaben. Das Stück war lustig und wurde nicht schlecht gespielt; aber eine betäubende Blechmusik machte die Aktpausen zu einer Tortur, und ich musste an den unglücklichen Patienten denken, der oben im Sterben lag.

Am Montag besuchte ich Magnesia. Aber weder eine Kolossalstatue der Cybele auf dem Sipylusberge, noch einige wundervolle prähistorische Felsenkammern ein paar Meilen davon entfernt konnten die Illusion wiederherstellen, die einem vergehen musste, wenn man in einem Eisenbahnwagen der Smyrna- und Cassabalinie dahinpolterte. Es sind etwa 2000 Juden in Magnesia, — kaum der zehnte Teil der in Smyrna — aber die Allianzeschulen sind ausgezeichnet. Die Knabenschule wurde zu dem Zwecke gebaut, die Mädchenschule war früher das Haus des griechischen Erzbischofs und ist daher grossartiger, aber wohl ein wenig unpraktisch. In einem der Räume wird die Anfertigung von Smyrnateppichen gelehrt. Früher pflegten die

Teppiche nur im Inneren des Landes und nur von türkischen Frauen geknüpft zu werden. Die Jüdinnen hatten keine Möglichkeit, Geld zu verdienen, ausser dem kargen Verdienste bei der Wein- und Tabakernte. Die Juden am Orte freuen sich sehr über die Neuerung und machen sich gegenseitig die Ehre streitig, ihre Töchter zum Unterricht zu schicken; aber der Raum reicht nur für den vierten Teil der Anmeldungen aus. M. Alchalel zeigte mir einige der Teppiche, die in der Schule angefertigt worden waren. Sie schienen wundervoll zu sein — alle bis auf einen, in den ein prunkvolles, europäisches Blumenmuster mit hinein verwoben war. Ein smyrniotischer Teppichhändler, M. Habib, der Vorsitzende des dortigen Gemeinderates, hat sich verpflichtet, zu marktüblichen Preisen alles aufzukaufen, was die Schule herstellen kann. Dieser Gemeinderat, auch Konsistorium genannt, ist eine repräsentative Institution, die von 96 Wählern gewählt wird, von denen jede Synagoge zehn und die Rabbiner von Smyrna sechs zu stellen haben.

Magnesia hat zwei Synagogen, die eine ist 60, die andere 20 Jahre alt. In der letzteren werden zwei massive Bände eines masoretischen Pentateuchs aufbewahrt, der im Jahre 1289 in Barcelona von dem Sohne Rubens, des Sohnes von Todros (Theodor), für Zerachia ben Scheschet ben Zerachia geschrieben worden ist. Die alten Einbanddecken sind durch neue aus Olivenholz ersetzt worden, und die Ränder wurden dick vergoldet. Die Schrift ist prachtvoll, die Buchstaben sind 2 cm lang. Ich tat mein Bestes, um einige Seiten zu photographieren. Es befindet sich dort auch ein Band Propheten und Hagiographen, die von anderer Hand geschrieben sind. Diese sind wahrscheinlich von spanischen Flüchtlingen nach Kleinasien gebracht worden. Die lokale Tradition gibt jedoch eine ganz andere Erklärung. Sie erzählt, wie eines Tages vor vielen, vielen Jahren der Hermesfluss über seine Ufer getreten sei, und wie die geängstigten Zeugen des Schauspieles einen riesigen alten Sarg auf den Wellen treiben sahen. Sie versuchten, seiner habhaft zu werden, aber der Sarg wich ihnen aus. Dann versuchten die Christen, ihn zu greifen, aber wieder umsonst. Endlich wurden die Juden gerufen, und sie brachten ihn ans Ufer und trugen ihn ohne die mindesten Schwierigkeiten ans Land Der Sarg wurde geöffnet, und man fand darin ein Skelett und vier Bücher, die niemand ausser den Juden lesen konnte. Die Türken gaben ihnen die Bücher, behielten aber das Skelett, das sie mit aller schuldigen Ehrfurcht im Urum Jami — einstmals eine Basilika, jetzt aber eine Moschee in Magnesia — begruben. Mitten in der Nacht erschien dem Rabbiner der Gemeinde der Mann, dessen Gebeine so begraben worden waren, und sagte ihm, dass er kein türkischer Heiliger, sondern ein frommer Jude gewesen sei, und bat, man möge doch seinen Leichnam von dem unheiligen Orte fortnehmen. In der nächsten Nacht gruben die Juden heimlich die Gebeine des Fremden wieder aus und setzten sie auf ihrem eigenen Gottesacker bei. Und bis auf den heutigen Tag ist das Grab im Uram Jami leer, die Türken wissen es aber nicht. Auf alle Fälle hatten die Juden ihre vier Bücher, von denen eines jedoch eines Nachts von einem geheimnisvollen Aschkenasi entwendet wurde, der Tag für Tag darin studiert hatte, bis zu jener unglücklichen Nacht, in der das Buch und er selbst verschwand. Die Friedhöfe sind sicherlich alt; aber obwohl wir stundenlang gruben, fanden wir keine Genizahreste.

Am Dienstag besuchte ich Bounar Baschi (= viel Wasser), am Fusse des Gebirges, einige Stunden zu Wagen von Smyrna. Hier lebt eine kleine Anzahl von Juden mit einer kleinen Synagoge und einer Jeschibah (Schule), die eine grosse Sammlung von Büchern besitzt, die Hali Judah Amado angelegt hat. Sein Urenkel verkaufte mir ungefähr ein Dutzend Manuskripte, so dass ich wenigstens nicht vergeblich hinübergefahren war. Von anderen hebräischen Manuskripten konnte ich nichts erfahren, ausser von einem durch Feuer und Wasser stark beschädigten Fragment des Tachkemoni und einem auf Pergament geschriebenen „More Nebuchim". Die griechisch-orthodoxe Hochschule besitzt ein Museum, in dem sich ein schönes illustriertes griechisches Manuskript der Septuaginta befand, — es stammt wahrscheinlich aus dem XI. Jahrhundert. Es sind zwei oder drei Bilder auf jedem Blatt — einige darunter sehr realistisch. Die verbotenen Vögel sind im Bilde festgehalten, und die Steinigung Achans ist grässlich aber instruktiv. Das Buch gehörte einem Erzbischof und befand sich vermutlich früher im Kloster auf dem Berge Athos. Ich hörte auch von abessinischen theologischen Schriften, die dem British Museum angeboten, aber von ihm nicht erworben worden waren.

Am 5. Oktober war ich in Rhodos. In der Stadt leben 3500 Juden; sie haben zwei Synagogen und fünf Chewrash, aber keine Schule, um deren Errichtung jedoch die Juden sehr bemüht sind. Die älteste

Synagoge datiert aus der Zeit der Ordensritter und ist an 400 Jahre alt. Ihre äussere Form erinnert an die alte Synagoge von Toledo. Sie besitzt drei parallele Schiffe, die durch doppelte Bogen abgeteilt sind. Im Mittelschiff ist eine sehr hohe Tebah, und ihr gegenüber befindet sich der in die Mauer eingelassene Thoraschrein. Zur äussersten Linken läuft ein viertes Schiff, das durch eine Wand mit fünf Fenstern vom Hauptgebäude abgeteilt ist und eine Frauensynagoge zu ebener Erde darstellt. Diese reichte aber offenbar

Eine orientalische „Chewra".

für das schöne Geschlecht (sehr schön sogar in Rhodos) nicht aus, und so wurde an der Westseite vor kurzem noch eine moderne Galerie angebracht. Das Dach ist flach und wird von einer grossen Anzahl von altersgeschwärzten Eichenstützen getragen, der Fussboden ist ein hübsches Mosaik aus schwarzen und weissen Kieseln. Über der Tebah befindet sich ein Lichthof, der etwas erhöht ist und damit der Erhöhung der Plattform entspricht.

Das offizielle Oberhaupt der Gemeinde ist der „Chacham Baschi" Rabbi Moses Franco; das tatsächliche Oberhaupt und der Vorsitzende des Beth Din ist jedoch Rabbi Moses Israel; — der einzige mir ausserhalb Russlands bekannte Fall, in dem der „Kronrabbiner" nicht auch de facto das Rabbinat ausübt. Die Leute sind alle sauber und nett, und ebenso sind ihre Strassen. Mosaikpflasterung in Schwarz und Weiss ist sehr häufig zu sehen. Wie in Smyrna scheinen alle Juden ihre eigenen Laubhütten zu haben, die in den Höfen und auf den Balkons aus leichtestem Lattenwerk errichtet und mit weissem Zeugstoff bezogen waren. Die Dächer bestehen aus Weiden- und Myrtenzweigen, und manche Laubhütten sind mit Papiergirlanden ausgeschmückt. Von Büchern war in Rhodos nicht viel zu sehen — ich fand ein paar Jeschiboth — eine kleine handgeschriebene hebräische Bibel ohne Punktationen, Eigentum des Bohaz Ménaché, „Membre à la cour d'appel du Vilayet de l'Archipel".

Einige Stunden später brachte uns das Schiff nach Mersina, wo die Juden hauptsächlich durch ihre geringe Anzahl auffallen. Es ist gerade ein Minjan dort — kein Schochet (ritueller Schächter), aber eine Laubhütte. Die Männer kommen ohne ihre Frauen und Kinder hierher und essen kein Fleisch, bis sie wieder zu Haus angelangt sind. Pompeiopolis, aus dessen Steinen Mersina erbaut ist, zählte jedenfalls mehr Juden als die neue Stadt. Man sagte mir, Land sei hier billig, und Baumwolle, Wolle und Seide liesse sich in Mengen produzieren, Kleinasien im allgemeinen und Mersina im besonderen sei ein viel besseres Feld für jüdische Kolonisation als Argentinien. Und doch gibt es selbst in Koniah, dem Endpunkte der grossen anatolischen Bahn, keine Juden, in Adana nur einen einzigen — den Richter des Handelstribunals — und in Alexandrette nur 15 Familien.

Alexandrette ist der Ausgangspunkt der Karawanenstrasse nach Aleppo, wo mindestens 10 000 Juden leben.

Aleppo.

Die Lage — Das Ghetto — Der Aleppokodex — Die Genizah — Aleppo im Mittelalter — Die Schulen — Ein glücklicher Fund.

Aleppo — im Hebräischen gewöhnlich Aram Zobah oder Zobah allein genannt — kann sich der ältesten jüdischen Gemeinden rühmen. Es wird im 60. Psalm erwähnt, und obwohl es zehn Tagereisen nördlich von Damaskus liegt, wird es doch als der nördlichste Punkt betrachtet, wohin ein palästinensischer Jude reisen darf, ohne als Auslandsreisender betrachtet zu werden. In den Heiratskontrakten, wie sie im Heiligen Land aufgesetzt werden, wird jetzt noch stipuliert, dass der Mann seiner Frau eine bedingungsweise Scheidung gibt, die in Kraft tritt, wenn er ins Ausland reist. Die Südgrenze, jenseits welcher dieser „Get" in Kraft tritt, ist Alexandria, die nördliche Aleppo. Solche Eventualscheidung war ein Mittel, um die Frau vor lebenslänglicher Witwenschaft zu schützen in Fällen, da der abenteuernde Ehegatte nicht zurückkehrte, oder wenn nichts mehr von ihm gehört wurde. Das jüdische Gesetz will den Tod des abwesenden Mannes nicht „annehmen", wie viele Jahre auch nichts von ihm gehört worden sei.

Ich wählte den kürzesten Weg nach Aleppo. Er geht von der Hafenstadt Alexandrette (Iskanderun) aus, wo es kaum ein „Minjan" gibt, und führt an dem malerischen Passe von Beilan (Pylae Syriacae) vorbei. Die Strasse steigt ziemlich steil an, führt um den See von Antakie (Antiochia) herum und durchquert riesige Trümmerfelder alter Ruinen. Dieser Saumpfad ist 90 km kürzer als die moderne Landstrasse, aber ausserordentlich ermüdend und einsam. Die Wagenfahrt von Alexandrette nach Aleppo dauert zwei bis drei Tage und Nächte.

Aleppo ist eine ummauerte Stadt von grosser kommerzieller Bedeutung und liegt auf der Strasse nach Bagdad und Südpersien. Zu Shakespeares Zeit war seine Bedeutung noch grösser dadurch, dass auch der Weg nach Indien hier durchführte. Der Handel ist noch heute der Grund, weshalb so viele Juden dort wohnen, die trotz des „Aleppoknopfes" — eine Art Beule im Gesicht, die dort häufig auftritt — und trotz anderer Misstände der Stadt eine gewisse Vorliebe bewahrt haben, wenn sie auch dafür von ihren gebildeteren Glaubensgenossen in Damaskus und Bagdad verachtet werden.

Die Juden von Aleppo leben noch heute in einem besonderen Stadtviertel, das grosse Ähnlichkeit mit einem italienischen Ghetto zeigt. Es ist von der übrigen Stadt durch ein Tor abgeschlossen, das eine hebräische Inschrift aus dem Monat Ab des Jahres 1349 trägt. Die Hauptsynagoge ist sehr alt und zeigt viele Eigentümlichkeiten. Sie besitzt mehrere moderne Anbauten; der Hauptbau aber wird von Abbé Chagnot bis ins IV. Jahrhundert zurückverlegt. Sie trägt an den Wänden mehrere Inschriften — einige eingemeisselt, andere aufgemalt, von diesen stammt eine aus dem Jahre 1861, eine andere geht bis aufs Jahr 834 zurück! Die letztere ist an einer Kapelle angebracht, die Mar Ali ben Ṅathan ben Mebasser ben . . . . . .

Das Judenviertel in Aleppo.

geweiht ist. In der Inschrift sind vier Buchstaben mit Sternen versehen — ein viel angewandter Modus, um mittels der betreffenden hebräischen Buchstaben, die ja auch Ziffernwerte besitzen, eine Jahreszahl zu bezeichnen, ohne sie separat anbringen zu müssen. Nach der einen Lesart würde das Datum an der Kapelle als 834, nach der anderen als 345 zu verstehen sein! Die Buchstaben sind nun freilich sehr altertümlich; aber mir scheint es trotzdem gewagt, ohne sonstige Gründe, die dafür sprächen, das ältere der beiden Daten als das richtige anzunehmen. Es gibt noch mehrere ähnliche Kapellen rings um das Hauptgebäude, die offenbar von Zeit zu Zeit hinzugebaut wurden, um der vergrösserten Gemeinde Platz zu gewähren. In jeder dieser Kapellen wird separat „Minjan“ abgehalten. Eine ähnliche Einrichtung existiert in Buchara, und es finden sich noch Spuren davon im alten römischen Ghetto. Die Hauptmerkwürdigkeit der Synagoge von Aleppo ist eine hohe Kanzel, „der Sitz Elias“ genannt, zu der etwa 20 Stufen hinaufführen, und die noch heute bei der Feier der B'rith Milah (Beschneidung) benutzt wird.

Das grösste literarische Interesse bietet eine Kapelle im äussersten Westen hinter dem Oran Kodesch (Raum für die Bundeslade); sie hat ein gewölbtes Dach und enthält einen steinernen Sarkophag. Die Tradition behauptet, dass hier der Prophet Elia erschienen sei und die Gemeinde aus einer der zahlreichen Verfolgungen errettet habe. Hier wird der berühmte masoretische Kodex, der Stolz der Aleppoer Juden, ehrfürchtig bewahrt. Es ist der sogenannte Kodex Aarons (Abu Said) ben Ascher, der um das Jahr 980 geschrieben sein soll. Das Alter des Kodex wird jedoch von einigen bestritten, und ich kam durch sorgfältige Prüfung ebenfalls zu dem Schlusse, dass hier nur eine alte Kopie des ursprünglichen Kodex Aaron ben Aschers vorliege, die zwei oder drei Jahrhunderte später angefertigt wurde.

Aber dies ist nicht der einzige Kodex, dessen sich die Juden von Aleppo rühmen können. Am selben Orte befindet sich ein schön illustrierter Pentateuch mit grosser Schrift, der leider durch Feuchtigkeit stark gelitten hat, des weiteren noch ein masoretischer Pentateuch. Die Perle der Sammlung ist jedoch ein viertes Manuskript, ebenfalls ein Pentateuch, der den hebräischen Text und den Targum in abwechselnden Zeilen bringt. Das Manuskript enthält am Anfang und am Ende sehr reiche masoretische Listen, und ein Vermerk besagt, dass es am 15. Tammus 5101 — also im Jahre 1341 — beendet wurde. Eine Anmerkung, die mit den Worten beginnt: „Ich hörte von Rabbi Abraham in Rom . . .“ lässt auf einen italienischen Schreiber schliessen.

Über der Synagoge befindet sich eine Schule (Jeschibah), und in einem Versteck am Dach einer der Seitenkapellen ist die Genizah. Sie war ebenso voller Staub wie die berühmte von Fostat, aber viel weniger interessant und alt. Alles, was ich fand, war gedruckt, und das Interessanteste davon war das „Supplément au Journal hébreu le Libanon“ vom 11. Januar 1869, das einen Bericht der Jahressitzung der „Alliance Israelite Universelle“ enthielt, bei der Joseph Halévi den Bericht über seine berühmte Mission zu den abessinischen

Falaschas erstattete. Die Genizah wird von Zeit zu Zeit geleert und ihr Inhalt feierlich auf dem jüdischen Friedhofe bestattet. Man glaubt, dass dieser Akt Regen zur Folge habe!

Im allgemeinen sind wenig Manuskripte von Bedeutung in Aleppo zu finden. Ganz interessant ist eine Erwähnung von Cochin in einem Manuskripte des „Sefer Haknah". Das Buch selbst war kaum des Kaufens wert. Samuel ben Hillel, für den das Buch im Jahre 1497 geschrieben wurde, scheint einer der ersten syrischen Juden gewesen zu sein, der nach Cochin auswanderte. Er belegt jedenfalls damit

Die alte Synagoge in Aleppo.

die Tatsache, dass die Juden von Malabar und von Aleppo länger als vier Jahrhunderte hindurch in regen Beziehungen standen. Wessely veröffentlicht in seiner Ausgabe von Abraham Farissols „Orchath Olam" als Anhang einen Brief des Ezekiel Rachabi an Tobias Boas, in dem er erzählt, wie sein Vater im Jahre 1646 nach Cochin gekommen sei. Aleppo, das an den Haupthandelsstrassen zwischen Europa und Asien liegt, war mit Indien und mit Italien in gleicher Weise vertraut. In Italien wurden viele seiner hebräischen Bücher gedruckt, besonders das Ritual der Juden von Aleppo, das kürzlich von Dr. Berliner in seinem Buche „Aus meiner Bibliothek" beschrieben wurde, das ich aber in Aleppo selbst vergeblich suchte.

Der Reisende Benjamin von Tudela besuchte Aleppo im Jahre 1173, Alcharisi etwa 50 Jahre später. Der erstere nennt die Zitadelle den Palast des Königs Nureddin und sagt, dass zur Zeit seines Besuches 1500 Juden in Aleppo gelebt hätten, deren Oberhäupter Rabbi Moses el Constandini, Rabbi Israel und ein Rabbi Seth gewesen seien. Der Autor des „Tachkemoni"[1] lobt die Juden von Aleppo sehr. Er nennt das „gesegnete" Aleppo „die königliche Stadt".

Zu seiner Zeit war der vornehmste Jude dort Joseph Maghrabi ben Aknin, der im Jahre 1195 von Europa sich über Ägypten dorthin wandte. In Ägypten wurde er der Freund des Maimonides, der für ihn den „Führer der Verirrten" schrieb. Andere weise und gelehrte Männer waren Azariah und sein Bruder Samuel, Rabbi Nissim, des Königs Arzt Eleasar, Jeschua, Jachim Hananiah, Joseph ben Chisdai und viele andere. Von den jüdischen Dichtern Aleppos, von denen er Moses, Daniel und Joseph erwähnt, hielt Alcharisi wenig. Der beste von ihnen war Rabbi Joseph ben Zemach, ein Mann von guten Eigenschaften, aber auch nur ein höchst mässiger Dichter. Die Frömmigkeit der Juden muss sehr gross gewesen sein; denn der Arzt Eleasar wird der Verachtung preisgegeben, weil er einst am Sabbat reiste, obwohl es auf Befehl des Königs geschah. Im Jahre 1401 wurde, wie aus Manuskripten der Bodleianischen Bibliothek hervorgeht, das Judenviertel ebenso wie die übrige Stadt von Tamerlan geplündert, und ein jüdischer Heiliger soll dort nach siebenmonatigem Fasten gestorben sein! Im XVI. Jahrhundert lebte dort der Autor Samuel Laniado ben Abraham, und im XVII. Chaim Cohen ben Abraham. Der „Mekor Chajim" des letzteren wurde in Konstantinopel im Jahre 1649 und in Amsterdam im Jahre 1650 von dem berühmten Manasse ben Israel herausgegeben. Andere jüdische Berühmtheiten Aleppos waren Isaak Lopes um das Jahr 1690, Isaak Berachah im XVIII. Jahrhundert und Isaak Athia um das Jahr 1810.

Die jetzige Zahl der Juden wird auf 10000 geschätzt, deren jeder eine Kopfsteuer an die Gemeinde zu zahlen hat. Ausser mehreren Talmud-Thoraschulen, in denen nur Hebräisch und Arabisch gelehrt wird, gibt es eine von der „Alliance" im Jahre 1869 gegründete

[1] Witzige Dichtungen nach dem Muster der Makamen des arabischen Dichters Hariri.

Knabenschule mit 250 Schülern und eine 1889 gegründete Mädchenschule mit 195 Schülerinnen. Das Kostüm der Jüdinnen ähnelt dem der Eingeborenen und ist ein langes, schwarzes Oberkleid, das sie von Kopf bis Fuss verhüllt; nur bedeckt die Jüdin das Gesicht nicht mit dem Gazeschleier ihrer mohammedanischen Nachbarin. Ihre Moral ist sehr hoch, aber es war eine Truppe von Sängerinnen aus Damaskus in der Stadt, bei der sich auch Jüdinnen befanden. Eine von ihnen war bei der Jugend sehr beliebt, deren enthusiastische Rufe „Kamane, Tera!“ (Encore, Esther!) der Würdigung ihres schauspielerischen Talentes Ausdruck gaben. Die Mädchen in der Allianzeschule tragen europäische Kleidung. Der Oberrabbiner Abraham Chalonei wurde von dem Pascha der Stadt im Jahre 1896 abgesetzt, und ein Vakil (Stellvertreter), Rabbi Salomon Safdieh, mit dem Amte betraut. Eine hebräische Druckerei existierte einige Jahre hindurch in Aleppo, und ich erwarb die Satzungen des jüdischen Wohltätigkeitsvereins, die daselbst im Jahre 1898 in rotem Drucke hergestellt worden waren.

Jeder behandelte mich mit grosser Freundlichkeit, und ich gestehe, dass es mich rührte, als meine Gastfreunde das Gebet bei der Abreise eines Freundes über mich sprachen. Es war ein schöner Geleitsegen, mit dem ich die Stadt verliess. Der 121. Psalm wurde feierlich als Dialog zwischen den Bürgern und ihrem Gaste rezitiert. „Der Herr segne deinen Ausgang und deinen Eingang“ war gewiss ein trostreicher Spruch, und doch hatte ich ein Gefühl, wie wenn ich an meinem eigenen Begräbnis mitzuwirken hätte.

Ich war sehr enttäuscht über das armselige Resultat systematischen Suchens nach literarischen Schätzen, besonders da Aleppo aus der Ferne eine so reiche Fundgrube zu werden versprach. Ich hatte in den Verstecken der grossen Genizah der ältesten und einer der grössten Synagogen der Welt gestöbert und gegraben; aber obwohl der Staub quälender und die Arbeit viel schmutziger war als in Fostat, so war doch alles modern, und der Schmutz barg keine Schätze. Ich verliess daher die Stadt entmutigt und in schlechter Laune; aber gerade als ich am Tor anlangte, lief ein armer Mann mit einem Bündel Blätter auf mich zu und bot es mir an. Ich wollte es nicht haben und bot ihm als eine höflichere Form der Ablehnung eine halbe Medjidie (etwa zwei Mark) an. „Es ist dein,“ rief er und gab mir das Bündel, das ich ohne Enthusiasmus nahm, wenn auch mit der unbestimmten Idee, dass es mir als Reiselektüre dienen könnte. Als ich den Inhalt aber prüfte, fand ich, dass es ein wahrer Schatz war — besser als irgend etwas, was ich wissentlich erworben hatte. Es stellte sich als der unbekannte Divan (oder ein sehr grosser Teil des Divans) heraus, den Elasar ha-Babli verfasst hatte, ein Dichter aus dem Osten (wahrscheinlich aus Bagdad), der mit dem Sohne des Maimonides und mit den meisten anderen jüdischen Berühmtheiten jener Zeit in regem Verkehr gestanden hatte.

Die persischen Juden.

Petrowsk — Eine Synagoge — Jüdinnen — Reisen im Kaukasus — Über das Kaspische Meer nach Persien — Die Juden von Achalzig — Von Rescht nach Teheran — Ma'ale Yehudiya — Die grosse Synagoge — Ein jüdischer Arzt — Siakal — Der Sadr e Aazem — Jüdische Rechtlosigkeit — Die Notabeln — Beschwerden.

Vom Schwarzen Meere bis nach Kalkutta, von Bagdad nach Kai-Fong-Fu trifft man persische Juden an, das heisst persische in dem Sinn, in dem man in Europa von „deutschen“ Juden spricht. Ihr Ritus ist der persische, oder war es doch; sie sprechen Persisch, sie schreiben das Persische mit hebräischen Buchstaben, sie haben eine hebräisch-persische Literatur, und es besteht bei ihnen eine freilich etwas unklare Tradition, nach der sie persischer Abkunft sind.

Ihre hebräisch-persische Literatur ist so gut wie unbekannt. Noch im Oktober 1895 konnte Dr. Neubauer bei all seiner wissenschaftlichen Akkuratesse schreiben: „Es steht fest, dass die persischen Juden ein eigenes Ritual und eine eigene Literatur gehabt haben, die wir zurzeit nur aus einigen wenigen Manuskripten der Bibliotheque Nationale in Paris, des British Museum und der Petersburger Kaiserlichen Bibliothek kennen.“ Von Bibelhandschriften abgesehen, gibt es in allen Bibliotheken zusammen kaum ein Dutzend solcher Handschriften. Dr. Neubauers Bemerkung, die bei Gelegenheit der chinesischen Juden, dieser rätselhaften Judengruppe, gemacht wurde, war von besonderem Interesse, weil sie uns daran erinnerte, dass die persischen Juden für uns ein fast ebenso grosses Rätsel sind wie die Juden des fernen Ostens. Und doch sind sie uns so nahe, dass ich imstande war, sie zweimal nacheinander in meinen nicht ganz sechswöchigen Sommerferien in Teheran, Samarkand und Buchara zu besuchen und über hundert Handschriften von dort mitzubringen, um eine grosse Lücke in unserer Literatur — oder richtiger in unseren Bibliotheken — auszufüllen.

Die Reiserouten nach Turkestan und nach Persien sind bis zum Kaspischen Meere die gleichen. Dort liegen die beiden grossen Einschiffungshäfen Baku, die Feuerstadt, und Petrowsk. Jeder von beiden ist der Endpunkt einer grossen Eisenbahnlinie, und zwar Baku für die transkaukasische Bahn, die bei Batum beginnt und nur 1000 englische Meilen lang ist, und Petrowsk für die russische Hauptlinie.

(Die Entfernung von Petrowsk bis Moskau beträgt 3000 Werst = ca. 3200 km.) Von Calais nach Petrowsk braucht man etwa sieben Tage; der Weg geht vollständig über Land, und die ganze Strecke liegt innerhalb Europas. Nur während weniger Stunden am letzten Tage bekommt man in weiter Ferne etwas von den hohen Berggipfeln des Kaukasus zu sehen, die sich über das flache Steppengebiet erheben. Im übrigen ist die Reise so monoton wie möglich.

Typus eines kaukasischen Juden.

Petrowsk selbst ist eine tote Stadt. Aber die Eisenbahn und die Entdeckung der grossen Petroleumfelder in Grosnyi, einige Meilen weiter, haben dem Platz eine ziemlich kommerzielle Bedeutung verliehen. Natürlich fehlt es in einem solchen Handelszentrum nicht an Juden, und obwohl Petrowsk manche Tagereise vom Ansiedlungsrayon entfernt ist, leben dort verschiedene russische und polnische Juden, denen erlaubt worden war, sich in der neuen Stadt eine Existenz zu schaffen. Ich muss gestehen, dass ich im heiligen Russland nicht ohne Zittern wagte, mich nach Juden zu erkundigen. Die meisten Leute, die ich fragte, wussten mir nichts zu antworten. Endlich wurde ich nach einem Laden gewiesen, der aber — des Sabbats wegen — geschlossen war. Der Besitzer war Jude und zeigte mir in gestenreicher Weise und mehr wortreicher als verständlicher Sprache den Weg nach einem kleinen Schuppen nahe dem Basar in der Altstadt, wo die Aschkenasim zu beten pflegten. Enttäuscht, hier eine Anzahl von Juden zu finden, die sich in keiner Weise von denen unterschieden, die ich vom Londoner Ghetto her kannte, fragte ich auf „Jiddish", ob es keine „gorskischen" oder „Achalzig"-Juden am

Typus eines kaukasischen Juden.

Orte gebe. „O ja," sagten sie, „sie sind die ältesten Einwohner hier, aber wir beten nicht mit ihnen."

Nach vieler Überredung unternahm es aber ein alter, triefäugiger Jude, dessen kurze Gestalt sich bis zu den Stiefelabsätzen in seinem langen Rocke verbarg, dennoch, mich ein Stück Weges nach der Synagoge der „gorskischen Juden" zu begleiten. Unterwegs erzählte er mir, dass seine eigene „Schul" vor ein paar Monaten abgebrannt sei, dass sie mit dem Bau ihrer neuen Synagoge fast fertig seien, und dass der Schuppen, wo ich ihn gefunden hatte, nur ein provisorisches Bethaus sei. Er wollte nicht den ganzen Weg mit mir gehen, sondern eilte zurück, sobald die persische Synagoge in Sicht kam.

Diese erwies sich als ein kleiner, viereckiger, freistehender Backsteinbau, zu dem das Haus des Vorbeters und ein Hofraum gehörte. Es war eine Art Verkleinerung unserer Londoner Bevis Marks-Synagoge und ungefähr hundert Jahre alt. Das Innere sah recht freundlich aus — die Wände waren hellblau getüncht, und ein kreisförmiger Almemor nahm die Mitte des Raumes ein. Drei Seiten hatten Fenster — die eine war die Strassenseite, mit dem Eingange zur Synagoge, die zweite bot die Aussicht auf die Berge und das Meer, und die dritte grenzte mittels Vorhängen den gangartigen Raum ab, in dem etwa ein Dutzend Frauen beteten. Die vierte Seite — die nach Westen — enthielt den Thoraschrein, dessen grüngestickter Vorhang (über einem von Hirsch und Einhorn gehaltenen Schilde) von einer Krone überragt war. Inmitten des Schildes befand sich ein Gebet zur Erinnerung an einen frühverstorbenen Sohn. In den Synagogen des Orients finden sich viele solche Erinnerungszeichen.

Im übrigen bestand die Synagogeneinrichtung aus niedrigen Bänken mit verschiebbaren aufrechten Lesepulten für die Beter. Die Eingangstüre war unnötigerweise mit einer „Mesusah“ versehen, und an der Wand hing ein russisch-hebräischer Kalender und ein „Verzeichnis“ der heiligen Stätten in Palästina, das aber leider in Deutschland oder doch für deutsche Juden hergestellt war.

Die betende Versammlung war entschieden malerisch. Die Frauen, die in dem Nebenraume waren, lieferten ein gut Teil Lokalkolorit. Ihr Benehmen war untadelig; denn um nicht die Aufmerksamkeit der Beter abzulenken, und um nicht einmal von ihnen bemerkt zu werden, kamen sie erst, nachdem alle Männer anwesend waren, und gingen, bevor der Gottesdienst beendet war. Doch konnte ich, als sie das Haus verliessen, durch eines der Fenster bemerken, dass manch eine Schöne zurückblickte, wie ihre Ahnfrau Eva beim Verlassen des Paradieses.

Etwa 50 Männer waren anwesend. Alle trugen sie den hohen, schwarzen (oder auch weissen) Astrachanfez, und die Hälfte von ihnen, zumal die jungen Burschen, das imposante kaukasische Nationalkostüm mit Patronen, Dolch usw. Sie sahen sehr hübsch und kriegerisch aus in ihrem langen grauen Mantel, der über der Hüfte durch den Gürtel eng zusammengehalten war, und an dem über der Brust eine ganze Reihe Patronenbehälter angebracht war, die sich neben den Silberschnallen und Patronentaschen sehr gut ausnahmen. Sie waren alle über Mittelgrösse und hatten sehr ansprechende Gesichtszüge. Der eine und der andere von ihnen hätte zu Albrecht Dürers Selbstporträt Modell gestanden haben können.

Der Kaukasus ist ein Sammelpunkt vieler Nationen. Die vorherrschenden Idiome sind hier Armenisch und Türkisch, aber die eingeborenen Juden sprechen Persisch untereinander, und nur wenige verstehen Russisch. Hier wie anderwärts hat das Hebräische als ge-

Juden im Kaukasus.

meinsame Sprache zu dienen, und wir konnten uns auf diese Weise ganz gut miteinander verständigen. Sie sagten mir, sie sprächen Persisch, weil sie die Abkommen jener Stämme Israels wären, die Salmanassar, der König von Assyrien, gefangen hinweggeführt und „nach Halah und Habor am Strome Gosan und nach den Städten der Meder“ gebracht hatte (2. Könige 17, 6). Der wahre Grund dürfte aber wohl der sein, dass bis vor einem Jahrhundert die ganze Küste des Kaspischen Meeres unter persischer Herrschaft gestanden hatte. Doch besteht unter den persischen Juden und im Kaukasus die Tradition, dass bis in die neueste Zeit hinein sich dort unabhängige jüdische Stämme erhalten hätten.

Mir wurde gesagt, dass in einem armenischen Kloster bei Kutais alte Dokumente bewahrt würden, die überzeugend dartun, dass die Juden vor 3—400 Jahren die Herren im Lande waren. Eine Anzahl von ihnen liess sich zum Christentum bekehren, viele aber blieben dem alten Glauben treu, und diese werden von den Russen fast ebenso freundlich behandelt, wie die Karaiten der Schwarzen-Meer-Gegend. Der Rabbi-Chasan, der ziemlich intelligent zu sein schien, sagte mir, dass er und seine Familie, wie auch viele von seiner Gemeinde nicht aus Petrowsk stammten, sondern dass sie von Sura kämen, einem Ort im Gebirge, der in etwa fünf Stunden im „Phaeton“ zu erreichen sei; — mit dieser so grossartig klingenden Bezeichnung war der wackelige Rüttelwagen gemeint, von dem ich auf russischen Landstrassen so viel auszustehen hatte. Der Rabbi sagte, seine Leute seien arm, aber seit die Eisenbahn da wäre, ginge es ihnen besser. Er stellte mich auch seinem einzigen Sohne vor, „seinem Troste“, Menachem, wie er rührenderweise genannt wurde; denn alle seine Brüder waren in Sura im Kindesalter gestorben.

Der Gottesdienst wurde ganz und gar vom Rabbiner geleitet, das Ritual war sephardisch, die Gebetbücher waren in Livorno, Wien und Warschau gedruckt. Es gab keine „Cohanim“ in der Gemeinde, und ich wurde sowohl als „Cohen“ wie als „Levi“ aufgerufen. Zwei Vorsteher in tadellos weissen, wollenen Handschuhen hielten das „Sepher“, einer an jeder Seite des Lesepultes, aber als der Vorleser zu der Stelle Deuteronomium 28, 15 kam, da verliessen die beiden schweigend den Almemor; der Rabbi las die Stelle selbst mit schmerzerfüllter Stimme und sprach dann den grossen Segen über die ganze Gemeinde, der wie bei uns einen Teil des Sabbatrituals ausmacht. Hierauf übernahmen die Weissbehandschuhten wieder ihr Amt, und der Gottesdienst nahm seinen Fortgang, wobei der Segen nochmals wiederholt wurde.

Die hebräische Aussprache dieser Juden hält etwa die Mitte zwischen der sephardischen und der aschkenasischen. Das Kametz wird „o“ und Cholem „oi“ ausgesprochen; aber die Aussprache der Konsonanten ist wie bei den portugiesischen Juden.

Nach dem Gottesdienste lud mich ein behäbig aussehendes Gemeindemitglied ein, mit ihm Kiddusch (Segen über Wein) zu machen und zu essen. Das Mahl bestand aus Wodkaschnaps, Gurken, Chilis, Huhn mit Reis. Dies war die Zakuska. Dann wurde Wasser zum

Händewaschen gebracht und über zwei grossen, in- und auswendig sehr braunen Challahs die Mozi (Segen über Brot) gemacht. Der Wirt und die Wirtin, sowie die Kinder sassen auf dem mattenbedeckten Fussboden, aber mir wurde ein Stuhl angeboten.

Der Dampfer von Petrowsk nach Baku legt gewöhnlich in Derbent an. Dieser Ort ist berühmt durch seine alte jüdische Kolonie und wurde von Tschorni besucht, der sie in seinem hebräischen Werke „Reisen im Kaukasus“ beschreibt. Ich hatte leider keine Gelegenheit, an Land zu gehen und seine Schilderung nachzuprüfen. Aber in Baku war ich dreimal und brachte mehrere Tage dort zu.

Man kann in Baku mehrere Schichten von Juden — ihre Anzahl beträgt mehrere tausend, obwohl Baku nominell doch weit ausserhalb des jüdischen Ansiedlungsbezirkes liegt — deutlich unterscheiden; denn sie halten sich eifersüchtig voneinander gesondert. In dem neuen Stadtviertel — dem uninteressanten Geschäftsviertel zwischen den Docks und der „schwarzen Stadt“ — leben die „russischen Juden“. Sie haben zwei Synagogen, zwei Koscher-Restaurants und mehrere Chewras. Sie laden zu keiner Schilderung ein und sind auch sonst keineswegs einladend. Es mag genügen, zu sagen, dass die meisten von ihnen materialistisch und irreligiös gesinnt sind, dass sie kein anderes Ideal kennen als das Geldmachen, und dass sie geschickt und skrupellos darin sind. Sie haben ihr Ideal erreicht; denn der halbe Handel liegt in ihren Händen.

Viele von ihnen haben das Wohlwollen der herrschenden Gewalten damit erkauft, dass sie sich taufen liessen und der orthodoxen Kirche beitraten. Einige liessen es sich an einer einzigen Bekehrung nicht genügen, sondern haben den Vorgang verdoppelt, um auf diese Weise ihre Herkunft besser zu verbergen. So wurde einer z. B. erst römisch-katholisch und dann griechisch-orthodox und ist nun — als gewesener „römischer“ — doppelt wohlgelitten!

In der oberen Stadt, in dem Strassengewinkel am alten Minarett der persischen Moschee, befindet sich eine Kolonie persischer Juden, zum Teil Eingeborene, zum Teil Wandervögel, die zwischen Rescht und Baku Handel treiben. Sie besitzen keine Manuskripte und nur wenige gedruckte Bücher. Aber schon ihre geringe Gelehrsamkeit genügt, um ihr Hebräisch verständlich zu machen. Sie sind arm, aber nicht unzufrieden. Ihr Minhag (Ritus) ist der des italienischen gedruckten Gebetbuches. Aber sie erfreuen sich der stolzen Auszeichnung, von den Russen als eingeborene „gorskische“ oder „Bergjuden“ angesehen zu werden. Baku ist ihr Hauptquartier, und sie haben Gemeinden und Synagogen nicht nur hier und in Petrowsk, Derbend und Grosnyi, sondern auch in Kuba und Bakuba. In Baku erzählten mir diese persischen Juden etwas wirklich Merkwürdiges, nämlich dass die ganze Einwohnerschaft Privolins, eines russischen Küstendorfes zwischen Lenkoran und Astara, kürzlich zum Judentum übergetreten sei; die russische Regierung soll nichts dazu gesagt und ihnen in keiner Weise irgendwelche Schwierigkeiten gemacht haben.

Die Achalzig-Juden von Baku stammen aus Georgien und sprechen Armenisch. Ihre Frauen und Töchter sind nicht hässlich; aber sie reichen auch nicht an die hergebrachten idealisierten Begriffe von zirkassischer Schönheit heran. Ihre Gemeinden finden sich im ganzen Kaukasus, in Tiflis, in Schilvan, in Poti und Kutais, besonders aber in Achalzig, ihrem ältesten Wohnorte, von dem sie ihren Namen empfangen haben. Kutais, nahe am Schwarzen Meer, ist berühmt wegen des nahen Klosters, in dem — wie schon erwähnt — sich alte Dokumente befinden sollen, aus denen hervorgehen soll, dass das ganze Land ringsum einst jüdisch gewesen war. In der Synagoge in Kutais wird eine alte masoretische Bibel mit fast abergläubischer Verehrung bewahrt.

Die Achalzig-Juden sind gute Geschäftsleute und unternehmende Reisende. Ein junger Mann aus Kutais bestieg beispielshalber unseren Zug in Rostow am Don, manche Tagereise von seiner Heimat entfernt, und verkaufte uns seidene Schals mit einer reizend-naiven Beharrlichkeit, der man nicht widerstehen konnte.

Der Postdampfer von Baku nach Enzeli, dem persischen Hafen, von dem aus man gewöhnlich nach Teheran reist, braucht anderthalb Tage und fährt einmal wöchentlich im Sommer und vierzehntägig im Winter. Wir kamen gerade nach Abgang des Dampfers, und da es eben sozusagen „zwischen Sommer und Winter“ war, wollten wir nicht bis zu dem zweifelhaften Datum der nächsten Fahrt warten und sahen uns nach einem Frachtschiff um. Endlich hörten wir von einer kleinen Dampfbarkasse, die einem persischen Kaufmann gehörte und persische Mannschaft und Offiziere hatte. Der Schiffsagent sagte uns, wir brauchten nichts bezahlen, sondern wir würden „um unserer schönen Augen willen“ befördert werden. Aber als die Zeit der Abfahrt herankam, gab uns der verschmitzte Eigentümer, der sich vorher unserer Pässe versichert hatte, mit stummen Gesten zu verstehen, dass er gern Manschettenknöpfe aus ausländischen Münzen als Andenken haben möchte. Wir versuchten, ihn mit türkischen Schillingen zu beschwichtigen — er wollte sie nicht annehmen: nichts als englische Sovereigns wollte seinem ästhetischen Geschmack Genüge tun. Wir waren ganz in seiner Hand, und so setzte er, wie weiland Gehasi, seinen Willen durch und zwang uns, den doppelten Preis für eine dafür auch doppelt so lange Reise zu bezahlen.

An Bord der „Nina“ auf dem Kaspischen Meer.

Die „Nina“ war zwei Jahre, bevor wir sie betraten, als nicht seetüchtig deklassiert worden, und sicherlich alles andere als bequem. Wir hatten auf offenem Verdeck zu schlafen, und drei Tage hindurch war unsere einzige Zerstreuung, den Kapitän bei seinen Gebeten zu beobachten, wie er, auf dem Gebetteppich hingestreckt, seine Befehle erteilte. An Waschungen war uns nicht mehr gestattet als das Begiessen der Finger mit dem Wasser eines kleinen Kessels, und ich bekam ernste Differenzen mit dem Kapitän, als ich es wagte, einen Eimer Seewasser durch Verwendung von ein wenig Seife zu trüben. Die Passagiere lagerten im schönsten Durcheinander vor dem Maste.

Wir hielten in Astara und Lenkoran und erreichten am dritten Tag Enzeli. Wir wurden mehrere Stunden lang von kräftigen Bootsleuten die Lagune hinauf gerudert und erreichten dann Peri Basar, wo der lange Ritt beginnt, der den Reisenden in vier oder fünf — manchmal aber auch erst in 14 Tagen über Rescht und Kaswin nach Teheran bringt.

Mittels dieser kurzen Route kann man Teheran von London aus in zwölf Tagen erreichen, wenn man das Glück hat, jeden Anschluss rechtzeitig zu erreichen. Dazu gehört auch noch ein mehrtägiger „Tschapar“-Ritt, wobei die Pferde täglich zwei- oder dreimal gewechselt werden müssen. Mit unseren eigenen Pferden, dem des Postjungen, eines armenischen Dieners, und dem Packpferde bildeten wir eine ziemlich malerische Karawane. Jedenfalls reisten wir mehr malerisch als bequem. Wie der japanische Oberst Y. Fukushima sagte, hat ein „Tschapar“-Pony „manchmal drei, zwei, einen oder gar keine Füsse, aber niemals vier“. Die Leiden, die der unerfahrene Reiter infolge seines Passganges auszustehen hat — zwölf Stunden lang im persischen Sattel —, spotten jeder Beschreibung. Die Szenerie auf beiden Seiten des Gebirgspasses, der Rescht von Kaswin scheidet, wird man nicht so leicht vergessen.

Von Kaswin nach der Hauptstadt gibt es eine breite Strasse, auf der Wagen fahren, wobei freilich mehr Vorsicht angewandt werden sollte, als es gewöhnlich der Fall ist. Wir hatten das Glück, dass Seine Exzellenz der Saad-es-Sultaneh, der „Arm des Reiches“, der Gouverneur von Kaswin und Generalpostmeister von Nordpersien, uns gegen eine Vergütung seinen eigenen vierspännigen Landauer überliess. Seine Exzellenz, dessen Palast von Petunias der Stolz Kaswins ist, und der, wie man sieht, gelegentlich als Touristenagent fungiert, hatte früher seinen Kaiserlichen Herrn, den verstorbenen Schach, auf seiner berühmten Reise nach Europa in der bescheidenen Eigenschaft eines Koches begleitet! Seine prächtige Equipage brachte uns jedenfalls in der kurzen Zeit von 14 Stunden nach der Hauptstadt, so dass wir bei Tagesanbruch dort eintrafen.

Ohne mir auch nur zu einer vorläufigen und unvollständigen Waschung Zeit zu lassen, brachte mich ein undefinierbarer Perser in Uniform — halb Polizist, halb Soldat und zu drei Vierteln Bettler — nach dem „Ma'ale Yehudiya“, dem Judenviertel, wo er mich einem jüdischen Burschen übergab. Der Junge eskortierte mich mit neugierig aufgerissenen Augen durch die Irrwege dieses Ghettos, von Hofraum zu Hofraum, durch endlose Tore und an zahlreichen Gruppen furchtsamer und argwöhnischer Jüdinnen vorbei, bis wir zur Synagoge der „Esra Cohen Zedek" gelangten.

Es gibt nur etwa 4000 Juden in Teheran, aber sie haben 14 Synagogen, und jeder männliche Jude ist regelmässiger Besucher des Morgengottesdienstes. Es war noch nicht sieben Uhr, ich fand aber die Gemeinde bereits im Begriff, den Thallis (Gebetmantel) und die

Synagoge „Esra Cohen Zedek" in Teheran.

Thephillin (Gebetriemen) abzulegen. Mein guter Wille, an ihrem Gottesdienste teilzunehmen, wurde jedoch für die Tat genommen, und ich war auf diese Weise besser bei ihnen eingeführt, als wenn ich tausend Empfehlungsbriefe mitgebracht hätte.

Sie geleiteten mich zu ihrem Rabbi und anderen Notabeln, und eine ganze Woche hindurch brachten wir täglich ziemlich viel Zeit im Judenviertel zu. Eines Tages photographierten wir auch die Talmud-Thoraschule, die sich unter freiem Himmel auf einer Erhöhung rechts von der Synagoge zusammenfindet. Der Melammed (Lehrer) sass, gegen einen Pfeiler gelehnt, mit gekreuzten Beinen auf dem Erdboden. Er hatte einen langen Bambusstock in der einen Hand, während er mit der anderen von Zeit zu Zeit eine an der Plattform angebrachte Hängematte in Bewegung setzte, die einem drallen, braunen Kind als Wiege diente.

Trotz seiner autoritativen Stellung war der Lehrer seinen fränkischen Besuchern gegenüber die Zuvorkommenheit selbst und hatte kein Bedenken, einigen seiner Schüler zu gestatten, sich in der Synagoge wie zum Gebet auf den Erdboden zu setzen, worauf er selbst in ihrer Mitte Platz nahm und kühn und ernsthaft der Kamera standhielt.

Talmud-Thora-Schule in Teheran.

Eine andere Synagoge, „Die Grosse", hat schon einige architektonische Bedeutung. Unter dem Fussboden befindet sich eine dumpfdüstere Genizah, die unser Interesse erweckt. Wenn man eine steinerne Platte aufhebt, so kann man sich an den Händen hinablassen, bis die Füsse auf die vermodernden Reste hebräischer Texte treten. Was man dort findet, ist weder alt noch interessant, aber allzuviel war auch nicht zu erwarten gewesen. Die Säulen der Synagoge sind eigenartig gerieft, und die hebräischen Inschriften über den Alkovenbogen sind interessant.

Sie enthalten den bekannten Text: —

Erhebet, ihr Tore, eure Häupter, und erhebet euch, ihr ewigen Pforten!

Obwohl die älteste der Teheraner Synagogen, kann die „Grosse“ noch nicht auf ein Jahrhundert zurückblicken. Die Gemeinde selbst ist kaum 150 Jahre alt. Die Namen der Juden, mit denen man zusammenkommt, wie Kaschani, Hamadani, Yazdi, Isfahni, Dardaschti usw.

Die Grosse Synagoge in Teheran.

zeigen, dass sie meist aus den alten Gemeinden des Südens stammen. Ich fand nur einen „Teherani“, David Michael Teherani, den Bankier, und, wie die meisten Bankiers, ist er wahrscheinlich ein Homo novus. Und doch ist Rhea, dessen Ruinen nur eine Stunde von der Hauptstadt entfernt liegen, das alte Rages, eine der ersten Städte Mediens und die Heimat von Tobits Verwandtem, jenem Muster eines alten Mannes der Vergangenheit, dem guten Vater eines guten Sohnes. Solche Männer trifft man nicht mehr häufig im heutigen Persien, einige aber findet man sogar noch im „modernen“ Teheran. Zu ihnen gehört, wie mir Dr. Rosen von der dortigen deutschen Gesandtschaft erzählte, dessen hebräischer Lehrer, ein Bruder des Aga Meir Hamadani von der Karavanserai Emir, ein Mann von hohen Idealen und völlig unweltlich. Zu ihnen gehört auch der alte Arzt Nour Mahmoud Hakim, wie die Eingeborenen ihn verehrungsvoll nennen, den seine jüdischen Brüder als Rabbi Nahurai kennen.

Der „Hakim“ ist ein alter Mann mit scharfen, hellen Augen und einem schneeweissen Bart. Er sah, wie er so über ein Manuskript gebeugt dasass, aus wie Faust. Obwohl ein Achtzigjähriger und ein Medikus der ganz alten Schule, respektieren ihn seine europäischen Kollegen, selbst die modernsten, dennoch als einen Arzt, der dem gewöhnlichen eingeborenen Hakim unendlich überlegen ist. Sie betrachten ihn auch als eine Fundgrube empirischer Kenntnisse, und selbst der Schach berief ihn gelegentlich zu sich. Er besitzt eine schöne kleine Bibliothek persischer, arabischer und hebräischer Manuskripte meist medizinischen Inhaltes und bat mich, ihm einen Koran in hebräischer Sprache zu beschaffen. Sein Garten hängt voller Granatäpfel, Rosen und Feigen, und Weinspaliere ranken sich um seinen Hofraum. Die Eingeborenen blicken zu ihm wie zu einem übernatürlichen Wesen auf, und seine Söhne glänzen in seinem Lichte. Sie besitzen ausserdem auch einen Abglanz der Zivilisation dadurch, dass sie sechs Wochen in Paris zugebracht haben, wie sie mir sagten, um Medizin zu studieren; aber der eine hatte die ganze Zeit zu Bette gelegen, und sein Bruder war von dem Asphalt- und Gasgeruch um ihn her wie betäubt. Einer von ihnen erlaubte mir eines Morgens, während er seine Patienten untersuchte, bei ihm zu bleiben. Das Schauspiel war komisch genug. Er sass auf dem Fussboden am Fenster in europäischer Kleidung, jedoch mit dem hohen schwarzen, persischen Fez auf dem Kopfe. Vor ihm stand eine Art Schachbrett mit Salben und kleinen Flaschen. Sein Diener brachte die Patienten zu dem Fenster, worauf eine geflüsterte Unterhaltung folgte, die gewöhnlich damit endete, dass der Patient eine kleine Dosis ausgefolgt bekam. Meinem unerfahrenen Auge schien es, als ob alle Arzneien aus einem und demselben wundertätigen Gefässe kamen, obwohl ganz offensichtlich die einen für innerlichen und die anderen für äusserlichen Gebrauch bestimmt waren. Die meisten seiner Patienten waren Frauen, und zwar schiitische Frauen, nicht Jüdinnen. Sie entschleierten sich nur selten, und es war komisch zu sehen, wie ein magerer Arm oder eine kleine Zunge sich zum Zwecke der Untersuchung aus dem Jaschmak hervorwagte.

Die Hakims sind grosse Persönlichkeiten in den orientalischen Gemeinden, und es ist nichts Erstaunliches, Synagogen zu finden, die ihrem Andenken geweiht sind. Eine solche ist die des Ascher Rofé, des Doktor Ascher von Teheran, die einen dritten und ganz neuen (oder vielleicht auch alten) Typus von Synagogenarchitektur darstellt.

Synagoge „Ascher Rofé" in Teheran.

Ihre Rückwand zeigt eine dunkle Nische mit einer Tür und einem Fenster, eine Art Geheimkammer, in der die Gesetzesrollen aufbewahrt werden. Die hohe Plattform aus Ziegelsteinen, auf der der Mimbar (das Lesepult) steht, ist ebenfalls mit seinen vier Holzpfosten, wenn nicht schön, so doch eigenartig.

In einem Anhange zu dem Jahresberichte der Anglo-Jewish Association (XXVI., 47) von 1897 gab ich eine kurze Übersicht der Schulbedürfnisse der persischen Juden und erwähnte, wie die dortigen Juden selbst ihre Brüder in Europa bäten, Schulen für sie zu errichten, und wie die Würdenträger des Staates und die englischen und sonstigen Diplomaten in Teheran dieses Gesuch unterstützten.

Seither hat, wie ich konstatieren kann, die „Alliance Israélite“ in Verbindung mit der „Anglo-Jewish Association“ in Persien Knaben- und Mädchenschulen mit grossem Erfolg und guten Aussichten für die Zukunft eröffnet.

Ich lasse hier die Übersetzung eines hebräischen Briefes folgen, der eines Samstagabends von einem Seidenhändler in Rescht geschrieben und mir als eine Botschaft an meine Brüder in London eingehändigt worden war. Das Dokument ist durch seinen persischen Stil und seine Schreibweise, wie auch wegen des Bildes, das es ungewollterweise von der tiefen Kulturstufe und gleichzeitig von den hohen Idealen der armen persischen Juden gibt, nicht uninteressant.

„Meine Hilfe kommt von dem Herrn, dem Schöpfer Himmels und der Erde.

Jedes Jahr schickt man von London Geld nach Iran, nach jeder Stadt schickt man ausser nach einer kleinen Stadt, Siakal ist ihr Name, und sie liegt im Distrikt von Rescht. Alle Juden in Siakal, alle sind arm, 100 Häuser, es gibt dort keinen Lehrer für die Kinder und keine Schule — eine Synagoge ist da. Alle sind arm, und sie leben unter dem Joch der Ismaeliten, die sehr grausam sind. Es ist viel Golus[1] da. In London weiss man nichts von dem Städtchen, Siakal ist sein Name, in der Provinz von Rescht. Es gibt Juden dort. Um Gottes willen. Die Juden von Siakal sind alle arm.“

„Schon jetzt,“ schreibt der Direktor der Schule in Teheran, „haben die Judenkrawalle in der persischen Hauptstadt aufgehört, und ich hoffe zuversichtlich, weitere Schulen in Hamadan und Ispahan und vielleicht sogar in Schiras eröffnen zu können. Unsere Schule in Teheran hat bereits eine vorzügliche Wirkung sowohl auf die Kinder wie auf ihre Eltern ausgeübt. Niemand hört mehr von Verfolgungen. Grosse und kleine Leute sympathisieren in gleicher Weise mit unserem Werk, und es ist die allgemeine Ansicht, dass die Juden es in kurzer Zeit weiter bringen werden als die Muselmanen.“

Der britische Gesandte, Sir Mortimer Durand, stellte mich dem Sadr e Aazem, dem allmächtigen Premierminister des Schach, vor, der während unseres dortigen Aufenthaltes zum ersten Male in seine Hauptstadt einzog. Wir besprachen ziemlich ausführlich die unbefriedigende Lage der Juden. Der Sadr e Aazem erklärte, dass der neue Schach noch mildherziger sei als sein Vater, und dass er selbst die Juden stets gut behandelt hätte, — so gut sogar, dass ihm die

[1] Eigentlich: Verbannung.

Mollas gelegentlich deswegen Vorhaltungen machten. Er hätte Befehl gegeben — und würde diese Befehle wiederholen —, dass das Versprechen religiöser Duldung, das Schach Nasr ed Din auf seiner Europareise gegeben hatte, buchstäblich innegehalten werden solle. Die Juden, sagte er, brauchten nicht zu befürchten, dass ihre Lage unter dem neuen Schach, der ebenso mildherzig wie gerecht sei, sich verschlechtern würde. Aber sie würden viel besser daran sein können, wenn sie mehr Bildung hätten.

Der Firma-Firman oder Gouverneur von Teheran, dessen Stellung als Schwager und gleichzeitig als Schwiegersohn des Schach ihn zu einem der einflussreichsten Männer Persiens macht (und der übrigens

Stadttor in Teheran.

beträchtliche Eifersucht gegenüber dem Sadr e Aazem an den Tag legte) sandte nach mir. Während er auf der einen Seite die erleuchteten Prinzipien betonte, die heute in bezug auf Religionsfreiheit von allen Persern hochgehalten würden, tadelte er andererseits die reichen Juden Europas wegen ihrer völligen Vernachlässigung ihrer Brüder und sagte, dass Schulen nach Art der europäischen dringend nötig wären, und dass sein kaiserlicher Herr (ebenso wie die öffentliche Meinung) irgendwelche Tätigkeit in dieser Richtung gern willkommen heissen und sogar unterstützen würde. Seit ich Teheran verliess, ist der Sadr e Aazem seines Amtes entsetzt worden, und es ist ein neues Ministerium gebildet worden, in dem der Firma-Firman eine höchst bedeutende Rolle spielt. General Sir Thomas Gordon, der ein kompetenter Beurteiler der dortigen Verhältnisse ist, meinte, dass das neue Ministerium weniger reaktionär sei als das vorhergehende, und war der Ansicht, dass eine Schule für die Juden nun ohne weitere Verzögerung eingerichtet werden sollte.

Die Juden von Teheran waren nicht minder darauf bedacht, dies zu erreichen, und gaben mir zu verstehen, dass sie mindestens 600 Tomans im Jahre beisteuern würden, wenn eine solche Schule seitens der „Anglo-Jewish Association“ oder der „Alliance Israélite“ errichtet werden würde. Es ist auch bereits ein Fonds für den

Schach Abdul Azim.

Zweck verfügbar, der eine jährliche Einnahme von 300 Tomans — nach dem jetzigen Kurs etwa 1 500 Mark — hat. Die Teheraner jüdische Gemeinde ist jetzt etwa 150 Jahre alt und rekrutiert sich, wie schon erwähnt, hauptsächlich aus Juden aus Kaschan, Yazd, Ispahan und Hamadan. Obwohl sie kaum 4 000 Seelen zählt, gibt es in der persischen Hauptstadt 14 kleine Synagogen, aber nur einige wenige Talmud-Thoraschulen, in denen nur Hebräisch gelehrt wird und auch das nur in sehr elementarer Weise. Der Rabbi äusserte sich darüber mit den Worten: „Es wird kein weltlicher Unterricht erteilt; denn es ist niemand da, der unterrichten könnte.“

Ich habe nur noch zu erwähnen, dass nicht nur in Teheran unsere Glaubensgenossen und andere mir die dringende Notwendigkeit von

Schulen nahelegten. In Rescht und in Kaswîn wurde derselbe Wunsch vorgebracht. Die amerikanische Missionsschule ist das einzige Institut, wo die eingeborenen Juden irgend etwas wie eine modernere Erziehung geniessen können.

Die Teheraner Juden sind arm und recht unwissend. Ihre Hauptbeschwerden gegen die Unterdrückungen, die sie zu erdulden haben, beziehen sich auf drei Punkte:

a) Sie sind de facto auf das Ghetto beschränkt, wenn auch die Juden jetzt ebenfalls in zwei Fondaks im Basar ausserhalb des Suk-el-Jehudije leben dürfen.

b) Wenn ein Moslem einen Juden tötet, so braucht er nur 33 Tomans Blutgeld zu zahlen. Dies ist der landesübliche Tarif für Totschlag im allgemeinen; aber da die Juden niemals Moslems umbringen, so möchten sie fordern, dass wenigstens das „Wehrgeld“ nicht so niedrig angesetzt sein solle.

c) Wenn ein Jude zum Islam übertritt, so fällt ihm — unter Ausschluss selbst der näheren Verwandten, soweit sie Juden geblieben sind, — jede Erbschaft aus seiner jüdischen Verwandtschaft zu. Dies scheint mehr auf Gewohnheitsrecht als auf gesetzliche Bestimmungen zurückzugehen.

Offensichtlich könnte eine wohlwollende Regierung leicht alle diese Übelstände beseitigen. Gegenwärtig sind die europäischen Juden selbst für den Stand der Dinge mit verantwortlich, insofern als sie zur Verbreitung der Bildung nichts unternommen haben.

Die Teheraner Juden sind übrigens immer noch besser daran als die, die weiter von der Hauptstadt entfernt leben. Der Einfluss der Gesandten der Grossmächte macht sich nicht genügend fühlbar, um auch nur unmittelbar ausserhalb Teherans gesicherte Zustände gewährleisten zu können.

Zakaspie.

Transkaspien — Passschwierigkeiten — Reisewege — Krasnowodsk — General Kuropatkin — Krankheiten — Die Eisenbahn — Die Bekämpfung des Sandes — Das Wasser — Die Passagiere — Die persische Grenze — Geok Tepe — Aschabad — Die Ruinen von Annau — Merw — Die Yadidin — Der Oxus — Das neue Buchara — Die Juden — Die Synagoge — Ethnologisches — Manuskripte und Literatur — Sehenswürdigkeiten der Stadt — Samarkand — Timur — Der Baumwollbau — Russifizierung.

In Konstantinopel wird dem Touristen erzählt, wie aufgeklärt der moderne Türke geworden sei, dass er nicht einmal mehr auf der Abschliessung der Frauen bestehe, und dass er sogar ernstlich für die Abschaffung des alles verhüllenden Frauengewandes, des Jaschmak, agitiert habe. Aber die türkischen Damen kamen in feierlichen Sitzungen zusammen und beschlossen die Beibehaltung des interessanten Schleiers, der nur ihre schönen Augen freiliess. Und warum? Weil sie mit echt orientalischer Schlauheit urteilen, dass es gerade der geheimnisvolle Jaschmak ist, der ihnen ihren Reiz verleiht, und dass der von ihrer mysteriösen Schönheit hingerissene Fremde weniger hingerissen sein würde, wenn er entdeckte, dass eine orientalische Schöne ohne dieses Beiwerk mit ihren schönen Schwestern im Westen nicht konkurrieren kann. Die Eifersucht, mit der die Russen trachten, ihre transkaspischen Besitzungen vor westlichen Augen zu verhüllen, scheint in einer ähnlichen, frauenmässigen Logik begründet zu sein. Die Welt ist voller Staunen über den Glanz von Timurs (Tamerlans) einstiger Hauptstadt und der berühmten Stadt, die Marco Polo „so viel gross und prächtig“ nannte. In Wirklichkeit aber sind Samarkand und Buchara nur eben zwei interessante orientalische Städte, und der Weg dahin geht durch fürchterliche Sandwüsten und durch Steppen, die kaum weniger fürchterlich sind. Zweiundeinhalb Tage dauert die Fahrt auf General Annenkoffs Bahn, und der englische Reisende spürt die ganze Zeit über eine Art Schadenfreude darüber, dass Russland wegen seiner vielgerühmten transkaspischen und turkestanischen Besitzungen tatsächlich nicht allzusehr beneidet zu werden braucht.

Und doch findet sich vielerlei auf dem Wege, das uns als schön und eigenartig anmutet. Die Eisenbahn selbst ist eine imposante Sache. Die Ländereien, die sie durchquert, sind verhältnismässig noch „terrae incognitae“, aber die „Impressions de Voyage“ eines Reisenden unserer Tage, dem Vambery seine Glückwünsche mit auf den

Weg gegeben hatte, und der mit schnellster Post nach Turkestan und wieder zurückreiste, bieten wenig Interessantes. Der besondere Anreiz für mich, gerade Transkaspien als Ferienaufenthalt zu wählen, war die Aussicht, dort hebräische und hebräisch-persische Manuskripte zu finden, die sich noch in Buchara befinden sollten. Mein Besuch in Teheran im Jahre zuvor war in dieser Beziehung ziemlich erfolgreich gewesen und hatte meinen Eifer geweckt.

Die Herren vom Auswärtigen Amte waren so freundlich, mir die nötige Erlaubnis zu erwirken. Der englische Gesandte in Petersburg machte am 28. Mai 1897 eine entsprechende Eingabe; aber erst am 27. August bekam der russische Konsul in London telegraphisch die Weisung, meinen Pass zu visieren. Offenbar wurde die Erlaubnis nur widerwillig erteilt, und zwar wohl deshalb, weil ich nicht nur Engländer sondern überdies Jude bin. Nachdem jedoch einmal das Visum in meinem Passe stand, hatte ich keinerlei weitere Schwierigkeiten, und nach dem Passieren der Grenze in Wirballen wurde mir der Pass erst wieder in Samarkand selbst abverlangt. Meine Ankunft war aber auf der ganzen transkaspischen Strecke angemeldet. In Krasnowodsk, am Kaspischen Meere, wurde mir ein „Dossier" gezeigt, in dem ich freilich zu meinem Bedauern ausser meinem Namen nichts entziffern konnte. In Buchara sagte mir der russische politische Agent, dass er entsprechende Weisungen erhalten habe, und er stellte mir höchst freundlich einen Djignit zur Verfügung, der mir die Sehenswürdigkeiten zeigen sollte. In Samarkand war ebenfalls alles in Ordnung, und in Aschabad gab mir der Stationsbeamte sogar ein Coupé für mich allein! Zwei Italiener, die einen Teil der Strecke mit mir reisten, und ein Engländer, den ich traf, waren in Petersburg informiert worden, dass sie ebenfalls ordnungsmässig autorisiert seien, auf der transkaspischen Bahn zu reisen; aber die Autorisation war offenbar den Behörden in Zentralasien nicht übermittelt worden. Trotzdem wurden sie in keiner Weise belästigt. Die Beamten in Krasnowodsk liessen sie abreisen, teilten ihnen jedoch mit, dass sie darauf gefasst sein müssten, möglicherweise irgendwo unterwegs angehalten und zurückgesandt zu werden. In Wirklichkeit aber geschah nichts derart, und mir scheint, dass das Abenteuer Mr. Budgett Meakins, der mit seiner Schwester — ohne behördliche Genehmigung — nach Samarkand gereist war, und dem dort, nachdem er alles, was er wollte, gesehen hatte, bedeutet wurde, dass er zurückzureisen hätte — — dass dieses Erlebnis nur in dem Sinne nicht die Regel ist, als die letztere Formalität meistens unterlassen wird.

Die Passangelegenheiten und Zollformalitäten waren in diesem Jahre leichter als bei meinen früheren Reisen. Bei meinem ersten Besuche Russlands wurden einige Freunde namens Blomfield — ein Name, der den russischen Diplomaten sicherlich geläufig ist — von der Polizei belästigt und auf Schritt und Tritt bewacht, da man irrtümlich annahm, dass sie Juden und demgemäss verdächtig seien. Ein zweites Mal — es war während der grossen Choleraepidemie von 1892 — hatte ich Lublin zu vermeiden, weil in der offiziellen „Gazette" bekannt gemacht worden war, dass, während nicht-jüdische Reisende desinfiziert und sofort weitergesandt werden sollten, jüdische Reisende eine Quarantäne von einer Woche durchzumachen hätten. Im Jahre 1896, als ich Moskau passierte, konnte mein Hotelwirt meinen Pass von der Polizei nicht zurückbekommen, weil man noch nicht die Unterschrift des Gouverneurs hatte erlangen können, die für einen Juden erforderlich war. Ich musste selbst auf die Polizei gehen und dort auseinandersetzen, dass man, da ich Jude sei und Moskau ausserhalb des jüdischen Ansiedlungsrayons liege, froh sein solle, mich noch am gleichen Abend loszuwerden. Dieser Scherz — oder vielleicht auch die Drohung mit einer Beschwerde nach St. Petersburg — setzte mich innerhalb einer Stunde in den Besitz meines Passes. Im Jahre 1897 konnte ich mit Befriedigung konstatieren, dass mir keinerlei Schwierigkeiten in den Weg gelegt wurden, und auch im allgemeinen schien ein liberalerer Geist zu herrschen. Auch mit Büchern und Zeitungen wurden mir keine Schwierigkeiten gemacht. In Paris hatte man mich aufmerksam gemacht, dass es ganz zwecklos sei, zu versuchen, irgendwelche Bücher ohne besondere Erlaubnis nach Russland mitzunehmen. Nun, ich hatte Curzons „Russland in Zentralasien", Dobsons „Russlands Eisenbahnentwicklung", Bonvallot und ähnliche Bücher bei mir. Den Curzonschen Band legte ich sogar obenauf in meinem Koffer, aber er blieb unbeanstandet, wie es ein Buch mit so ausgesprochener Tendenz kaum verdient hätte. Auch seine Landkarten und politischen Bemerkungen erregten keinen Anstoss.

Die schnellste, billigste und hässlichste Route zum Endpunkte der transkaspischen Bahn führt über Berlin, Warschau, Moskau und Rostow nach Petrowsk und von dort mit direktem Dampfer nach Krasnowodsk. Ich musste leider die lange Dauer der Reise noch dadurch vergrössern, dass ich in Petersburg und in Baku zu tun hatte. Die Entfernung von der russischen Grenze bis nach Petrowsk beträgt 3585 Werst (ca. 3800 km), und die Reise dauert fünfeinhalb Tage; aber sie kostet nur 48 Rubel in der ersten und 29 Rubel in der zweiten Klasse.

Die angenehmste Route nach Krasnowodsk geht via Konstantinopel und Batum, von dort mit der transkaukasischen Bahn nach Tiflis, dann mittels Troika auf der berühmten georgischen Militärstrasse über den Kaukasus nach Wladikawkas und von dort nach

Auf der Bergstrasse von Tiflis nach Wladikawkas.

Petrowsk. Der Preis der Dampfertour von Petrowsk nach Krasnowodsk beträgt 21 Rubel, und die Überfahrt dauert gewöhnlich 30 Stunden. Die Reise von Krasnowodsk nach Samarkand, eine Entfernung von 1454 Werst (ca. 1550 km), kostet in der zweiten Klasse nur etwa 20 Rubel. Eine erste Klasse gibt es vorläufig auf der transkaspischen Bahn noch nicht, und ihr Wagenpark ist noch in beklagenswertem Zustand; aber es werden zurzeit Wagen in Aschabad gebaut, und im Mai nächsten Jahres (1898) hofft man, mit der erwarteten Eröffnung der Verlängerungsstrecken nach Taschkent und Kokan auch hierin Wandel zu schaffen. Schon jetzt muss man es besonders unglücklich treffen, wenn man nicht überall in Russland und selbst in den Wagen zweiter Klasse, ein Klappbett für jeden Passagier und in jedem Wagen einen Wasch- und Toiletteraum findet. Dabei werden die Wagen noch täglich mehrmals gekehrt und gereinigt, so dass sie immer recht passabel sind.

Wenn der Dampfer sich Krasnowodsk nähert, so ist das erste, was dem Reisenden ins Auge fällt, die hübsche kleine Eisenbahnstation aus glitzernd weissem Granit, die sich gegen einen Hintergrund von nacktem, purpurfarbenem Gebirge abhebt — ein passender Tempel für den Kultus des Dampfrosses. Kaum weniger anziehend sind die anderen Stationen der Strecke, obwohl der Hintergrund fehlt, sobald man die Hügelkette, die hier die russisch-persische Grenze bildet, hinter sich gelassen hat. Das nächste, was man bemerkt, ist eine mächtige Ansammlung von Import- und Exportwaren — hauptsächlich Baumwolle — und auch das kann man auf der ganzen Linie beobachten. Der Einsturz der Amu-Darjabrücke, der zwei Monate hindurch die Überführung der Züge auf Trajekten nötig machte, muss zu dieser Stauung wohl beigetragen haben; aber ein hoher Beamter der Eisenbahnverwaltung sagte uns, dass es durchaus an der schlechten militärischen Verwaltung der Bahn läge. Die Militärs seien gute Generäle, aber schlechte Geschäftsleute und hätten keine Ahnung von Statistik und Maschinenwesen. Die Pläne, die sie für eine neue Steinbrücke einreichten, seien unmöglich, die Dimensionen und Quantitäten seien in gleicher Weise lächerlich, und so wurde die steinerne Brücke drei Jahre hindurch besprochen, aber nicht begonnen. Sie konnten die Transporte nicht bewältigen, boten dem Handel nicht die notwendigen Vorteile und hatten ganz und gar keine Initiative.

General Kuropatkin ist gleichzeitig der Generalgouverneur der transkaspischen Provinz und der Diktator der Eisenbahn. Er war Skobeleffs rechte Hand, und selbst die Gegner beider geben zu, dass er mehr Rückgrat besitze als dieser populäre Held. Die meisten Russen betrachten ihn als das militärische Hauptgenie des Tages und als die Hoffnung des Reiches. Einige wenige halten ihn für einen Poseur, der viel auf äusseren Schein gibt, und finden in ihm eine Neigung zum Theoretisieren. Ich meinerseits kann die Pracht seines Sonderzuges bestätigen, wie auch den unheimlichen und nahezu Furcht einflössenden Effekt seines Einzuges in Samarkand. Seinem Wagen galoppierten vier Djignits, eingeborene berittene Polizisten, voraus, die brennende Fackeln hoch über den Häuptern schwangen; — es sah aus wie ein lebendes Bild aus dem „Talisman“ oder wie eine Londoner „Lord Mayors Show“ während des Nebels. Im übrigen sagt man, dass er ein gutmütiger Mann sei. Obwohl er ein grosser Panslawist ist und sich durchaus dafür erklärt hat, nur echten Russen den Zutritt zu den neuen Provinzen des Zaren zu gestatten, so hat doch das Klima seine Absichten vereitelt. Alle möglichen Vorteile werden russischen Ansiedlern geboten; aber der Erfolg ist verhältnismässig gering. Armenier und Juden werden, obwohl sie eingeborene russische Untertanen sind, als Fremde angesehen und von den Vergünstigungen ausgeschlossen. Aber sie sind akklimatisiert, und gegenwärtig ist ein grosser Teil des Handels von Samarkand und Buchara in ihren Händen.

Die russischen Zivilbeamten scheuen die dreijährige Dienstzeit, zu der sie sich jetzt verpflichten müssen, und trotz der guten Bezahlung und anderer Privilegien kehren sie fluchtartig nach dem kalten Russland zurück, sobald sich eine Gelegenheit dazu bietet. Das ist auch schliesslich nicht erstaunlich, wenn man bedenkt, dass 40 ^{0} Celsius während der Hälfte des Jahres Durchschnittstemperatur ist, und dass gelegentlich 70 ^{0} im Schatten zu verzeichnen sind, dass man ausserhalb der Städte nicht wohnen kann, dass die wenigen Städte zwölf Bahnstunden voneinander entfernt sind, dass zwischen ihnen nichts ist als heulende Wildnis, und dass jede von ihnen ob einer besonderen Krankheit berüchtigt ist, der der Neuankömmling leichter erliegt als der Eingeborene.

Die endemische Krankheit von Kokan ist „Zob“ oder Kropf; in Samarkand herrscht „Prokaza“ oder Lupus; in Buchara grassiert „Rischta“, eine Wurmkrankheit; in Merw eine typhusartige Malaria; und in Aschabad gibt es „Pendnika“ oder Ekzem. Die Influenza nimmt, wie man uns sagte, in ganz Turkestan häufig tödlichen Verlauf, und dies ist die Krankheit, die von Eingeborenen und Fremden gegenwärtig am meisten gefürchtet wird. Leprakranke, die übrigens nicht immer abscheuerregend aussehen, findet man ausserhalb aller grösseren Städte, wo sie am Strassenrande hocken, und zwar meist am Wege nach den Begräbnisstätten und bei den Grabmälern der Heiligen, um sich von den Frommen ihren Unterhalt zu erbetteln.

In ganz Zentralasien herrscht Fieber. Beim Militär wird sogar jede Krankheit, von Zahnschmerzen bis zum Rheumatismus, dem Fieber zugeschrieben und mittels Chinin bekämpft. Selbst in Alt-Buchara wird diese magische Medizin so hochgehalten, dass der dortige

Apotheker sie in bequemen kleinen Gelatinezylindern liefert, die erst seit so kurzer Zeit erfunden, dass sie damals noch nicht einmal auf dem Londoner Markte bekannt waren. Übrigens ist es eine bedeutsame Tatsache, dass in jeder russischen Stadt der Apothekerladen das schönste und grösste Geschäft ist und offensichtlich den lebhaftesten Zuspruch findet.

Krasnowodsk, der Ausgangspunkt der transkaspischen Eisenbahn, ist erst drei Jahre alt. Es ist vor kurzem an die Stelle von Uzun-Ada getreten, das ungefähr 100 Werst näher an Samarkand liegt, aber unter dem Nachteil litt, ein kleiner Hafen zu sein, der wenig Wasser hatte und bei einigen der vorherrschenden Winde nicht zugänglich war.

Die Vereinigung der alten und der neuen Linie geschieht bei der Station Dschebel. Die neue Linie folgt einige Meilen weit der Seeküste, weicht dann aber zurück und läuft parallel mit dem Abhang des letzten Ausläufers der Bergkette, die die russisch-persische Grenze bildet. Der Schienenstrang selbst liegt auf ziemlich ebenem Grunde, die Steigungen sind ausserordentlich geringfügig, und Tunnels gibt es auf der ganzen Strecke nicht. Es gibt zahlreiche Brücken, aber meinem Laienauge schienen nur drei von Bedeutung — die über den Murgab, über den Oxus und über den Sarefschan bei Samarkand. Die persische Bergkette erstreckt sich bis zum Amu-Darja und bietet ein willkommenes Relief zu der monotonen Ebene auf der anderen Seite der Bahnlinie.

In Krasnowodsk gibt es reichlich Wasser, und die Russen sind mit dem Orte so zufrieden, dass sie eine andere grosse Eisenbahn von dort nach Chiwa planen — eine Strecke von etwa 550 Kilometern. Aber Hitze und Staub sind einfach fürchterlich und geben einem einen Vorgeschmack dessen, was man in Zentralasien zu erwarten hat. Die einzige Entschädigung ist, dass man in Krasnowodsk für fünf Kopeken ein erfrischendes Seebad nehmen kann. Die Armenier pflegen die See als Waschbecken zu benützen, und wir waren einigermassen erstaunt, als wir beobachteten, wie einer ins Wasser sprang, zwei Eier auf seinem Kopfe zerbrach und sich das Haar mit den Dottern wusch.

Zwischen Krasnowodsk und Aschabad sind die Stationen kaum mehr als Haltestellen, um das Ausweichen sich begegnender Züge zu ermöglichen, da die transkaspische Eisenbahn natürlich nur eingleisig angelegt ist. An den Büfetts findet man selten etwas anderes als zwei oder drei Eier und Zwiebeln und den unvermeidlichen Wodki. Auf unserer Rückreise befanden sich einige Botaniker im Zug, und sie liessen keine Gelegenheit vorbeigehen, auszusteigen und Steppen- und Dünenpflanzen zu sammeln, wobei sie fast bei jeder folgenden Station andere Abarten derselben Pflanzen fanden.

Aber selbst der Reisende, der von Botanik nichts weiss, muss über das wirksame Mittel staunen, das hier angewendet wird, um das Überfluten der Bahnstrecke durch die Sandwellen zu verhüten. Es geschieht dies durch Anpflanzung gewisser Gräser und anderer Pflanzen am ganzen Schienenweg entlang. Der Sand ist der Schnee der Steppe, ein heimtückischer Feind des Ingenieurs. Die Wüste ist nirgends völlig flach; sie ist mit Sandwellen durchsetzt, deren Kamm oft 20 Fuss höher liegt als die Basis, und da der Hauptwind von Nordosten zu kommen scheint, so stürzt die Südwestseite der Wellen jäh ab. Während die Oberfläche verhältnismässig fest genug ist, um darauf zu gehen, ist es doch gefährlich, sich ihrem Rande zu nähern. Ein Umstand jedoch verwunderte uns sehr. General Annenkoff und die Ingenieure der Bahn ergriffen weitsichtige Vorsichtsmassregeln, die wohl einen Erfolg versprechen konnten; aber seine Nachfolger, die Männer, die jetzt im Amte sind, tragen wenig Sorge, Nutzen aus seinen Massnahmen zu ziehen. Station für Station, wo immer Gras wuchs und Pflanzen zu finden waren, fanden wir auch Spuren von Kamelen, Büffeln und Ziegen. Niemand kümmert sich um die Erhaltung der mit so grosser Mühe angepflanzten Sträucher, und an vielen Stellen ist absolut alles weggefressen. Und doch würde es ganz leicht sein, ein paar Fuss an jeder Seite der Bahnlinie durch Stacheldraht abzugrenzen, wenn auch den Herden ihre Weide dadurch ein wenig geschmälert würde. Vor der Ankunft der Russen war für die Herden an vielen Orten überhaupt nichts zu finden gewesen.

Ein anderer Gedanke, der uns kam, betraf die Möglichkeit, im Laufe der Zeit den durch den jetzigen Pflanzenwuchs inzwischen fester gewordenen Sand mit Kiefern zu bepflanzen und das Land auf diese Weise allmählich aufzuforsten. Dies hat sich in vielen Ödländern und Sanddünen Europas als praktisch erwiesen und sollte auch in Asien nicht schwer sein. Man sagte uns, dass ein Experiment dieser Art am Ufer der Wolga sich nicht sehr erfolgreich erwiesen hätte; aber ganz ersichtlich ist in Turkestan niemand zu Zwecken der Aufforstung angestellt, und die Folge davon ist, dass selbst in Samarkand, der Stadt der Bäume, wo es einen Boulevard mit einer zwölffachen Reihe von Riesenbäumen gibt, — dass selbst dort Holz furchtbar teuer ist und aus dem Inneren Russlands importiert werden muss.

Für den gewöhnlichen Reisenden waren die Stationen dadurch interessant, dass sie Gelegenheit gaben, den hochgewachsenen, bedächtigen Turkmenen der Steppe zu beobachten, wie er um eine Arbuse (Wassermelone) oder die noch saftigere Dynja feilschte. Diese ist die eigentliche Melone; aber die Russen vermeiden sie als fiebererzeugend — vielleicht deshalb, weil sie viel Wasser braucht und weil Trinkwasser in Zentralasien ebenso gefährlich wie selten ist.

Die Eisenbahnzüge müssen das nötige Wasser mit sich führen. Ein grosses Fass befindet sich auf dem Tender jeder Maschine. Der Küchenwagen neben dem Büfett trägt unter dem Dach einen Wasserbehälter, dessen Inhalt an jeder Station durch filtriertes Trinkwasser erneuert wird, indem dieses eimerweise eingefüllt wird. An jeder Station befindet sich auch eine Tonne solchen Wassers, auf die die eingeborenen Passagiere losstürzen, sobald der Zug hält und aus dem auch die russischen Damen, die sich auf der Fahrt ihren „Tschai" selbst machen, ihre Teekessel füllen.

Auf der Hinreise fanden wir den Zug sehr unangenehm überfüllt. Die verfügbaren Billets zweiter Klasse waren bald ausverkauft und mancher respektable turkestanische Kaufmann in weichfliessendem Gewand und malerischem Turban musste mit den Holzbänken der dritten Klasse vorlieb nehmen. Aber die Wagen der dritten Klasse sind, obwohl der Preis gleichmässig ist, in drei Unterarten eingeteilt. Erst kommen die Gepäckwagen für eingeborene Tadschiks, Arbeiter und Schafhirten, die, so gut es gehen will, in diese Wagen hinein- und wieder herauskriechen, und die in den Wagen sich aus ihren bescheidenen Bündeln Sitzgelegenheit und Betten zurechtmachen.

Von den sonstigen Passagieren der dritten Klasse halten die Perser, Juden, Armenier und sunnitischen Kaufleute meist zusammen. Die dritte Kategorie besteht aus den niederen russischen Beamten, Soldaten und Bedienten. Abgesehen von den Russen war der ganze Zug mit Kaufleuten und Händlern angefüllt, die von der grossen alljährlichen Messe zu Nischni-Nowgorod nach Hause zurückkehrten. Viele von ihnen waren fromme Leute und hatten mit ihrer Geschäftsreise eine religiöse Pilgerfahrt verbunden, die sie weiter nach dem

10*

Westen führte — die Mohammedaner nach Mekka und die Juden nach Jerusalem. Die Juden waren voller Freude über den Zionistenkongress in Basel und fragten mich in aller Einfalt, ob der Messias nun wirklich kommen würde, und ob die Königin Viktoria den Juden Palästina gegeben hätte!

Diese zurückkehrenden Kaufleute und Pilger waren so zahlreich, dass die drei Touristen im Zug in der zweiten Klasse keinen Platz mehr fanden und froh sein mussten, in der dritten Klasse noch Platz genug zu finden, um sich nachts niederlegen zu können. Selbst der Tisch des „Büfettwagen“ war von einem oder zwei Reisenden als Bett beschlagnahmt worden. Wäre eine solche Überfüllung der Linie das Übliche, so wäre es leicht, der russischen Prahlerei zu glauben, die behauptet, dass die transkaspische Bahn der Regierung beinahe drei Prozent der Kosten einbringe.

Während meines kurzen Aufenthaltes jedoch benutzte ich den Zug fünfmal, und nur dies eine Mal war er so unangenehm überfüllt. Da nun aber nur drei Passagierzüge wöchentlich in jeder Richtung fahren, so kann man nicht umhin, zu glauben, dass an dieser Statistik etwas falsch sein muss. Aber Russland ist reich genug, um auf die Kosten nicht sehen zu müssen, wenn militärische oder politische Gründe mitsprechen. Und so besteht kaum ein Zweifel, dass die projektierte Linie von Krasnowodsk nach Chiwa wie auch die kolossale mongolische Eisenbahn in kurzer Zeit gebaut werden dürfte, obwohl die eine kaum, die andere sicherlich niemals ihre Kosten einbringen wird.

Die durchschnittliche Entfernung zwischen den Stationen ist etwas weniger als 15 englische Meilen (27 km), und die Fahrtdauer beträgt gewöhnlich eine Stunde. Ein Fahrplan der Strecke würde dartun, dass mehrere dieser Stationen nur Halteplätze sind, die nach den Erbauern der Linie oder nach anderen Männern benannt sind, die der russische Chauvinist zu ehren liebt.

Die persischen Gebirge bei Uschak bieten den charakteristischen Anblick einer riesigen Mauer, die plötzlich und scharf sich aus der völlig flachen Ebene erhebt. Sie sind höchst abschüssig und baumlos und haben trockene Giesbachbetten, die andeuten, wo die Niederschläge in der Regenzeit abfliessen. Obwohl wir an 40° Celsius im Schatten hatten, sahen wir „Oblaka“ oder Federwolken vom Gebirg ausstrahlen, was auf Winterwetter im persischen Hochlande schliessen lässt. Man sollte meinen, dass, vom militärischen Standpunkt aus, die Linie besser gesichert wäre, wenn sie nicht so nahe an einer Gebirgsgrenze entlang führte; aber die Russen haben nirgends gezeigt, dass sie vor ihren persischen Nachbarn grosse Angst hätten, und wir Engländer werden, wie man meint, kaum jemals so tief in Persien eindringen, um seinem Herrscher bei Grenzkämpfen im Norden seines Reiches von Nutzen sein zu können.

In Bami, etwa 16 Stunden von Krasnowodsk, kommt man zum ersten Male mit dem eingeborenen Turkmenen auf seinem eigenen Boden in Berührung. Die Teke-Turkmenen fallen vor allem durch ihren hohen Wuchs auf, den ihre riesigen wollenen Mützen noch grösser erscheinen lassen. Wie die Riesen meistens, so scheinen auch sie recht gutmütig zu sein, und es war ein komischer Anblick, zu beobachten, wie die kleinen russischen Soldaten ohne Furcht oder Rücksicht mit ihnen umsprangen. Ihre Frauen und Töchter waren buntfarbig gekleidet, recht hübsch und unverschleiert und trugen seltsame Silberschmucksachen.

Ungefähr 100 Werst weiter östlich gelangt man nach Geok Tepe, das seinen Platz in den militärischen Annalen des Jahrhunderts gefunden hat. Es war das letzte Hindernis, das sich der Eroberung Turkestans durch die Russen entgegenstellte, und der Name Skobeleffs, des Zerstörers, wird für immer mit seiner Einnahme verknüpft bleiben. In unserem Zuge fuhr auch einer von Skobeleffs vertrautesten Leuten, der Kapitän Sijmen, der die bei dem Vordringen der Russen so wirksam zur Geltung gekommene Marinebrigade geführt hatte. Wie alle Finnländer sprach der tapfere Kapitän Englisch und äusserte sich höchst begeistert über Skobeleffs und Kuropatkins Heldenmut. Er besprach mit uns den Hergang der Schlacht, berichtigte die Darstellung Curzons gelegentlich, war aber im allgemeinen über seine zutreffende Schilderung höchst erstaunt. Jetzt sind Bäume rings um die Station gepflanzt, und allenthalben sieht man blutigrot blühenden Oleander, der uns an das Massakre denken lässt, mit dem die Schlacht endete. Aber innerhalb der Umwallung befinden sich nur Ruinen und saftiges Gras, und der Turkmene von heute führt behutsam seine Kamele über die zerstörten, aber noch immer steilen Wälle und lässt sie weiden, wo erst gestern die letzten Helden seines Volkes kämpfend gefallen waren.

Aschabad, am Rande des „Kara-Kum", des „schwarzen Sandes", ist die erste bedeutende Stadt, die von der Bahnlinie berührt wird.

Sie liegt 22 Bahnstunden von der See entfernt und ist ein vielbenutzter Ausgangspunkt für die Karawanen nach Masched in Persien und nach Chiwa im Westen. Die jetzige Stadt mit ihren langen und schattigen Baumreihen, ihren weitläufigen und hässlichen öffentlichen Gebäuden, ihren öden Marktplätzen ist modern und so russisch wie nur denkbar. Die Teke-Turkmenen betreten die Stadt so selten als möglich, und ihre Frauen scheinen sie völlig zu meiden. Man sieht viele Perser; aber alle leben sie dort ohne ihre Familien. Die „Basars" sind nichts als breite Strassen mit zwei oder drei unbedeutenden Geschäftsläden; doch sagte man mir, dass man dort Teketeppiche besser als irgendwo sonst kaufen könne. Die einzige Sehenswürdigkeit ist die neue griechische Kirche mit ihren drei goldglitzernden Kuppeln und vor ihr ein Denkmal zu Ehren Skobeleffs mit einer ornamentalen Kanone an jeder Seite. Hier brachte ich den Versöhnungstag zu, und in unserer kleinen Gemeinde befanden sich ein oder zwei „Jadidin", von denen weiterhin mehr gesagt werden wird.

Aschabad selbst ist also ziemlich uninteressant, aber innerhalb eines Umkreises von zehn Meilen finden sich Ruinen, die es sich wohl zu besuchen verlohnt. Eine ziemlich gute Landstrasse läuft parallel der Bahnlinie; sie berührt mehrere recht wohlhabend aussehende turkmenische Dörfer und endet in Annau. Nur an einer Stelle macht es der weiche Sand den Pferden fast unmöglich, den Wagen hindurchzuziehen. Es ist ein Zeichen, dass die Oase hier ihr Ende erreicht hat.

Ein wenig weiter erscheinen die Ruinen einer ganzen Stadt, die von einer majestätischen Moschee überragt werden. Die Tradition schreibt ihre Vernichtung Timur, dem Zerstörer, zu. Offenbar ist erst seit jener Zeit die Wüstenregion in die Oase vorgedrungen und hat die alte Kulturstätte in Sand begraben. Die Tätigkeit der Russen wird vielleicht eine rückläufige Entwicklung einleiten und die Gegend wieder fruchtbar machen; schon jetzt beginnt Annau sich wieder zu bevölkern.

Die Ruinen von Annau selbst sind hochinteressant. Wir sahen dort die Häuser der Teke, jedes wie ein Turm gebaut und leicht gegen Räuber zu verteidigen, die etwa von den benachbarten Gebirgen aus über sie herfallen könnten. In Turkestan pflegte tatsächlich jedes Mannes Haus seine Burg zu sein, und obwohl es wenig Fenster gibt, die Tür unnahbar und für Bequemlichkeiten recht wenig gesorgt ist, hat diese Bauart eben durch ihren auf die Verteidigung gestellten Charakter etwas Imposantes.

Die Stadt wird beherrscht und überragt von der wirklich prachtvollen Moschee, die auf einer Art Akropolis erbaut ist. Die Mosaiken und farbigen Ziegel sind noch ziemlich wohlerhalten. Sie spielen in allen Farben und sind wirklich prächtig; die von Samarkand können keinen Vergleich mit ihnen aushalten. Was uns jedoch am meisten an der Moschee interessierte, war eine grosse Menge von Moufflonhörnern und -schädeln, die in einer Ecke eines Innenraumes

Die grosse Moschee in Buchara.

im Heiligtum aufgehäuft waren — Reste von Jahrhunderte alten Opfern — und eine lange und fürchterlich aussehende Schlange, die wir aufschreckten, wie sie sich auf einem Trümmerhaufen sonnte. Glücklicherweise war das Reptil nicht weniger erschrocken als wir selbst und verschwand, bevor wir den Kampf mit ihm aufnehmen konnten. Es war übrigens das einzige „wilde Tier“, dem ich auf meiner Reise in Zentralasien begegnete. Ich hörte gelegentlich des Nachts das Bellen von Schakalen, und man erzählte mir, dass Tiger manchmal eine oder zwei Meilen oberhalb der Brücke den Oxus durchschwämmen; ich selbst jedoch sah weiter nichts „Wildes“ als zahllose Mengen von behenden kleinen Eidechsen, die im Sande schillerten, und einen erschöpften Adler, der auf dem Verdecke des „Bariatinsky" mitten auf dem Kaspischen Meere gefangen wurde.

Ungefähr 50 Werst hinter Annau, bei Bada-Dur, trafen wir noch mehr Ruinen an. Diese steigen jetzt aus dem Sand empor, sicherlich aber war die Gegend vor Zeiten keine Wüste — ein weiterer Beweis für das Vordringen des Sandes.

50 Werst weiter kamen wir nach Duschak, wo wir eine Anzahl von Persern im schwarzen Fez an der Station sahen. Dieser Punkt der Bahnlinie ist der persischen Grenze am nächsten, die hier nur sieben Werst entfernt ist.

Merw, die Königin Asiens, wie es einst genannt wurde, ist von Duschak in sechs Stunden zu erreichen. Die Stadt ist ein weiteres Beispiel dafür, wie die Mächtigen gefallen sind — ein Beispiel, wie es deren gerade in Zentralasien so viele gibt. Trümmerhaufen findet man in weitem Umkreis um die langweilige und trostlose Stadt herum, woraus man auf ausgedehnte Ruinenfelder schliessen kann. Aber die Bedeutung von Merw muss zu allen Zeiten mehr in seiner geographischen Lage als in seinem Reichtum und seiner Bevölkerung gelegen haben. Und doch wird Merw im Zend Avesta erwähnt, und Alexander der Grosse half es erbauen. Ein nestorianischer Erzbischof wurde vor 1600 Jahren dort eingesetzt, und in Merw war es auch, wo der verschleierte Prophet von Chorasan eine neue Religion gründete. Die Parther, Araber, Mongolen, Perser, Bucharer, Turkmenen und Russen haben die Stadt nacheinander im Besitz gehabt.

Der Fluss, an dem Merw liegt, ist der Murgab, der sich einer der wenigen, wirklich bedeutenden Eisenbahnbrücken der transkaspischen Linie rühmen kann. Nicht weit von Merw, flussaufwärts, liegt Penjdeh, das im März 1885 fast einen englisch-russischen Krieg verursacht hätte. Ich sprach mit einem Offizier, der damals zu General Komaroffs Stab gehört hatte, und er erzählte mir eine mysteriöse Geschichte, wie der englische Kapitän Yate sehr plötzlich unter Zurücklassung seines Gepäcks verschwunden sei. Meine Kenntnis von der Sache war zu gering, als dass ich diese Aufklärungen hätte richtig einschätzen können; aber es wurde mir klar, dass das englische Volk nicht alles über den Vorfall weiss, was man darüber erfahren könnte.

Merw beherrschte die grossen Heerstrassen von Chiwa nach Herat und von Buchara nach Meschhed, und ist daher der Kreuzungspunkt der Karawanenstrassen nach Persien, Afghanistan und Indien, nach

China und nach Turkestan. Erst im Jahre 1883 beklagten wir seine Einnahme durch die Russen als den Verlust eines mächtigen Bollwerkes zur Verteidigung Indiens. Ich bin kein Politiker, kein militärischer Taktiker und bin auch sonst nicht informiert genug, eine autoritative Meinung zu äussern; aber obwohl man genug russische Soldaten zu sehen bekommt, sieht Merw, das darf ich sagen, heute durchaus nicht bedeutend aus.

Mein Hauptinteresse an Merw war, dass ich dort einige tausend Marranen vorfand und zwar Marranen des XIX. Jahrhunderts. Vor etwa 80 Jahren, unter der grausamen Regierung von Schach Nuredins Vater, wurden die Juden von Meschhed über alle Massen unterdrückt. Man stellte sie vor die von Mohammeds Zeiten her berüchtigte Wahl: der Islam oder das Schwert. Sie wählten den Islam; aber obwohl sie sich dem neuen Glauben äusserlich angepasst haben, gaben sie die jüdischen Gebräuche nicht auf. Nur können sie ihr Geheimjudentum nicht anders betätigen als verstohlen und unter Lebensgefahr. Wenn sie nach Mekka pilgern, so berühren sie Jerusalem auf ihrem Weg, und die Klagemauer ist ihnen noch immer heiliger als der schwarze Stein der Kaaba. Man sagt, dass in Meschhed 2 000 dieser „Yadidin“ zu finden seien, 50 oder 60 Familien von ihnen leben in Merw, einige wenige in Aschabad und mehrere in Buchara und Samarkand. In Samarkand hatte ich Gelegenheit, der Pate des Sohnes eines solchen Yadida zu werden, der gewissenhaft alle jüdischen Gebräuche innehielt und sich bitter schämte, dass er und sein Vater sich zeitweilig im „Tempel Rimmons“ bücken müssen. Die Russen, deren Grenzpolitik immer ziemlich machiavellistisch gewesen ist, sollen die Ansiedelung dieser Yadidin in ihren neuen Provinzen ebenso begünstigen wie die Niederlassung der Babis, einer Art schiitischer Protestanten, da sie hoffen, auf diese Weise den russischen Einfluss in die benachbarten Provinzen tragen zu können.

Einige hundert Werst hinter Merw gelangt man zum weitberühmten Amu-Darja, dem Oxus der Alten, der der islamitischen Welt als der Gihon (oder Dschihun) teuer ist. Wir hatten das Glück, die lange, aber schlecht gebaute Holzbrücke eingestürzt zu finden und wurden auf einem Dampfboot über den Oxus gesetzt. Wir sahen auch andere Dampfer bei Tschardschuy, einem eigenartigen und ziemlich bedeutenden Städtchen am Ufer des grossen Stromes, von denen einer gerade einige hundert ausgediente Soldaten von Kharki, der russischen Hauptgarnison an der afghanischen Grenze, gebracht hatte. Man berichtete mir, dass nie weniger als 3000 russische Soldaten in Kharki unter Waffen ständen, um für alle Fälle bereit zu sein, und nach der Anzahl der zurückkehrenden Soldaten zu urteilen, ist die Ziffer eher zu niedrig als zu hoch angenommen. Die Dienstzeit der russischen Soldaten ist je nach dem Standorte der Regimenter verschieden und variiert zwischen zwei Jahren acht Monaten in Europa bis zu sechs Jahren und acht Monaten im Amurgebiete, wo immer mehr russische Truppen konzentriert werden. In Kharki dienen sie als turkestanische Soldaten vier Jahre und acht Monate. Die Ausschiffung ging mit so ausgelassener Freude vor sich, dass man daraus sowohl auf die Monotonie von Kharki .wie auch auf das gutmütige Temperament des russischen Soldaten schliessen kann, das selbst ein eiserner Drill von fast fünf Jahren nicht zu ertöten imstande war. Alles plauderte leichten Herzens über den bevorstehenden Krieg mit der „Anglitschanka", der Engländerin, wie sie die Königin Viktoria nannten.

Unsere Überführung vom Zug auf den Dampfer war höchst malerisch. Halbnackte turkmenische Träger trugen die verschiedenartigsten Lasten den abschüssigen Weg hinab, der das Bahngeleise mit dem von hohen Binsen eingefassten Flussufer verbindet.

Was aus unserem Zuge herausgeschleppt wurde, hätte den phlegmatischsten Yankeereisenden in Erstaunen versetzen müssen: Federbetten, Matratzen und Kissen von jeder Farbe, Melonen so gross wie Kürbisse und Trauben in Büscheln, die an jene der jüdischen Kundschafter in der Wüste erinnerten, Flinten, die mehr dekorativ als brauchbar waren, Schirme aller Arten, moderne Lederkoffer und Satteltaschen oder „Marfrusch", wie sie wohl die Patriarchen vor 4000 Jahren zum Transport ihrer Habseligkeiten benützt haben mögen, usf.

Ein Zug wartete auf der anderen Seite; aber die Überfahrt war schwierig und erforderte genaue Kenntnis des Fahrwassers. Sie dauerte vier Stunden. Der Hauptarm des Oxus ist nur etwa 600 Meter breit; die Brücke befindet sich jedoch an einer breiteren Stelle, wo eine Anzahl von Inseln die Anbringung der Pfeiler erleichterte. Der hauptsächlichste Kanal ist 25 bis 29 Fuss tief, und die Geschwindigkeit des Stromes erinnert an die der Rhône bei Lyon. Sie muss mindestens sechs englische Meilen für die Stunde betragen. Unter regulären Umständen braucht der Zug so ziemlich eine halbe Stunde, um die Brücke vom einen bis zum anderen Ende zu passieren. Eine gewöhnliche Lokomotive wäre zu schwer, um hier zur Verwendung kommen zu können, und so wird an ihre Stelle eine ganz kleine Maschine vorgespannt, die mehr wie ein Modell als wie eine richtige Lokomotive aussieht.

Östlich vom Amu-Darja verliert sich die Oase wieder im Sande. Ob es daran liegt, dass das steile Flussufer eine grössere Überflutung verhindert, oder ob das Land zu durstig oder der Sand zu hartnäckig ist — jedenfalls ist die „andere Seite des Flusses", wie die Einge-

Krämer in Buchara.

borenen diese Gegend nennen, ausserordentlich trocken. Die Lössablagerung ist so fruchtbar wie der Nilschlamm und liefert achtzigfältige Frucht. Nur ist nicht genug von diesem Boden vorhanden; denn sehr bald schon bricht die Sandwüste in die eigenartigen Melonengärten ein, und 100 Werst liegen zwischen dem Flusse und der grossen Oase von Buchara.

Als der Zug in die Station Buchara einfuhr, zeigten die eingeborenen Fahrgäste deutliche Spuren von Aufregung, und die Szene auf der Station war rührend zu beobachten. Der phlegmatische Orientale der Fabel ist in Turkestan nicht anzutreffen. Im Gegenteil — die Eingeborenen scheinen ganz Nerven und Erregung zu sein. Die

Pilger wurden von den zu Hause gebliebenen Verwandten und Freunden mit Küssen und Umarmungen bewillkommnet, und selbst einfache Bekannte strichen ihren Bart als Zeichen der Wiedersehensfreude und als Willkommgruss.

Die Station Buchara ist ungefähr zehn Meilen von der Hauptstadt entfernt. Sie liegt inmitten von Neu-Buchara, einer neuen persischen Vorstadt, die fürchterlich langweilig und uninteressant ist, und wo alle Europäer wohnen, deren Amt oder Geschäft sie zwingt, in der Nähe der berühmten alten Stadt zu leben.

Es gibt dort zwei Hotels, einstöckig gebaut und mit geringer Bequemlichkeit ausgestattet, und das grosse und wichtig aussehende Gesandtschaftsgebäude, wo der liebenswürdige politische Agent Ignatieff residiert.

Die Landstrasse nach Alt-Buchara ist nicht uninteressant. Baumwollplantagen, ein oder zwei malerische Dörfer und eine Reihe von Bäumen mildern die Einförmigkeit der Strasse. Ein ununterbrochener Strom von Eingeborenen zu Pferde, auf Kamelen und auf Eseln, kleine Wagen auf kolossalen Rädern und abgenutzte „Droschkies" wirbeln Staub auf und bringen Leben in das Bild. Näher der Stadt kommt man an Gärten voller Rosen und Granatäpfel vorbei, den „Gulistans" der persischen Poesie; aber leider sind sie von hohen Mauern umschlossen.

Buchara selbst ist eine wundervolle alte Stadt. Mit einer malerischen alten Mauer aus der Zeit der Kreuzfahrer umgeben, hat sie keinen Raum sich auszudehnen. Ausserdem befinden sich Begräbnisplätze innerhalb der Mauern, die den für Häuser verfügbaren Platz noch weiter beschränken. Glücklicherweise empfiehlt jedoch russischer Rat, der hier einem Befehle gleichkommt, den Bewohnern, ihre Toten künftig nicht mehr bei den Häusern der Lebenden zu begraben. Die Strassen sind eng und krumm, und an beiden Seiten befinden sich die hohen Mauern echt orientalischer Häuser, deren Fenster nur auf die Hofräume blicken. Bei Sonnenuntergang werden die Tore geschlossen, und die Strassen sind dann menschenleer. Der leichtsinnige Reisende, der sich auf der Rückkehr nach der Stadt verspätet hat, muss den Wächter wecken und ihn veranlassen, das Stadttor zu öffnen. Und — wie man dem, der die Erfahrung gemacht hat, glauben mag — es ist recht unbequem und unklug, sich durch die dunklen und leeren Strassen, alle Hunde Bucharas auf den Fersen, nach Hause zu tasten. Nahe der Mitte des Basars machen zwei Wächter, die mit Klappern ausgerüstet sind, die Nacht mit ihrem Geschrei, das die Geister erschrecken soll, unerträglich. Ich bin jedoch etwa gegen zehn Uhr abends fast zwei englische Meilen innerhalb der Mauern von Buchara gegangen, ohne einem einzigen Menschen zu begegnen.

In der alten Stadt sind zwei oder drei Karawansereien, doch gibt es kein Haus, in dem ein Europäer gegen Bezahlung mit irgendwelcher Bequemlichkeit wohnen könnte. Ich war glücklicherweise im

Grosse Synagoge in Buchara.

Gebäude der Moskauer Bank, dem einzigen, das irgendwie europäisch eingerichtet ist, gut aufgehoben.

Den grössten Teil meines einwöchentlichen Aufenthaltes brachte ich mit meinen Glaubensgenossen zu, von denen 4- oder 5000 in Buchara leben, wo sie ein besonderes Viertel bewohnen und ein besonderes Zeichen an der Kleidung tragen. Ihr Rabbi ist Molla Hesekia ha-Kohen, dessen Vater gleichfalls Rabbi hier gewesen war. Vielleicht kam ich schon mit einem günstigen Vorurteil zu ihnen; aber sicherlich waren sie höchst intelligent und gastfreundlich. Viele Juden waren weitgereiste Leute. Einer war in China gewesen, und mehrere von ihnen waren durch Afghanistan und über den Chaiberpass nach Indien gezogen. Mindestens einige Hundert waren „Hadschis“, die die

Pilgerfahrt nach Jerusalem gemacht hatten, und mindestens ebensoviele Bucharer Juden sind dauernd nach Jerusalem übergesiedelt, in der frommen Absicht, dort zu leben und zu sterben.

Die meisten derer, die grössere Reisen machen, waren in Moskau, viele auch in Paris und einige in London gewesen. Einer von ihnen war fünfmal in Moskau gewesen. Seine erste Reise dorthin hatte er mit einer Karawane (über Astrachan und die Wolga) gemacht, und es hatte 80 Tage gedauert und 500 Rubel gekostet. Aber das war vor nahezu 40 Jahren. Keiner von den Bucharer Juden ist reich; aber alle scheinen in auskömmlichen Verhältnissen zu leben. Einige bauen Baumwolle, einige Wein, und wieder andere bauen Tabak; viele sind Kaufleute, die auf dem Moskauer Markte Teppiche gegen Manufakturwaren eintauschen und indischen Tee von Bombay über Batum und Baku importieren.

Ihre Kulturstufe ist viel höher, als man erwarten sollte. Die Hälfte von ihnen spricht Hebräisch, und am Neujahrstage (Rosch Haschanah) hörte ich in ihrer Synagoge einen wandernden Rabbi aus Safed in seiner hebräischen Predigt Evolutionstheorien entwickeln. Sein Thema war der rabbinische Satz, dass „Reue, Gebet, Wohltun das Böse abwenden". Aber wie, fragte er, kann der Lauf der Welt geändert werden? Und er antwortete, dass wir nach und nach nur allmählich den mächtigsten Strom ablenken und auch die Natur zwingen können, einen anderen Lauf einzuschlagen.

Die Hauptsynagoge ist 500 oder 600 Jahr alt, mit Anbauten aus neuerer Zeit, die so etwas wie die Kapellen einer Kathedrale darstellen, insofern als in jeder einzelnen Gottesdienst abgehalten wird. Natürlich hat sie eine Genizah — in diesem Falle nahe dem Dache — zur Aufbewahrung der für den Gebrauch untauglich gewordenen hebräischen Texte. Unter den Papieren dort fand ich, sorgfältig gefaltet, kein geringeres Kuriosum als ein Plakat in bengalischer und englischer Sprache, in dem eine Zaubervorstellung angekündigt war, die in Kalkutta im Jahre 1866 unter der Leitung von Professor Vanek, dem „Gross-Magier des Nordens" hatte stattfinden sollen.

Die meisten jüdischen Einwohner besassen Bücher, meist in hebräischer Sprache oder persisch in hebräischer Schrift. Aber sie hatten mehr frühe Drucke als Manuskripte. Ich fand dort auch mehrere Inkunabeln, darunter den Ixar-Pentateuch, der in Spanien im Jahre 1490, zwei Jahre vor der Vertreibung der Juden aus dem Lande, gedruckt worden war. Das Exemplar ist deshalb von besonderem Interesse, weil Randbemerkungen und Korrekturen zeigen, dass es in Kairo mit dem berühmten Ben Ascher-Kodex verglichen worden war, der dort im Jahre 897, also vor 1000 Jahren geschrieben worden ist und die älteste mit einem Datum versehene Bibelhandschrift der Welt darstellt. Ich fand auch einige Seiten des Katalonischen Gebetbuches, das im Jahre 1526 in Saloniki für die jüdischen Verbannten aus Barcelona gedruckt worden war, sowie viele Konstantinopeler Drucke, die teils Unica, teils sehr selten waren. Dass auch Bücher ihre Schicksale haben, lässt sich mit besonderem Rechte von den wandernden jüdischen Büchern sagen.

Es leben vielleicht 20000 Juden im Chanate, wovon die meisten in den Städten wohnen. Juden haben viele Jahrhunderte sowohl im Lande wie in der Hauptstadt gelebt. Wie von ihren Nachbarn, den Afghanen, so glauben viele auch von den Bucharen und Turkmenen, dass sie von den zehn Stämmen abstammen; aber die Juden von Buchara sind Talmudjuden und stammen wahrscheinlich von den babylonischen Juden, die nach der Eroberung Jerusalems durch die Römer sich ostwärts wandten. Ihre Familiennamen zeigen, dass viele von ihnen aus Persien (über Merw) und aus Chiwa gekommen sind.

Die chinesischen Juden von Kai-Fong-Fu kamen wahrscheinlich ursprünglich aus Buchara, da viele persische Elemente in ihrer Liturgie den bucharischen Dialekt zeigen.

Die Bucharer Juden selbst haben eine Tradition, wonach ihre Vorfahren sich in verschiedenen Teilen Persiens und besonders in Sabzawar, zwei Tagereisen von Meschhed, niedergelassen hätten, und dass sie von dort unter dem Eroberer Dschingis Khan (1220) nach Balkh und Samarkand gebracht worden seien. Als dann Samarkand unter Mehemet Chan, dem Eroberer von Schach Abbas, zerstört wurde (1598), siedelten sie nach Buchara über, wo sich schon eine jüdische Gemeinde befand, und eine Anzahl von ihnen wanderte von dort nach Tschihu Patschihu (China) aus, von wo aus sie nur kurze Zeit mit ihrem Heimatlande in Verbindung blieben, obwohl sie „ihre Stammtafeln mit sich genommen“ hatten.

Der jüdische Missionar Wolff besuchte Buchara im Jahre 1832, als Molla Pinchas der Ältere dort Oberrabiner war, und es befanden sich damals vier Synagogen in der Stadt. Wolff schätzte die Anzahl der Juden auf 10000 und sagte, dass sie nur 300 Dollars jährlich als Steuern an Bahadur Chan zu zahlen gehabt hätten. Er berichtete auch, dass sich dort 300 jüdische Familien befunden hätten, die zum Islam übergetreten und bei der Bevölkerung verhasst waren; sie hätten mit den „Gholoom“ oder persischen Sklaven Ehen geschlossen, aber nicht mit den Uzbeken.

Gegen Ende des XVIII. Jahrhunderts kam ein gewisser Joseph ben Moses Maimon, ein Jude aus Tetuan, der deshalb „Mughrebi“ genannt wurde, über Jerusalem und Bagdad nach Buchara. Er fand die Juden unwissend und ohne Kenntnis der Gebräuche; er reformierte daher ihr Ritual und ihren Gottesdienst und liess von Europa hebräische Bücher bringen. Die Juden haben jetzt ihre alte persische Liturgie vergessen und die der italienischen Sephardim akzeptiert, in dem Glauben, dass sie, wie Maimon, von den spanischen Flüchtlingen abstammten. Rabbi Joseph Maimon hatte einen weniger erfolgreichen Rivalen in einem gelehrten jemenitischen Juden, Rabbi Zachariah ben Mazliach.

Hier und in der Nachbarschaft erwarb ich etwa 70 hebräische und hebräisch-persische Manuskripte, von denen eines in Herat geschrieben war. Viele von ihnen waren in persischer Sprache und nur in hebräischen Buchstaben, so die Werke der grossen persischen Dichter, wie Sadi, Jami umd Nizami, sowie kleinerer Lokalberühmtheiten, wie Tufili, Zerubi von Samarkand und Musafiki.

Im Jahre 1490 wirkte dort auch Usiel Moses ben David, der hebräische und persische Gedichte schrieb. Andere jüdische Dichter waren Jussuf Jehudi ben Isaac (1688 bis 1755) und seine Freunde Uzbek, Elischa und Salomo Mollah. Etwas später lebten David ben Abraham ben Machni, Usiel, Benjamin Simon-Tob und Eleasar ha-Kohen und — zu Beginn des XIX. Jahrhunderts — Ibrahim ibn Abu al-Khair, der Verfasser von „Khadaidad“ (ed. Salemann, Petersburg, 1897).

Die Sehenswürdigkeiten Bucharas — sein fürchterliches Gefängnis, sein hochragendes einzelnes Minarett, von dessen Spitze in früheren Zeiten die Gefangenen herabgestürzt wurden, seine Medressen (Lehrhäuser) und Moscheen, der geschäftige „Registan“ oder Marktplatz mit seinen leuchtenden Melonen und vielfarbigen Seidenstoffen, seine schläferigen Wasserbecken inmitten von Baumgruppen, seine Kamele, seine verschleierten Frauen, die Hadschis, die geschmeidigen persischen Katzen, seine eigenartigen Töpfereiwaren, die Ölmühlen —

all das ist oft genug bereits geschildert worden. Aber Buchara wird mir immer im Gedächtnis haften wegen seiner kaleidoskopischen Vielartigkeit von Menschentypen. Jeder Typus des Orients ist hier vertreten, und kein einzig unharmonisch-westliches Gesicht stört das orientalische Bild. Der schlaue Afghane, der hochgewachsene Turkmene, der sauber gekleidete Hindu, der stolze Patane, der gewandte Perser, der Chinese — dies sind nur einige wenige der Typen, denen man im alten Buchara auf Schritt und Tritt begegnet. —

Samarkand ist als Ruinenstadt viel imposanter als Buchara und wird den Durchschnitts-Weltenbummler einfach in Entzücken ver-

Strasse in Samarkand (Judenviertel links).

setzen. Alles ist mit dem Namen seines grossen Bürgers Timur (Tamerlan) verknüpft, und selbst das Grab des Propheten Daniel ist mit dem mächtigen Herrscher in Verbindung gebracht worden. Der Sarkophag ist an die 20 Meter lang, wie es sich für die Statur eines Propheten schickt. Das Grab ist in neuester Zeit mit einer dreikuppeligen Backsteinkapelle überbaut worden; aber man kann in Samarkand Photographien des alten Bauwerkes bekommen. Es ist prachtvoll am Rand einer Klippe gelegen, die über das Tal des reissenden Geopflusses hinausragt. Die Tradition sagt, dass Tamerlan in Susa (in Persien) ein Grab gesehen habe, an dem sich eine Warnungsinschrift befand, die da besagte, dass niemand seine Tür öffnen solle. So öffnete er das Grab von der Rückseite aus und fand darin geschrieben, dass daselbst der Prophet Daniel begraben sei, und der ungestüme Eroberer liess mit aller Ehrfurcht den Sarkophag herausnehmen und nach seiner eigenen Hauptstadt bringen, wo er ihm als Palladium dienen sollte.

Die Juden der Stadt glauben zwar einerseits diese Tradition nicht, verwerfen sie andererseits aber auch nicht völlig; wenigstens begleiteten mich zwei Juden dorthin, wo sie wie am Grab eines Gerechten beteten. Einige meinen auch, Samarkand sei das neue Samaria, das die zehn Stämme nach der Gefangennahme Israels durch Salmanassar, den König von Assyrien, gegründet hätten.

Timurs Grabmal hingegen ist keineswegs apokryph, und es ist in der Tat eines der eindrucksvollsten Monumente der ganzen Welt. Der Eingang zu dem Gebäude ist natürlich mit einem wunderbaren Reichtum der türkisenblauen, grünen und andersfarbigen Steinkacheln verziert, für die Samarkand berühmt ist. Sie sind nicht leuchtend, sondern eher matt in der Farbe, aber darum nicht weniger schön. Das Innere ist eine kleine Kapelle mit etwa einem halben Dutzend Särge. Der Sarg Timurs ist von schwarzem Stein — der seines Sohnes, seiner Mutter und seines Lehrers sind vom weissesten Marmor und zwei federgeschmückte Banner stehen zu Häupten des letzteren. In der Gruft unterhalb der Kapelle sind die eigentlichen Marmorsärge, in denen die Leichen bestattet worden waren. Timurs Sarg ist dicht bedeckt mit arabischen Inschriften. Der rund herumlaufende Rand zählt alle seine Titel auf: „Emir Timur . . . .“ usw., und der Mittelteil der Inschrift gibt seinen Stammbaum bis hinauf zu Adam — freilich mehr lesbar als glaubhaft.

Von Ulug Beg, dem Astronomen, und Baba Chanim, der fremden Königin, und all den anderen Berühmtheiten des XV. Jahrhunderts existieren noch zahlreiche Denkmäler. Die meisten von ihnen haben jedoch ernstlich von dem Erdbeben am 24. September 1897 gelitten. Die Mauerrisse sind grösser geworden, viele der farbigen Ziegel sind herabgefallen, und Mauern sind eingestürzt oder drohen zu stürzen. Die krummen Minarette der grossen Medresse sind noch krummer geworden, und selbst moderne Gebäude sind stark beschädigt worden. Man nahm zwei starke Erdstösse wahr, um 8 und um 11 Uhr abends; seit einer Generation konnte man sich eines so heftigen Erdbebens nicht erinnern. Die Bewohner wurden von einer Panik ergriffen. Und doch sind Erdbeben hier keineswegs ungewöhnlich, und auch plötzliche Wetterveränderungen kommen häufig vor. Der Wissenschaft würde gewiss ein grosser Dienst damit geleistet, wenn Russland in seinen asiatischen Provinzen Beobachtungsstationen einrichten wollte, um diese Naturerscheinungen zu erforschen.

Abgesehen von seinen Ruinen ist Smarkand nicht sonderlich bezaubernd. Es ist jetzt seit mehreren Jahren russisch, und der Kontrast zwischen dem Stadtteile der Eingeborenen und dem modernen Viertel ist immer mehr im Abnehmen begriffen. Der Sartenbasar ist durch eine autokratische Strasse, die geradeswegs durch die alte Stadt gebrochen wurde, auch für Wagen zugänglich gemacht worden. Das ganze Stadtbild ist daher nicht so malerisch wie das von Buchara; aber man sieht doch noch viele schöne Winkel, Torbögen und alte Baumgruppen. Die Stadt ist nicht ummauert, und alle Häuser scheinen genug freien Raum gehabt zu haben, so dass Blumen und Bäume jeden Hofraum schmücken. Samarkand liegt 1000 Fuss höher als Buchara, hat mehr Regen, und gelegentlich schneit es auch.

Die Stadt besitzt ein Museum, das eine Anzahl seltener baktrischer und persischer Münzen birgt, daneben Proben aus den Kohlenbergwerken der Bucharer Berge und auch von dem Alluvialgold, das man in der Nachbarschaft findet. Es werden übrigens allbereits für den zu erwartenden Reiseverkehr Vorbereitungen getroffen; wenigstens findet man bei den wichtigeren Sehenswürdigkeiten Anschläge in vier Sprachen, die dem Touristen bei schwerer Strafe verbieten, irgendwelche Antiquitäten zu beschädigen oder fortzunehmen. Die vier Sprachen sind Russisch, Persisch, Französisch und Englisch. Dieser Eifer für den Schutz der Denkmäler ist ein neuer und willkommener Zug des russischen Charakters.

Hier wie auch anderwärts haben die Russen sich durch ihre vernünftigen Anpflanzungen verdient gemacht. Der „Abrahamowsky Boulevard" ist eine prachtvolle Allee von zwölf Reihen Pappeln und bildet ein würdiges Monument für den ersten Gouverneur von Samarkand. Der letzte, Graf Rostoffzoff, war gerade gestorben und wurde aufrichtig betrauert. Er zeichnete sich unter anderem durch seine Sympathien für England aus und hatte auch in London mehrere Jahre in der Verbannung zugebracht, die ihm dafür auferlegt worden war, dass er in Biarritz Alexander Herzen einen Besuch abgestattet hatte. Es ist bezeichnend für den Fortschritt in Russland, dass Alexander II.

ihm verzieh und ihn beförderte, und dass Nikolaus II. es zuliess, dass Smirnoffs „Leben und Tätigkeit Herzens in Russland und im Auslande“ in Petersburg veröffentlicht und das Lieblingsbuch des Jahres 1897 werden konnte.

Der Ruhm des neuen Samarkand scheint im Verbleichen zu sein. Es ist nicht mehr der Endpunkt der transkaspischen Eisenbahn; denn diese ist jetzt bis Taschkent, der Hauptstadt Turkestans und dem Sitze von Baron Wrewskys Regierung weitergeführt. Die neue Linie soll im Mai eröffnet werden und bedeutet nur einen Abschnitt in Russlands Eisenbahnprogramm. Sie soll später irgendwo in der Nachbarschaft des Balkaschsees sich mit der grossen mandschurischen Linie vereinigen. Den russischen Beamten wird eine sehr interessante Eisenbahnkarte von Asien geliefert, die die bestehenden, die im Bau begriffenen und die projektierten Linien in Sibirien, China und Indien zeigt. Die Karte gibt zu denken. Aber wenn ein kurzer Besuch in Turkestan zur Äusserung einer Ansicht berechtigt, so möchte man sagen, dass die russischen Expansionsbestrebungen durch den Himalaja abgelenkt worden sind und sich nun langsam aber unaufhaltsam nicht nach Indien, sondern nach China wenden.

In kommerzieller Beziehung hat die transkaspische Eisenbahn schon jetzt Wunder gewirkt. Ein grosser Baumwollhandel ist von ihr geschaffen worden. In Samarkand wie in Buchara verdrängt allmählich die Baumwolle die Weinkultur aus ihrem Bebauungsareal, obwohl jahrhundertelang die Rebe der Stolz der Turkmenen war. Selbst jetzt ist es keine Seltenheit, bei den Gastmählern der dortigen Reichen sechs oder acht verschiedene Sorten von Trauben auf der Tafel zu haben — oder richtiger auf den Teppichen, da es Tische nicht gibt. Die merkwürdigste von diesen Sorten ist die Traube von Kabul, die wie eine Niere geformt ist.

Drei Millionen Pud (à 16,38 kg) Baumwolle wurden im Jahre 1896 exportiert. Zwei Millionen kamen von Kokan (einschliesslich Samarkand) und 500 000 kamen von Buchara. Eine halbe Million Pud wurden von Poznanski, einem grossen jüdischen Fabrikanten, gekauft, der in seinen Baumwollfabriken in Lodz (Polen) 7 000 Arbeiter beschäftigt. Mir wurde gesagt, dass der grösste Teil des Baumwollhandels in den Händen der Juden läge, und dass, obwohl die transkaspische Provinz ausserhalb des jüdischen Ansiedlungsrayons liegt und eigentlich den Juden verschlossen sein soll, die Regierung sie dennoch de facto gern sehe, weil sie Geld, Handel und Verkehr nach ihren neuen Besitzungen verpflanzen. Eigentlich würden die Panslawisten Turkestan und Sibirien lieber von Slawen bevölkert sehen. Die Juden sind zwar russische Untertanen, aber nicht Slawen und stehen daher ausserhalb des Bereiches der Sympathien dieser Art von russischen Patrioten. Aber da die Panslawisten aus den Erfahrungen der letzten Generation gelernt haben, dass die slawische Rasse sich in dem brennenden Sande von Turkestan und in den eisigen Ebenen Sibiriens nur schwer akklimatisiert, so sehen sie sich genötigt, den sich besser anpassenden Juden willkommen zu heissen.

Und hierin, möchte ich behaupten, liegt die wahre Lösung der russisch-jüdischen Frage. Kein Millionär, keine Kohorte von Millionären und keine Regierung, wie stark sie auch sein möge, kann eine Bevölkerung, die nach Millionen zählt, durch Güte oder Gewalt veranlassen, über das Meer zu gehen. Nur in Russland selbst kann die Frage gelöst werden. Und Russland ist gross genug, um allen seinen Einwohnern — auch den Juden — Raum zu bieten. Die Reichtümer Sibiriens und Zentralasiens sind gigantisch und gehen weit über alle Träume hinaus. Die Welt beginnt erst jetzt sich dessen klar zu werden. Es ist eine geschichtlich feststehende Tatsache, dass die Juden zur Entwicklung des Handels in Amerika, Indien, Australien und Afrika beigetragen haben. Russland braucht nur die Tore des Ghettos zu öffnen, und es wird finden, dass seine jüdischen Untertanen unter den ersten sein werden, die ihm sein Reich im Osten aufbauen helfen. Und der Stein, den die Bauleute verworfen haben, wird vielleicht zum Eckstein des Gebäudes werden.

Ein Besuch in Moisesville.

Stadt, Dorf und Farm — Die Pampas — Aussichten — Ein Vergleich zwischen russischen und rumänischen Juden — Die Juden in Argentinien.

Eine Reise quer durch Südamerika über die Anden gibt einem Gelegenheit, Moisesville (über Rosario) zu besuchen, bevor man nach Buenos Aires kommt. Der letzte Bericht der „Jewish Colonization Association" von 1902 teilt einige Einzelheiten über die Baron Hirschschen Kolonien in Argentinien mit, erwähnt aber weder den Direktor noch seinen Beamtenstab, noch gibt er die leiseste Information über die Lage der Siedlung oder die nächste Eisenbahnstation. Moisesville ist eine Station der Schmalspurbahn der „Compagnie Française des Chemins de Fer de Santa Fé", und mittelst eines Fahrplanes war ich imstande, an einem glühenden Sonntag im Dezember 1902, von Moskitos zerstochen und in Schweiss gebadet, dorthin zu gelangen. Die von mir gewählte Route war nicht die beste; die geeignetste Station wäre die von Palacios (an der englischen Bahnline Buenos Aires—Rosario) gewesen, die etwa 18 Stunden von Buenos Aires entfernt liegt; aber dadurch, dass ich auf der einen Linie ankam und mit der anderen weiterzureisen hatte, bekam ich etwas mehr von der Kolonie zu sehen, als es wohl sonst der Fall gewesen wäre.

Auf dem Gebiete der Kolonie liegen bereits sieben Bahnstationen, und sie umfasst etwa 1250 Quadratkilometer — also mehr als manche englische Grafschaft — mit einer zerstreuten Bevölkerung, von der 2000 Juden, darunter mehr als 200 Ackerbaukolonisten waren. Diese Farmer sind auf eine von drei Arten untergebracht: in der Stadt Moisesville, in kleinen Dorfgruppen von je vier Farmen und in Einzeln-Siedlungen an bestimmten Linien. Das erste System ist das älteste und schlechteste; das zuletzt genannte wird als das beste betrachtet; aber das zweite entspricht mehr der jüdischen Vorliebe für das Zusammenleben, während es dem Kolonisten gleichzeitig ermöglicht, auf seinem Stück Land zu wohnen. Die vier Farmen sind dabei immer so angelegt, dass die Wohnhäuser an den zusammenstossenden Ecken der vier Farmen liegen.

Das eigentliche Moisesville nimmt nur etwa ein Viertel der Ausdehnung der ganzen Kolonie in Anspruch; es liegt im Südosten des Gebietes; im Nordosten liegt Wawelberg, im Nordwesten Monocotes und Leven und im Südwesten die Kolonie Zadok Kahn. Im Norden von Wawelberg liegt ein Gebiet, das auf der Karte als ebenfalls der „Jewish Colonization Association" gehörig bezeichnet ist; es ist zum Teil noch Urwald und bleibt für spätere Kolonisation reserviert.

Palacios liegt zwischen Zadok Kahn und Moisesville und ist eine alte argentinische Kolonie, die, nach ihrem Eigentümer benannt, noch

Synagoge in der Kolonie Moisesville.

nicht ganz von der „Jewish Colonization Association" angekauft worden ist. Die Eisenbahnen laufen in nordsüdlicher Richtung; die französische Linie bildet die östliche Grenze, während die englische zwischen Zadok Kahn und Palacios entlang führt. Der jetzige Direktor von Moisesville ist ein in Deutschland ausgebildeter Agronom und war eine Zeitlang auf der jüdischen Ackerbauschule in Ahlem bei Hannover. Er war etwa sieben Jahre lang in der Kolonie Mauricio gewesen, aber erst wenige Monate in Moisesville.

Was den europäischen Reisenden an der Provinz Santa Fé im allgemeinen und an Moisesville besonders wunder nimmt, ist die baumlose Flachheit des Geländes. Es ist ein Teil der endlosen Pampas. Der Boden ist sehr fruchtbar und liefert sechs bis acht Ernten von Luzerne oder Espartogras im Jahr. An Wasser ist kein Mangel, obwohl behauptet wird, dass man, seit der Boden bearbeitet wird, zwei- bis dreimal so tief danach zu graben hat wie früher; aber noch jetzt braucht man nirgends tiefer zu graben als neun Meter unter der Oberfläche. Als ich dort war, gab's leider sogar zuviel Wasser. Tropische Regenschauer hatten eine zweimonatliche Espartoernte und fast den ganzen Weizen vernichtet, und nur der Mais versprach noch eine Ernte. Die Kolonisten waren sehr deprimiert.

Die Hitze war schrecklich; es gab nirgends Schatten, und selbst das Vieh, worunter prächtige englische Tiere waren, litt unter dem Mangel an Schatten. Jeder Kolonist kann einige Eukalyptusbäume und soviel Paraisobäume umsonst bekommen, als er nur will. Paraisobäume haben den Vorzug, dass sie die Heuschrecken fern halten. Aber unsere Kolonisten sind entweder zu arm oder zu faul, um Bäume zu pflanzen, ausser wenn ein unmittelbarer Vorteil in Aussicht steht, und so müssen die schönen Durhamkühe und selbst die eingeborenen Pferde verschmachten und entarten. Nur einer unter den Kolonisten von Moisesville hält Schafe, obwohl ich einige schöne Herden in dem Teile von Palacios sah, der noch nicht von der „Jewish Colonization Association" erworben wurde, wo sich auch einige schöne Baumallen befanden, die wohl etwa 20 Jahre alt sein mochten. Einige Bäume wurden auch rings um das Administrationsgebäude und die Synagoge gepflanzt.

Über die Aussichten von Moisesville oder die Eignung der dortigen jüdischen Ackerbauer lässt sich nicht viel Gutes sagen. Vielleicht sind die Aussichten in Mauricio besser, das in der Provinz Buenos Aires selbst und nur acht Stunden von der Hauptstadt entfernt liegt. Das Land steigt dort beständig an Wert und ist jetzt dreimal soviel wert, als Baron Hirsch dafür bezahlte. Aber in Moisesville und überhaupt in der Provinz Santa Fé hat eine Reihe von schlechten Jahren den Wert des Bodens nicht steigen lassen. Auch die grosse englische Viehzucht-Estancia von San Cristobal (zwei oder drei Stationen nördlich von Moisesville) soll schlecht vorwärts kommen. Die vereinzelten Kolonisten von Entre Rios auf der anderen Seite des

La Platastromes sollen auch nicht besser daran sein. Ich traf mit einem Ackerbauinspektor der Regierung auf der Bahn zusammen, und er sagte mir, dass bis jetzt die Leitung unserer Kolonien schlecht gewesen sei, und auch bezüglich ihrer Zukunft war er nicht optimistisch. Dies enttäuschte mich sehr nach dem glückwunschmässigen Tone des Briefes des Senor Iturraspe, des Intendanten von Santa Fé, der die Kolonie im Januar desselben Jahres (1902) besucht hatte. Der Brief ist in dem Bericht der „Jewish Colonization Association“ vom 22. Juni 1902 publiziert; aber natürlich ist er in Anbetracht der unvermeidlichen Übertreibungen eines kastilianischen Besuchers nicht allzu wörtlich zu nehmen.

Der Jude scheint zu spekulativ zu sein, um selbst in Argentinien einen guten Landwirt abzugeben. Er liebt es zu sehr, alle seine Eier in einen Korb zu tun. Luzerne bezahlte sich im Jahre 1901 recht gut, und so baute er dieses Jahr fast nur Luzerne. Vernichtet der Regen die Ernte, so ist er sofort verzweifelt und — besonders wenn er ein Rumäne ist — sofort bereit, die ganze Sache aufzugeben und nach Rosario oder Buenos Aires zu gehen, um dort ein Geschäft anzufangen, eine Werkstatt zu eröffnen oder Hausierer zu werden. Wenn die Leute sich neben dem eigentlichen Ackerbau noch mit Milchwirtschaft beschäftigen würden, wenn sie gleichzeitig verschiedene Fruchtarten bestellen wollten, so würden sie zwar unter günstigen Umständen nicht ganz soviel erwerben, als bei der Beschränkung auf die gerade günstigste Kultur; aber in diesem Falle würde auch der ungünstigste Ernteausfall keinen absoluten Verlust bringen, und man brauchte sich dann nicht durch einen einzelnen Schlag entmutigen zu lassen, und das Risiko würde sich verteilen.

Tatsächlich ist der Ackerbau eine riskante Sache in Argentinien. Die Natur bietet in einigen Beziehungen sehr günstige Vorbedingungen. Der Boden ist von fast unglaublicher Fruchtbarkeit. Ein reicher Lehmboden oder Humuserde bedeckt viele Zentimeter tief ganz Moisesville. Aber die tropische Zone ist zu nahe, als dass man sich allzusehr auf das Klima verlassen könnte. In einem Jahre herrscht gelegentlich Trockenheit, im anderen vernichten die Heuschrecken die Ernte, und im dritten kann es vorkommen, dass unzeitgemässe, schwere Regengüsse die Hoffnungen des Landmannes zunichte machen. Und doch ist es andererseits wundervoll, gut bearbeitete Felder von 20 Hektar Ausdehnung zu sehen, über denen ganze Wolken gelber

Schmetterlinge schwärmen — an Stellen, wo vor 15 Jahren der grimmige Puma umherstreifte und wilde Indianer den zaghaften Vormarsch der Zivilisation noch im Schach halten konnten. Die Veränderungen, die hier eingetreten sind, muss man der Eisenbahn und der „Jewish Colonization Association" zuschreiben. Die letztere wird übrigens mit der zweiten Generation ihrer Ansiedler manches erreichen können. Die Kinder unserer Kolonisten haben nichts mehr von der gebückten Ghettohaltung an sich. Furchtlos und munter reiten die Kinder — Knaben und Mädchen — auf ungesattelten Pferden, und die neue Generation wenigstens hängt wirklich am Landleben.

Man sagt, es bestehe ein grosser Unterschied zwischen den russischen und den rumänischen Juden. Der Russe lässt sich besser an — wenigstens im Anfang. Seine Ansprüche in bezug auf Bequemlichkeit sind geringer, er ist weniger leichtsinnig, eher zu befriedigen und nicht so leicht durch Fehlschläge zu entmutigen, gleichviel ob sie von der Natur oder von den Menschen herrühren. Aber der Rumäne ist intelligenter und kommt besser mit den Eingeborenen aus. Seine Sprache ist eine romanische, und ein Jahr genügt, um ihn den kastilischen Dialekt fliessend und sogar klassisch sprechen zu lassen — kein geringer Vorteil, wenn man bedenkt, dass Leute mit spanischer Sprache das ganze Jahr hindurch auf den Farmen beschäftigt werden, und dass zur Erntezeit jeder Kolonist sogar drei bis vier Leute anzunehmen hat. Die Arbeitskräfte sind jedoch teuer, und da die rumänischen Familien gewöhnlich kleiner sind als die russischen, so hat der Rumäne weniger unbezahlte Hilfskräfte. Er hat es deshalb schwer, sein Auskommen zu finden — besonders in schlechten Jahren — und aus allen diesen Gründen gravitiert er nach den Städten.

Einen anderen Fall, der zum gleichen Resultate führte, konnte ich bei der Abreise von Palacios beobachten. Auf der nächsten Station bestieg ein junger Mann den Zug. Seine Freunde hatten ihn die zehn Meilen von Moisesville aus zur Bahn begleitet. Es stellte sich heraus, dass er ein Witwer war, der in Buenos Aires eine Möbeltischlerei besass. In den letzten drei Tagen hatte er auf der Kolonie die Bekanntschaft einer jungen Dame, einer hübschen jungen Jüdin von 17 Jahren, gemacht und sich mit ihr sofort verlobt. Der Abschied war ausserordentlich zärtlich, und der junge Mann wollte in ein paar Monaten zurückkehren, um seine Braut abzuholen. Er war ein Kaukasier aus der Nachbarschaft von Rostow, und sein Vater war ursprünglich ein Kolonist in Entre Rios gewesen, wo sie einen Koscher-Fleischladen hatten. Ein betrunkener Spanier hatte einen Juden auf der Kolonie erstochen und dem jungen Manne mit dem gleichen Schicksale gedroht. Dieser aber hielt Vorsicht für den besseren Teil des Mutes und veranlasste seine Familie, die Kolonie zu verlassen, um dem noch immer unbestraften Mörder das Feld zu räumen. Sie gingen nach Buenos Aires und sind sehr unzufrieden darüber, dass die „Jewish Colonization Association“ ihnen 300 Dollars für Verbesserungen ihrer Farm bewilligt hatte, deren Wert sie zehnmal so hoch veranschlagten.

Wie immer man über den Wert oder den Erfolg der Kolonien selbst denken möge, so kann doch kein Zweifel darüber bestehen, dass es ausschliesslich ihnen zu danken ist, dass sich heute in Argentinien eine jüdische Bevölkerung von 30000 Seelen befindet, von denen ein Drittel in der Hauptstadt lebt. Sie haben dort zwei Synagogen — beide in der Calle Liberdad. Auf dem sonstigen südamerikanischen Festlande gibt es kaum irgendwelche Juden. In Panama befinden sich einige wenige; sie haben einen eigenen Begräbnisplatz, dessen hebräische Inschriften mir auffielen, als ich eines entsetzlich heissen Tages von Bocas nach jener Stadt wanderte. In Peru mögen vielleicht ein Dutzend Juden leben, einschliesslich der in Jamaika geborenen Tochter eines Engländers, die mit einem Zahnarzt von der dänischen Insel St. Thomas verheiratet ist. In Chile sind kaum mehr, und in Brasilien existiert keine Synagoge und finden sich niemals, vielleicht mit Ausnahme des Versöhnungstages, die erforderlichen zehn Beter (Minjan) zusammen, obwohl ein Agent der „Alliance Israélite“ in Rio zu sein pflegte. Aber Argentinien bildet eine rühmliche Ausnahme, und nach der Analogie, die Buenos Aires bei seiner rapid wachsenden Bevölkerung von 800000 mit Neuyork bietet, würde es nicht erstaunlich sein, nach einer weiteren Generation den jüdischen Millionär dort ebenso häufig anzutreffen wie jetzt in den Vereinigten Staaten.

In bezug auf die Zukunft unserer Ackerbaukolonisten kann ich mich jedoch weit weniger optimistisch äussern. Das Zentralbureau der „Jewish Colonization Association“ in Buenos Aires befindet sich übrigens in der Calle Callao, wo die beiden gemeinsamen Direktoren wohnen, die — wie zu ihrer Ehre gesagt wird — niemals eine Meinungsverschiedenheit gehabt haben sollen. Der eine von ihnen, Cazès, war früher Direktor der Allianzschulen von Tunis und ist der Autor einer Bibliographie und Geschichte der Juden von Tunis. Der andere leitete früher die „Mikweh Israel", die Ackerbauschule bei Jaffa.

Die „Hoffnung Israels" ist in Südamerika kaum zu suchen. Mein Besuch dort hat mich nicht sehr befriedigt, und wenn ich auch die mangelnde Eignung der Leute und die unglückliche Ernte, die ich wahrnehmen musste, voll in Betracht ziehen will, so war doch meine vorherrschende Empfindung die der Enttäuschung. Ein wenig wurde letztere durch das Interesse gemildert, das die fremdartige Naturszenerie in mir hervorrief. Die Kolonie Mauricio würde mich vielleicht mehr befriedigt haben.

In Kowno (1889).

Die Stadt — Eine illegale Versammlung — Rabbi Isaac Elkan Spektor — Spektors Responsa — Sein weiter Blick.

Eines heissen Morgens im August 1889 langte ich in der alten Deutschritterstadt an. Der Ort erschien mir zu jener frühen Stunde sehr fremdartig — sauber, verschlafen, und wenige Leute auf den Strassen, und diese Wenigen sprachen kein Deutsch. Die zwei russischen Worte, die mein Vokularium ausmachten, mussten fortwährend angewendet werden, um mir den rechten Weg zeigen zu lassen. Es waren weder Droschken noch Juden zu sehen. Für die Droschken war es noch zu früh, und die Juden waren vermutlich alle in der Synagoge. Es war die Zeit des Morgengebets, und es gibt ausser den kleineren Betstätten (Minjanim) 25 Synagogen in Kowno. Mehr als die Hälfte der etwa 73000 Einwohner von Kowno sind Juden. Aber jeder Christ, den ich traf, ob er nun griechisch- oder römisch-katholisch war, schien die Worte „Staro Rebben“ zu verstehen; denn jeder zeigte nach Westen. Und so wanderte ich denn und wanderte ungefähr eine Stunde, mitten durch die Stadt und weiter die gerade Chaussee entlang, die ins Land hineinführt. In der Luft summte es von den Bienen, und die Wegränder trugen bunten Blumenschmuck. Die Landleute zogen fröhlich in die Stadt, und die Vorstadthäuser sahen bequem und nach Wohlstand aus. Es war alles anders, als man es von der Umgebung einer russischen Stadt vermutet hätte, und es stimmte gar nicht zu den Erfahrungen, die man in Warschau oder in Brest oder in Wilna machen kann. Aber dafür liegt Kowno auch Königsberg viel näher als der russischen Hauptstadt.

Nur wenige Minuten jedoch, und ich sah, dass ich gleichwohl in Russland war. Etwa um sieben Uhr kam ich zu einem bescheiden aussehenden Landhause, der Sommerwohnung des Kownoer Rabbis. Auf meine Frage nach ihm deutete ein unverkennbar jüdisch aussehendes Dienstmädchen auf ein Nebengebäude auf der anderen Seite der Strasse und sagte mir in ziemlich verständlichem Jüdisch-Deutsch: der Rabbi sei dort beim Gebet. Ich ging also über die Strasse und versuchte die Türe des Häuschens zu öffnen; sie war aber verschlossen und verriegelt. Ich klopfte und schliesslich wurde die Türe gerade weit genug geöffnet, um es einem unserer Glaubensgenossen zu ermöglichen, sein furchtsames Gesicht durch die Öffnung zu stecken.

Ich wurde gefragt, wer ich sei, von wo ich käme, was ich wolle .... ich antwortete, ich sei ein Jude und wolle an dem Morgengebete teilnehmen. Nach einigem Zögern wurde ich eingelassen, und einmal im Hause, hatte ich keine Ursache mehr, über Argwohn oder Unfreundlichkeit zu klagen. Ich hatte meine Tephillin bei mir und wurde als „Cohen" aufgerufen. Das Zimmer besass keine Möbel ausser einem Tisch, einem kleinen Thoraschrein und einem Stuhl; auf dem letzteren

Typus eines russischen Juden.

sass ein weissbärtiger Achtzigjähriger mit vollem Gesicht und durchdringenden Augen. Nach dem Gebete stellte ich mich ihm vor und fragte ihn, warum man mich so ungern eingelassen habe. „O," sagte er, „wir sind im Golus (etwa: in der Verbannung), und es ist nicht erlaubt, ein ‚Minjan' ausserhalb der Stadt abzuhalten. Selbst Sie haben sich durch ihre Teilnahme einer Strafe von 100 Rubeln ausgesetzt! Wir meinten, es sei die Polizei; aber da Sie ein Engländer und der Sohn eines geehrten Freundes sind, so kommen Sie mit mir zum Frühstück!"

Während des Frühstücks und noch eine oder zwei Stunden nachher sprach er viel und verzweiflungsvoll über die Rechtlosigkeit der Juden in Russland und verglich die Verfolgungen in seinem Heimatlande mit der Freiheit, die wir englischen Juden geniessen. Ihm waren die Strassen von London fast so vertraut wie die Gassen in seinem eigenen Nehardea, obwohl er seit der Aufgabe seines ersten Rabbinates in Novoradok wohl niemals aus Kowno herausgekommen war, ausser einer denkwürdigen Begegnung mit Montefiore auf dessen Reise zum Zaren Nikolaus. Er stand mit mehreren Londoner Freunden in ständiger Korrespondenz und kannte ganz genau den Stand der dortigen Schechita-Angelegenheiten und die Sektenpolitik von Whitechapel. Er bekannte sich als treuer Freund unserer gesetzlich anerkannten geistlichen Behörden und beklagte und verurteilte den Unfrieden und die Verwirrung, die von „undankbaren" russischen Juden in ihrem Adoptivvaterland angestiftet worden waren.

Von sich selbst sprach er wenig und von geschäftlichen Dingen in so diplomatischer Form und so vernünftig, dass er, obwohl längst über seine besten Jahre hinaus, seinen grossen Ruf vollständig rechtfertigte. Und sein Ruf war zweifellos sehr gross — in Paris und in Berlin, in London und in Jerusalem ebenso wie in Wilna, der Gemeinde seines Sohnes, der dort „Rabbinowitz" — des Rabbis Sohn — genannt wird. Überall in Russisch-Polen hatte ich von ihm und seiner Güte gehört.

Einige wenige Monate später, und Rabbi Isaak Elkan Spektor war tot. Er wurde betrauert wie ein wahrer Fürst in Israel. Der Verlust kann niemals wieder ganz ausgeglichen werden; denn die Stellung, die er einnahm, war einzigartig. Sie war nicht sowohl der Autorität zuzuschreiben, die er als ein unerreichter Talmudist besass, als vielmehr dem absoluten Vertrauen, das er wegen seines feinen Taktes und seiner Selbstlosigkeit genoss. Er hinterliess uns ein ganzes Heer von Schriften, das sogar die Bewunderung eines so tüchtigen Bibliographen wie Steinschneider herausforderte. Seine drei hervorragendsten Werke sind seine Responsensammlungen; denn er war vielleicht der am häufigsten Befragte unter den modernen Rabbinern.

Eine seiner Responsen tut die Einheitlichkeit jüdischen Denkens durch das ganze Mittelalter und durch die von den modernen Entdeckungen veränderten Verhältnisse hindurch dar. Es ist die Untersuchung der Frage nach der relativen Heiligkeit der Korrekturabzüge

— ob hebräische Korrekturabzüge vernichtet werden dürfen, oder ob sie ebenso wie alles andere in der heiligen Sprache und für heilige Zwecke Geschriebene aufbewahrt werden müssen. — Der Rabbi entschied, dass sie ihrer ganzen Natur nach für eine kurze Geltung bestimmt und voller Fehler seien, und dass es eine fromme Pflicht sei, sie zu vernichten. Kann eine Frage alltäglicher sein? Und doch ist

Typus eines russischen Juden.

es nur unserer liebevollen Sorgfalt in solchen kleinlichen Dingen zuschreiben, wenn die wissenschaftliche Welt heute auf neue Entdeckungen gespannt ist, die die Nachforschung in irgendeiner Genizah oder einem Synagogenwinkel zutage fördern könnte!

Obwohl selbst einer der frömmsten Juden Russlands, war der Rabbi doch anderen gegenüber höchst tolerant. Er beurteilte alle Menschen liebevoll und strebte immer danach, den dornigen Pfad seiner Religion ein wenig breiter und leichter zu machen. Und er konnte es sich erlauben, das zu tun; denn kein Pharisäer hätte je gewagt, ihn der Lässigkeit zu beschuldigen. Er war der Hillel gegenüber den Schammais unter seinen litauischen Kollegen. Besonders galt dies für die Fälle von Frauen, deren Männer verschollen waren, und denen das Gesetz verbot, sich wieder zu verheiraten. Für diese suchte er stets einen Ausweg zu finden und als Beweis der Witwenschaft zu akzeptieren, was nur eine stärkere Art von Evidenzbeweis war. So zitiert er in einer seiner Responsensammlungen das Beispiel einer armen Frau, deren Mann in der riesigen englischen Hauptstadt verschollen war. Aber ein Leichnam war in der Themse gefunden worden, und die von der Polizei hergestellte Photographie der Leiche wurde von dem „Beth Din“ als die des Mannes bezeichnet, dessen Photographie von der Frau oder Witwe beigebracht worden war. Der Kownoer Rabbi hielt dies für ganz hinreichend; aber ich erinnere mich, wie mein teurer Lehrer, der verstorbene Rabbi Jakob Reinowitz, selbst ein Mitglied des Beth Din, mir davon mit einem leisen Schatten von Missbilligung erzählte. Mir scheint, es muss sich um diesen Fall gehandelt haben; aber unter den Responsen befinden sich mehrere andere, ähnliche Fälle, die sich gleichfalls auf London beziehen. Diese zu identifizieren, ist nicht so leicht, wie es bei dem aufgefundenen Leichnam war; denn der Autor unterdrückt mit charakteristischer Bescheidenheit alle Orts- und Personennamen, und lässt in seinem Bericht alles ausser den Tatsachen und den Argumenten fort.

In der ganzen orthodoxen Judenheit wurde Spektor als die oberste Autorität in Fragen des jüdischen Gesetzes angesehen; um sein Befähigungszertifikat bemühten sich die Rabbinatskandidaten, und sein Imprimatur wurde von den Verlegern hebräischer Werke hoch geschätzt. Seine „Haskama“ ist auf dem Vorderblatte vieler modern-rabbinischer Bücher zu finden, selbst wo es sich nur um die naive geschäftliche Notiz handelt, dass er auf sie subskribiert hat.

Spektors grosser Ruf hatte in keiner Weise etwas mit einer offiziellen Stellung oder mit äusserem Glanze zu tun. Von dem „Drum und Dran“ eines geistlichen Würdenträgers besass er nichts, wenn man hierzu nicht etwa seinen Diener und Schreiber und seine zehn unbezahlten Minjanleute rechnen will, die jeden Morgen drei Meilen weit die staubige Strasse entlang wanderten, um mit dem Rabbi zu beten. Selbst in Kowno ist der allein anerkannte Rabbiner der

„Kronrabbiner“. In Angelegenheiten jedoch, die sich auf ihre jüdischen Untertanen im allgemeinen bezogen, verhandelte die russische Regierung lieber mit Rabbi Isaak als mit ihrem eigenen Funktionär, und es war klug genug, ihn als einen — wenn auch nicht offiziellen — Repräsentanten der Juden zu betrachten. Und wenn selbst die russische Regierung ihn vermisste, als er gestorben war — was sollen dann wir sagen, die wir von seinem eigenen Volke sind und in ihm einen Mann betrauern, der in ganz Israel bekannt war als „der Lehrer aller Söhne der Gefangenschaft“.

Die indischen Juden.

Aden — Menahem Messa — Manuskripte — Eine kupferne Urkunde — David Rubeni — Cochin — Indische Juden — Die B'nei Israel — Die Holländer und Portugiesen — Schwarze und weisse Juden — Zur Literatur über die indischen Juden — Ein Geschäftsbrief aus dem XIII. Jahrhundert — Die Falascha — Jews' Town — Roby — Die Urkunde des Bhâskara Ravi Varma — Der Zensus — Die B'nei-Israel-Tradition — „Rol dos bahale batim" — Neuere Literatur.

Der Zauber des Ostens, des asketischen Ostens, ist wohl nirgends so stark wie in Aden. Aden ist die Pforte des mystischen Hügellandes, des Mutterlandes der Religionen des Moses und Mohammed; wo Arabiens aufrührerische Stämme noch immer dem Sultan Trotz bieten, wo primitive Liebe und Seeräuberei noch herrschen, und Mahdis predigen und kämpfen. Hier sind die Berge des Südens, die Täler von Jemen oder Arabia felix, die הררי תימן, um die sich die vertrauten Namen von Asra und Wahabi, von Mekka und Mochâ reihen. Schiffe nehmen heutzutage keine Kohlen mehr in Aden ein. Die britische Regierung besitzt das Monopol für die Kohlenzufuhr. Aden ist der Schlüssel zum Roten Meer und zum Suezkanal, eine ideale Marinestation. Aber obgleich sie dort nicht Kohlen einnehmen, halten die meisten Postdampfer dort ein bis zwei Stunden, weil dort der Schiffswechsel zwischen Indien, Persien und Australien einerseits und Europa andererseits stattfindet. Doch die Hitze ist zu gross, und das Land ist zu wenig anziehend — ausgenommen für Spezialisten oder Kaffeehändler —, als dass es sich für den Schiffskapitän der Mühe lohnte, von seiner kontraktlich festgesetzten Zeit mehr als eine bis zwei Stunden zu opfern. So hat man jetzt sehr selten Gelegenheit, die alte Stadt Aden wirklich zu sehen, die in einem Gebirgstale liegt, zu dem man durch eine ungefähr drei bis vier englische Meilen lange Schlucht vom Hafen und vom Küstendorf aus gelangt, auf dessen Höhe die Schiffe vor Anker gehen. Die purpurfarbenen Felsen, die sich turmhoch droben erheben, scheinen eine metallische Hitze auf die Meeresküste auszustrahlen, und es gibt weder Vegetation noch Schatten.

Es traf sich günstig für uns, die wir an Bord der „Marmora" waren, dass wir fast eine Million Münzen, die zum Schmuck für die Frauen Indiens bestimmt waren, zur Weiterverschiffung umzuladen hatten; wir bekamen auf diese Weise mehrere Stunden Extraurlaub. Das gestattete uns, an Land zu gehen, eine Kutsche nach Aden zu nehmen und uns in Kürze über die Juden von Jemen zu orientieren. Wir fuhren geradeswegs zum Hause des Kaffeekönigs, Menahem Messa, an den wir einen Empfehlungsbrief hatten. Schon zu Saphirs Zeit war Messa der angesehenste jüdische Notable dort. Saphir besuchte Aden, als er sich im Jahre 1854 auf dem Wege nach Indien befand, und gibt eine ausgezeichnete Beschreibung darüber im zweiten Teile seines „Eben-Saphir", das im Jahre 1874 in Mainz erschienen ist. Er beschreibt Messa als das Haupt der Gemeinde, klug, fromm und sehr reich. Die Regierung hält sehr viel von ihm; er hat auch gelegentlich des Regierungsjubiläums der Königin Viktoria im Jahre 1897 die Ansiedlung mit einem Krankenhause beschenkt. Sein Bruder sowohl wie er selber sind hochgewachsene Männer mit langen Bärten und haben auffallende Ähnlichkeit mit Sir Samuel Montagu. Sie waren zu bescheiden, um einzuwilligen, sich von uns photographieren zu lassen. Auf unserem Wege zu seinem Hause, das im jüdischen Viertel, in der Nähe der Synagoge liegt, kamen wir am Friedhof vorbei, und es gelang uns, davon eine photographische Aufnahme zu machen. Die Photographie zeigt deutlich die Inschrift auf einem Grabsteine vom vergangenen Jahre; wir sahen aber keine sehr alte Inschrift. Saphir war glücklicher darin und beschreibt zehn Grabsteine verschiedenster Daten, zwischen den Jahren 1 und 61. Er glaubt nicht an die Möglichkeit, dass die „1000" ausgelassen worden ist, und bezieht diese Daten auf das III. Jahrhundert vor der christlichen Ära. Aber die „1000" ist gelegentlich in Genizahfragmenten ausgelassen worden, und es ist mit ziemlicher Sicherheit anzunehmen, dass die betreffenden Grabsteine aus dem VIII. Jahrhundert stammen und also ein ganz beträchtliches Alter aufzuweisen haben. Im Britischen Museum befindet sich ein Grabstein aus Aden vom Jahre 1317.

Es dürfte befremden, dass ich hier die Schilderung der indischen Juden mit Bemerkungen über die Juden von Aden beginne. Aber es liegt Methode in diesem Nonsens. Infolge einer seltsamen geographischen Fiktion wird Aden als ein Teil der Bombayresidentschaft betrachtet, und abgesehen davon, besteht seine jüdische Bevölkerung nicht nur aus arabischen Juden, sondern auch aus einer immer beträchtlichen, wenn auch jetzt langsam an Zahl abnehmenden Kolonie indischer Juden durch Geburt oder Herkunft. Als Saphir Aden besuchte, war er besonders überrascht von etwa 300 Angehörigen der B'nei Israel, schwarzen Juden aus Bombay, und von den Konkan, die in Aden sich angesiedelt hatten. Die Statistik gibt ihre Zahl auf 150 an. Wir sahen leider keine von ihnen in Aden. Sie scheinen früher kriegerischer gewesen zu sein als heutzutage, obgleich verschiedene von ihnen noch jetzt in der indischen Armee dienen, besonders in der „Eingeboreneninfanterie", und einige von ihnen sogar den Rang eines „Subadar", d. h. eines von der Regierung bestallten Offiziers bekleiden. Britische Offiziere, die wir an Bord des Schiffes trafen, versicherten uns, dass sie tüchtige, angesehene Soldaten seien und sich heutzutage ganz besonders durch kriegstechnische Arbeiten auszeichnen. Wenn wir wie gesagt in Aden auch keine B'nei-Israel-Juden antrafen, so fanden wir doch bedeutend mehr arabische Juden dort vor als Saphir seinerzeit. Die Wege waren gedrängt voll von diesen Juden, und Messa teilte uns mit, dass es in Aden zurzeit wenigstens 5000 Juden gäbe. Viele davon sind Flüchtlinge aus Sana. Ein Teil dieser Flüchtlinge ist nach Europa, nach Ägypten und Palästina, ein anderer sogar nach Indien ausgewandert. Während der letzten Jahre haben in der Gegend von Sana beständig Kämpfe zwischen der türkischen Regierung und den arabischen Rebellen stattgefunden, die Stadt hat eine furchtbare Belagerung auszuhalten gehabt, die ihre Einwohner ins grösste Elend brachte und besonders den armen Juden verderblich wurde. Viele von ihnen starben aus Mangel an Nahrungsmitteln, und die jüdische Bevölkerung Sanas ist von 10000 Seelen auf 2000 zurückgegangen. Mir lag wie überall besonders daran, hebräische Manuskripte zu bekommen, und Messa war so liebenswürdig, mir zu versprechen, dass er für mich nach Manuskripten suchen lassen und sie mir zuschicken würde. Viele Manuskripte werden mit ihren Besitzern zusammen umgekommen sein, und es ist für die jüdische Literatur eine glückliche Fügung gewesen, dass, hauptsächlich dank der Bemühungen von Dr. Neubauer während seiner Tätigkeit an der Bodleiana, eine grosse Anzahl wertvoller Manuskripte dorther für diese Sammlung erworben werden konnte. Als hebräische Manuskripte aus Jemen zuerst den Orientalisten bekannt wurden, betrachtete man sie als eine Art Offenbarung. Sie erregten geradezu Sensation, ein Aufsehen, das freilich späterhin durch die Entdeckung der Schätze in der Genizah von Kairo noch erheblich übertroffen worden ist, und dem im Jahre 1897 die Entdeckung einer Literatur der persischen Juden, die Professor Bacher der Öffentlichkeit zugänglich zu machen nunmehr bemüht ist, fast gleichkam. Als wir

Messas Haus verliessen, war unser baufälliges Fuhrwerk verschwunden, und an seiner Stelle stand die elegante amerikanische Viktoria unseres Wirtes mit ihrem prächtigen indischen Kutscher, und nur zu schnell gelangten wir wieder zu unserem Schiffe zurück. Messa bot uns als Gastgeschenk einen Sack echten Mochâkaffee an, wir mussten aber leider die Gabe dankend ablehnen, da sie uns auf unserer Weiterreise nach Indien beschwerlich gewesen wäre.

Die Juden Adens haben schon während der letzten Jahre ihre eigene Buchdruckerpresse gehabt. Ich besitze einige Proben davon; die älteste scheinen die „Lieder Israels" zu sein, die im Jahre 1885 gedruckt wurden. Dann kommt ein Büchlein „Gebete und Erbauungsschriften", im Jahre 1890 gedruckt. Das nächste ist eine kleine Abhandlung „Kinoth" (Klagelieder) nach dem Ritus von Aden, gedruckt im Jahre 1891 von Menahem ציון und Kompagnon. Im selben Jahr erschien bei denselben Buchdruckern die beliebteste Makkabäergeschichte „Von Hanna und ihren sieben Söhnen" in arabischer Sprache mit hebräischen Schriftzeichen gedruckt. Dr. Hirschfeld hat eine Übersetzung davon in der „Jewish Quarterly Review" veröffentlicht. Im Jahre 1892 wurde eine umfangreiche Originalarbeit über Schechita (rituelles Schächten) und Trefa (Speiseverbote) von Rabbi Sachia Salach in Aden gedruckt. Im nächsten Jahre folgte „Die Türe des Zeltes", eine Abhandlung über Ehescheidung, Heirat und Milah (Beschneidung). —

In unseren Hoffnungen, an der Malabarküste Juden zu finden, die wir in Ceylon vergebens gesucht hatten, wurden wir glücklicherweise nicht getäuscht.

Der Volkszählungsbericht des Jahres 1901 gibt die Zahl der Juden in unserem indischen Kaiserreich auf 18 228 an, gewiss nur ein verschwindend kleiner Prozentsatz im Vergleich zu den zahlreichen Millionen der indischen Bevölkerung überhaupt, und diese Zahl begreift dazu noch alle die unternehmenden jüdischen Geschäftsleute aus England, Deutschland und Bagdad, besonders aber aus Deutschland, in sich.

Die Cochinjuden und die B'nei Israel haben seit langem den Ethnologen wie Historiker beschäftigt. Wir konnten ihnen aus vielen Gründen nur einen kurzen Besuch abstatten. Aber auch ein nur kurzer Aufenthalt im Lande selbst vermag oft einen tieferen Einblick in Art und Wesen einer Volksgemeinschaft zu geben, als ihn der gewissenhafteste Gelehrte durch das Studium der Bücher in der Bibliothek je erlangen kann. Denn der Reisende hat den Vorteil der

Kupferne Urkunde des Bhâskara Ravi Varma.

persönlichen Berührung mit den Menschen selbst. Er kann aus ihrem eigenen Mund ihre Legenden und Glaubensbekenntnisse erfahren, kann in ihren eigenen Archiven blättern, ihre Bücher kaufen oder leihen, kann ihre Wohnungen, ihre Schulen und ihre Gebethäuser besuchen und seine Erinnerung an sie und ihre Umgebung durch die Kamera festhalten usf.

Wie und wann kamen die Juden zuerst nach Indien? Wahrscheinlich drangen schon in früh-christlicher Ära, vielleicht sogar noch vorher, jüdische Reisende — Geschäftsreisende — von Jemen her nach dem Westen Indiens vor. Die beiden grossen Häfen der griechisch-römischen Zeit waren Muziris und Simillà, beide an der Malabarküste, der eine das heutige Kodungalur oder Cranganor, etwas nördlich von Cochin, und der andere Cheul, ungefähr 35 englische Meilen südlich von Bombay. Im VIII. Jahrhundert war die Gemeinde der indisch-jüdischen Händler in Simillà (מינגילי) schon so bedeutend und einflussreich geworden, dass der Beherrscher der Malabarküste, Bhâskara Ravi Varma, ihnen durch eine in Kupfer eingegrabene Urkunde Grundbesitz verlieh. Das Haupt der Gemeinde war David Rabbani (? Rubeni) und seine Nachkommen. Diese Urkunde ist noch vorhanden, aber nicht im Fitzwilliam-Museum zu Cambridge, wie Buchanan angibt. Sie ist seit langer Zeit im Besitze der weissen Juden von Cochin. Sie geben an, die Urkunde immer besessen zu haben; die schwarzen Juden dagegen behaupten, dass sie ursprünglich ihnen gehört hätte. Die „Jewish Encyclopedia“ bildet (in falscher Reihenfolge) zwei Seiten der in Malayalam verfassten Urkunde ab.

Das Dokument ist in mehr als einer Beziehung bemerkenswert. Es besteht aus drei Kupferstreifen, von denen einer unbeschrieben ist, ein anderer auf beiden Seiten, der dritte endlich nur auf einer Seite Schriftzüge trägt. Die Schriftzeichen sind dadurch leserlich gemacht, dass sie mit Schlemmkreide überrieben worden sind. In einer Ecke sind die Kupferplatten durchbohrt zur Aufnahme einer Schnur, die die Platten zusammenhielt und ein Siegel trug. Das Siegel ist aber verloren gegangen. Jetzt werden sie durch ein dünnes, schmales, festanliegendes Kupferband zusammengehalten. Die in der Urkunde erwähnte jüdische Grundbesitzergemeinschaft oder „Raj“ scheint bis zum Beginn des XVI. Jahrhunderts floriert und ungefähr 300 000 Personen umfasst zu haben, von denen die meisten allerdings Nichtjuden waren. Als aber damals die Araber und Portugiesen anfingen, um den Besitz des südlichen Indiens zu kämpfen, scheint der Miniaturstaat dem kriegerischen Ansturm nicht gewachsen gewesen zu sein. Cranganor wurde von dem mohammedanischen Scheik oder Zamorin im Jahre 1524 erobert und dem Erdboden gleich gemacht. Der Rajah Joseph scheint vorher seinen Bruder David nach Europa geschickt zu haben, um mit dem Papst und mit den Portugiesen über ein Offensiv- oder ein Defensivbündnis gegen den Zamorin zu unterhandeln. Jedenfalls erschien in Rom im März des Jahres 1524 ein geheimnisvoller Fremder, der sich David Rubeni nannte und Beglaubigungsschreiben von den portugiesischen Obrigkeiten in Indien und Ägypten überreichte. Er wurde mit vielen Ehren vom Papst, vom König Johann von Portugal und vom Kaiser Karl V. nacheinander empfangen. Nach einigen Jahren fiel er jedoch der Inquisition zum Opfer. Sein Misserfolg und seine Nichtwiederkehr nach Indien erklären sich doch wohl leichter aus der Tatsache, dass er zu spät kam, und dass der Staat, den er repräsentierte, nicht mehr vorhanden war, als durch die ziemlich ungerechtfertigte Annahme aller unserer Historiker (Graetz mit einbegriffen), dass Rubeni ein Betrüger war, der Wundermärchen glaubhaft machen wollte. Ob das berühmte Tagebuch David Rubenis echt ist oder nicht, ist weniger sicher.

Aber ich habe bereits anderswo versucht, diesen lange kompromittierten Gesandten zu rechtfertigen, und begnüge mich hier daher damit, die Aufmerksamkeit auf seinen Namen zu lenken, der David Rabbani gewesen zu sein scheint. Bis auf den heutigen Tag ist David einer der am häufigsten vorkommenden Namen der Cochinjuden wie der B'nei Israel. Und Rabbani war der Name der herrschenden Familie zur Zeit der kupfernen Schenkungsurkunde. Seine Umänderung in Rubeni verdankt er wohl dem im XVI. Jahrhundert vorhandenen Interesse für die verlorenen zehn Stämme und einem daraus hergeleiteten Wunsche, die königliche Familie als Nachkommen Rubens, des Erstgeborenen Israels, zu identifizieren. Ruben ist auch ein beliebter Name unter den B'nei-Israel-Juden.

Nach der Zerstörung ihrer Hauptstadt verliessen die Juden die Stadt und zogen (wenn auch nicht sehr weit) fort. Ungefähr 20 Meilen südlich von Cranganor sind vier andere Plätze, alle an dem berühmten Cochin-Stauwasser gelegen, wo die schwarzen Juden noch Synagogen haben. Parur, Chennamangalam und Malah haben je eine Synagoge; Ernakulam hat zwei und Cochin drei Synagogen, von denen eine den weissen Juden gehört.

In Parur befinden sich des weiteren die Ruinen einer anderen Synagoge, als „Ner Tamid" (Ewige Lampe) bezeichnet, die, wie die Juden angeben, vor 400 Jahren benutzt wurde, als es in Parur 18 „Boté Midrasch" (Schulen) und 500 jüdische Häuser gab. Diese Überlieferung bestätigt gleichfalls die Bedeutung Cranganors vor dem Jahre 1524.

Ich lasse hier die Worte Sankara Menons, des Inspektors der Zensusarbeiten, folgen. Er sagt in seinem ausgezeichneten Artikel über „die Resultate der Volkszählung in Cochin 1901" (erschienen in Band XX der „Volkszählung in Indien 1901") das Folgende: „Im

„Weisse" Juden in Cochin.

XVI. Jahrhundert fielen die jüdischen Siedlungen nacheinander der Grausamkeit der fanatischen Mohammedaner und den zelotischen Christen zum Opfer. . . . Die Portugiesen zwangen die Juden schliesslich, ihre alte Niederlassung in Anjuvannam zu verlassen. So lernten die Juden nach dem Auftreten einer mächtigen christlichen Nation die Schrecken eines neuen Exils und einer neuen Verstreuung kennen; die Zerstörung von Cranganor verglichen sie mit der Zerstörung Jerusalems en miniature."

Mit der Ankunft der Holländer kamen auch bessere Zeiten für die Juden. Die Holländer waren erbitterte Feinde der Portugiesen und ihrer Inquisition, aber deren Feinden treue Freunde. Natürlicherweise traten die Juden auf Seite der Holländer, und ebenso natürlich mussten sie ihre Verwegenheit büssen. Im Jahre 1662 griffen die Holländer Ranees Palast in Mattàncheri an und belagerten die benachbarte Stadt Cochin, mussten sich aber vor der eintreffenden Verstärkung der Portugiesen zurückziehen. Zur Strafe verbrannten die Portugiesen die Synagoge, die dicht bei dem Palaste lag, weil sie die Juden in dem berechtigten Verdachte hatten, mit den Holländern gemeinsame Sache gemacht zu haben.

Im nächsten Jahr erneuerten die Holländer ihren Angriff auf

Die Synagoge in Cochin, vom Palais des Rajah gesehen.

Cochin, diesmal mit durchlagendem Erfolge. Der Hafen und die Stadt fielen in ihre Hände, und damit war die Macht der Portugiesen in Indien gebrochen. Durch eine Reihe von Verträgen wurden Cochin und Holland treue Bundesgenossen und die holländischen Niederlassungen in Cochin fest begründet. Die Holländer halfen den weissen Juden, ihre zerstörte Synagoge wieder aufzubauen. Unser Bild zeigt den halb holländischen, halb chinesischen Charakter dieses Baues; die holländische Turmuhr ist noch heute der Stolz der jüdischen Bevölkerung in Cochin.

Die weissen Juden, die den Anspruch erheben, dass sie und nur sie allein die wahren Nachkommen der ursprünglichen Juden von

Cranganor wären, haben die kupferne Urkunde in ihrem Besitz und rühmen sich, dass etwa zu Beginn des XVII. Jahrhunderts der Rajah von Cochin dem Haupte der Familie zu Hallegua den erblichen Titel eines Mudaliar oder Edlen verlieh mit der Befugnis, gewisse Verbrechen zu bestrafen. Die männlichen Nachkommen jener Familie tragen noch heute den Titel, ihre Machtbefugnis aber ist ihnen entzogen worden. Heute ist die Zahl der weissen Juden bis auf unter 200 herabgegangen, so dass es leicht war, sich eine Liste mit allen ihren Namen zu verschaffen. Dem Ursprung ihrer Familiennamen (z. B. Ashkenazi, Kindel, Mizrahi, Koder, Roby, Sassoon) nach zu urteilen, wie auch aus anderen Gründen, scheint es sicher zu sein, dass die weissen Juden erst spät hierher gekommen sind und sich erst nach der Zerstörung von Cranganor in Indien niedergelassen haben. Sie waren ursprünglich bloss Händler, die nach Cochin kamen; da es ihnen unter der Herrschaft der Holländer aber gut ging, so bauten sie ihre Synagoge und ihr Häuserviertel, nachdem die schwarzen Juden sich dort bereits angesiedelt hatten. Obgleich sie sich heute streng gegen die schwarzen Juden abschliessen, standen sie anfänglich doch auf ganz freundschaftlichem und vertrautem Fusse mit ihnen. In Indien heisst Kaste „Varna“, was zugleich „Farbe“ bedeutet, und die Verschiedenheit der Hautfarbe hat wohl die Kastenunterschiede zwischen den indischen Juden entstehen lassen. Obgleich die weissen Juden meist eine weisse Hautfarbe haben, kann man doch nicht alle von ihnen weiss nennen, ebenso wie die schwarzen Juden meist nicht wirklich schwarz zu nennen sind. Manche von den „schwarzen“ Juden unterscheiden sich kaum von ihren „weissen“ Brüdern. Ihre Sitten, ihre religiösen und rituellen Gebräuche sind die gleichen. Ihre Synagogen sehen einander so ähnlich, dass man schon ein ziemlich scharfes Auge haben muss, um die Unterschiede herauszufinden. Der einzige wirkliche Unterschied — wenn man das so nennen darf — besteht darin, dass die weissen Juden ihren Tempel mit seltenen, alten, blauen Ziegeln gedeckt haben, über die schon viel geschrieben worden ist. Man nahm an, dass die Ziegel altholländisch sind; in Wirklichkeit sind sie aber rein chinesisch, und es knüpft sich eine Geschichte daran. Die Synagoge war vor nahezu 300 Jahren in einer Ecke des Palastgartens des Rajah errichtet worden. Zu jener Zeit besassen die Holländer jenen Teil des Gebietes, der heute Britisch-Cochin heisst, und sie waren die einzigen, die Handel mit China trieben.

Der Rajah hatte durch die Holländer, die seine Verbündeten waren, eine grosse Menge der besten chinesischen Ziegel importieren lassen, um damit seinen Durbar (Audienzsaal) zu pflastern. Aber die Juden, berichtet Thurston vom Museum zu Madras (der vergebens versucht hat, eine Probe davon zu bekommen), waren der Ansicht, dass die Ziegel für die Synagoge, die sie gerade bauten, passen würden, und stellten deshalb dem Rajah vor, dass er sie unmöglich benutzen könnte, weil das Blut eines jungen Ochsen zu ihrer Herstellung gebraucht worden sei. Seine Hoheit, sehr beunruhigt über die Beschimpfung, die man einem so heiligen Tier angetan hatte, befahl ihnen, die Ziegel fortzunehmen und ihn nie mehr etwas davon sehen zu lassen. Auf diese Weise sind sie in die hier abgebildete Synagoge gekommen. Die andere Synagoge hat ebenfalls Ziegel, aber sie sind von schimmerndem Weiss.

Die schwarzen Juden werden wieder in zwei verschiedene Klassen geteilt: dic eigentlichen schwarzen Juden, die bedeutend dunkler sind und keine Familiennamen haben, und die מיוחסים, oder Edlen, die Familiennamen haben und ihre Abstammung nachweisen können. Sie erheben auch Anspruch darauf, die wahren Nachkommen der Juden von Cranganor oder Singili zu sein. Von diesen Juden spricht Rev. J. Henry Lord zu Bombay, der eine Reihe ganz ausgezeichneter Artikel über „Die Juden Indiens und des fernen Ostens“ und „Die Juden von Malabar“ (in „Kirche und Synagoge“ 1903—1905) und über „Die ‚schwarzen‘ Juden in Malabar“ (in der „Malabar Quarterly Review“ 1902) veröffentlicht hat, vorzugsweise als von den braunen Juden. Diese Schätzung der Farbe oder Varna ist ebenso sehr indisch wie anglo-indisch; aber trotzdem ich mich wirklich nicht als „farbenblind“ bezeichnen kann, könnte ich doch durchaus nicht mit Sicherheit einen Unterschied zwischen schwarzen, weissen und braunen Juden herausfinden.

Lord führt einen interessanten Ausspruch über die Rassenreinheit der schwarzen Juden von Malabar an, der von dem Chacham Baschi von Jerusalem aus dem Jahre 1892 herrührt. Der Rabbi soll sich auf den Maharikash (R. Jakob Castro aus Alexandrien) bezogen haben, dessen Responsum im Jahre 1610 „Jichus“ (Abkömmlinge edler Familien) und Mejuchasim (Abkömmlinge guter Familien) unterscheidet. Er soll sogar einer seiner Verwandten erlaubt haben, einen braunen Juden zu heiraten. Heute halten sich die weissen Juden streng fern von der grösseren Gemeinde der schwarzen sowohl wie der braunen und behaupten, überhaupt einer ganz anderen Kaste anzugehören. Aber einer der Intelligenteren unter ihnen, der uns in den Synagogen herumführte, gestand mir, dass solche Exklusivität übertrieben und ungerecht sei, und gab zu, dass ihre eigenen Grossväter mit schwarzen Jüdinnen in mehr oder weniger bindenden ehelichen Verhältnissen gelebt hätten. Es ist ohne weiteres klar, dass bis vor kurzem die schwarzen und die weissen Juden ganz freundschaftlich zueinander standen, und die Tatsache, dass die weissen Juden heute die besagte

„Jews' Town" (Cochin).

Eigentumsurkunde im Besitze haben, beweist nur, dass diese ihnen von den wahren Eigentümern zur sicheren Aufbewahrung anvertraut worden war, da sie die reicheren waren und sichere Schränke besassen.

Die Tatsache, dass die schwarzen Juden von Cochin unter sich Cohanim (Priester, Aaroniden) haben, und dass die Juden aus Jemen ohne jedes Bedenken ihre Synagoge benutzen, ist ein weiterer Beweis dafür, dass ihre Abstammung — oder die Abstammung einiger von ihnen — ebenso zweifellos rein ist wie die irgendwelcher anderen jüdischen Gemeinschaft. Sie stehen in ständigen Beziehungen zu den B'nei Israel, unter denen wir ebensowohl schwarze Juden aus Cochin finden, wie B'nei Israel unter den schwarzen Juden vertreten sind. Heute drucken die B'nei Israel für die schwarzen Juden die religiösen Bücher. Vor einigen Jahrhunderten war das nicht der Fall, sondern der Druck wurde in Amsterdam besorgt. Während meines Aufenthaltes gelang es mir, eine ganze Reihe interessanter Bücher zu sammeln, von denen das wertvollste vielleicht ein Machsor- (Gebetbuch-) Manuskript für das Neujahrsfest und den Versöhnungstag ist, das in Cochin vor ein paar Jahrhunderten geschrieben und zwar augenscheinlich aus

Synagoge der schwarzen Juden, „Jews' Town" (Cochin).

einem älteren Manuskript kopiert worden ist. Es befinden sich nämlich leere, aber numerierte Seiten in der Mitte des Bandes, die wahrscheinlich fehlenden Seiten des Manuskriptes, aus dem das meine kopiert worden ist, entsprechen.

In Jan Linschotens Reisehandbuch, das im Jahre 1596 in Holland erschien, heisst es etwa: Die Juden hier waren reiche Kaufleute und die nächsten Ratgeber des Königs von Cochin. Sie sind meistens von weisser Farbe, wie Männer aus Europa, und haben viele schöne Frauen. Viele von ihnen kamen aus dem Lande Palästina und aus Jerusalem dorthin und haben unter all der fremdsprachlichen Herrschaft sich ihre spanische Sprache erhalten.

Das bestätigt geradezu die Ansicht, dass die weissen Juden Neueingewanderte aus fremden Ländern waren. Ihre Kenntnis des Spanischen gehört jetzt ganz der Vergangenheit an; aber sie beweist, dass sie Sephardim waren. Linschotens Erwähnung der Inquisition in den „Portugiesischen Städten und Gerichtsbezirken“ führt uns zu der Inquisition in Goa, unter deren Opfer zweifellos einige dieser indischen Juden waren. Linschoten erwähnt auch „Indier“, die in vergangenen Zeiten „durch die Unterhaltung und Gesellschaft jener Juden zu ihrer Sekte und ihren Ansichten geführt worden waren“. Aus diesen Proselyten also sind voraussichtlich jene Juden hervorgegangen, die man jetzt als „schwarze Juden“ bezeichnet. Es ist aber beachtenswert, dass Linschoten und die meisten anderen alten Reisenden vornehmlich von den weissen Juden sprechen.

Steinschneider hat einen höchst wertvollen, ziemlich umfangreichen Artikel über die Juden Cochins in seinem Katalog der hebräischen Bücher in der Bodleiana geschrieben (Seite 2722—4). Er findet sich unter dem Namen Wessely, weil dieser Autor in seiner Ausgabe von Farisols „Itinera Mundi“ als Anhang einige Briefe abdruckt, die auf die Juden von Cochin Bezug nehmen. Steinschneider gibt an, dass der früheste Hinweis auf sie sich in den „Noticias dos Judeos imprimeraro“ finde. Dieses Buch wurde in Amsterdam im Jahre 1687 von Ury Levy gedruckt und bringt einen Bericht von Amsterdamer Juden, die im Jahre 1686 Cochin besuchten. Der אזהרות von Elia Adeni, das Lied von den 613 Geboten, das nach dem Ritus der Juden in Cochin am achten Tage des Laubhüttenfestes gesungen wird, wurde aus Indien von Levi ben Moss Levi Belilio gesandt, von Moses Pereyra (de Paiba) herausgegeben und in Amsterdam im Jahre 1688 von Uri Phoebus gedruckt. Der Name des Autors, der zeigt, dass seine Familie, wenn nicht sogar er selber, ursprünglich von Aden kam, ist ein weiterer Beweis der engen Beziehung zwischen Aden und Cochin. Ein Jahr vorher veröffentlichte derselbe Herausgeber und Drucker ein äusserst seltenes Pamphlet im sogenannten „Yiddish“, das den Titel führt „Kennis der Jehudim von Kochin (קושין) oder Zeitung aus Indien“, und im Jahre 1688 sich in zweiter Auflage die „Wahrhaftige Kuntschaft oder חידושים (Nachrichten) aus Ostindien“ betitelt. Beide haben ein Vorwort von Isaac Aboab. Eine neue Auflage des ersteren erschien in Amsterdam im Jahre 1713[1]. Manasseh

[1] Siehe Steinschneider unter Moses Pereyra (S. 1980/81.)

ben Israel bringt in seiner „Declaration to the Commonwealth of England", die einen Teil seiner „Humble Addresses to the Lord Protector" (erschienen in London im Jahre 1655) bildet, einen noch früheren Hinweis.

Er sagt (S. 85):

„Aber da es wohl zu weit ab von meinem Gegenstand führen würde, wenn ich alle die Länder erwähnen wollte, unter deren Fürsten Juden leben, so will ich nur kurz von den zwei Stämmen Juda und Benjamin sprechen. Diese, in Indien in Cochin, haben vier Synagogen; ein Teil dieser Juden dort ist von weisser Farbe und drei Teile von bräunlicher Farbe; diese wurden vom König am meisten begünstigt. Im Jahre 1640 starb Samuel Castoel, Gouverneur der Stadt und Agent des Königs, und David Castoel, sein Sohn, folgte ihm im Amte."

Die hier erwähnten Castoels gehören zu der Familie Castili, deren Name beweist, dass sie von den Marrannen abstammen. Nachkommen dieser Familie waren (nach Wilson) unter den weissen Juden noch ganz kürzlich anzutreffen. Wir aber fanden während unseres dortigen Aufenthaltes keine mehr. Manasseh nimmt offensichtlich an, dass die Juden von Cochin nicht zu den zehn Stämmen gehörten; denn er schreibt sie Juda und Benjamin zu. Andererseits betrachtet Manasseh den David Rubeni als zu den zehn Stämmen gehörig und ursprünglich aus der Tatarei kommend. Er erwähnt das in seiner „Hope of Israel" (1652), die sich eingehender mit den zehn Stämmen beschäftigt (Lucien Wolfs Ausgabe, S. 33).

„An demselben Orte," fügt Ortelius hinzu, „im Lande Tabor, dort wohnt ein Volk, das, obwohl es die heiligen Schriften verloren hat, einem Könige gehorcht, der nach Frankreich kam im Jahre 1530 und mit Franz I. sprach, in Mantua verbrannt wurde auf Befehl des Kaisers Karl V., weil er heimlich die christlichen Prinzen und den Kaiser selber den jüdischen Glauben lehrte. Boterus sagt dasselbe bezüglich des fernsten Teiles der Tatarei. Aber beide täuschten sich darin; denn Rabbinus Josephus Cohen, ein Mann, der wert ist, dass man ihm glaubt, erzählt das wahrheitsgetreuer in seiner Chronologie und sagt, dass der Jude, der aus jenem Lande kam, der Bruder des Königs der Israeliten war und David der Rubenite hiess. Nachdem er auf seiner Fahrt Indien kennen gelernt hatte, kam er nach Portugal, wo er des Königs Sekretär zum Judentum bekehrte, so dass dieser mit ihm floh und den Namen Selomoh Molho annahm. Er war in ganz kurzer Zeit in dem Gesetze so bewandert, ja in der Kabbala selbst sogar, dass ganz Italien ihn bewunderte. Der Sekretär und der Rubenite bemühten sich gemeinsam, den Papst, Karl V. und Franz I. zum Judentum zu bekehren. Selomoh Molho wurde in Mantua ergriffen und im Jahre 1540 lebendig verbrannt. Man versprach ihm aber, ihn am Leben zu lassen, wenn er wieder Christ werden würde. Der Rubenite wurde von Karl V. als Gefangener mit nach Spanien genommen, wo er bald darauf starb."

Es sind jedoch Gründe für die Annahme vorgebracht worden, dass David Rubeni sich selbst zu den Indern zählte. Manasseh zitiert ebenfalls Linschoten in seiner „Hope of Israel" (ib. S. 50), wo es heisst:

„Auch Claudius Duretu in seinem ‚Thresor des langues' (fol. 302) sagt, dass es in Asien eine unendlich grosse Zahl von Juden gäbe, besonders in Indien, und dass König Cochini ihr grosser Gönner sei. Linschoten berichtet sogar, dass sie in Cochin Synagogen haben, und dass manche von ihnen des Königs Ratgeber sind."

Farisol, ein Zeitgenosse und Freund von Columbus, erwähnt ebenfalls bezüglich Indiens Juden. Manasseh zitiert folgendermassen:

„Abraham Frisal in seinem ‚Orchot Olam' (c. 26) gibt ebenfalls an, dass dieser Fluss (sc. Sambation) in Indien liegt; er sagt, die Quelle des Sabbatical ist im Lande Oberindien unter den Flüssen des Ganges zu finden." Und weiterhin:

„Der Sabbatical hat seine Quelle jenseits von Kalikut (weit hinter der Grenze von Lamik belegen, das nach seiner Angabe jenseits des Sinus Barbaricus liegt) und trennt die Inder von dem Königreiche der Juden, man wird den Fluss sicher dort finden. Trotzdem er fälschlich Gozan statt Ganges schreibt, so ist es doch nicht zu bezweifeln, dass an dem Orte viele Juden leben; Johannes de Bairos in seinen ‚Decads' bezeugt das gleichfalls."

Dieses letztere Werk stammt von einem noch früheren Gewährsmann. Es hat aber zuviel des Mystischen an sich, als dass es von wirklichem wissenschaftlichen Werte sein könnte. Manasseh bringt auch einen merkwürdigen Hinweis auf den Segen von Montezinus: Gesegnet sei der Name des Herrn, der mich nicht zu einem Götzendiener, einem Barbaren, einem Neger oder einem Inder gemacht hat (cf. Anmerkung und Hinweis auf Schwab, Talmud I. 158).

Ich habe schon erwähnt, was Benjamin von Tuleda in bezug auf die schwarzen Juden Indiens sagt. Seltsam genug, gibt uns aber die Genizah von Kairo, die fortfährt, eine Quelle der merkwürdigsten Überraschungen zu sein, in bezug auf diese Juden einen wertvollen Fingerzeig, der Benjamins Ansichten bestätigt und in der Tat auch erklärt, und der ein sehr interessantes Licht auf die kaufmännischen Methoden und die Tätigkeit der Juden jener Zeit wirft. Das eine der in meinem Besitze befindlichen Genizahfragmente, von dem ein Faksimile hier wiedergegeben ist, zeigt genügend gute Erhaltung, um lesbar zu sein. Das Judaeo-Arabisch, in dem es geschrieben, ist für die modernen Juden heute nicht mehr so leicht verständlich. Ich legte es dreien unserer leitenden Handelsfirmen, die mit Afrika, Aden, Indien und Persien in Geschäftsverbindungen stehen, vor, und es wurde mir gesagt, dass es „schlechtes Arabisch, wahrscheinlich von jemand, der in Indien lebt und einen Dialekt spricht, sei". Als letzter Hilfsquelle unterbreitete ich es Professor Bacher in Budapest, dessen Kenntnis des Arabischen und Persischen und ihrer jüdischen Dialekte wahrscheinlich grösser ist als die irgend einer anderen europäischen Autorität. Es machte ihm keinerlei Schwierigkeiten, das Manuskript zu übersetzen. Ich teile die Übersetzung hier mit. Zum Verständnis sei vorausgeschickt:

Ein Jude in Indien schreibt an seinen Geschäftskorrespondenten in Kairo. Er spricht in der dritten Person und ist selber der auf Zeile 19 erwähnte „Sklave". Der Brief wirft ein helles Licht auf die Handelsbeziehungen der Juden Indiens und Ägyptens, für das Aden die Rolle eines Austauschhafens spielte. Es folge nunmehr die wortgetreue Übersetzung der erhaltenen Briefzeilen:

1. „Und er betet zu Gott Nacht und Tag.

2. Möge er Dir Gesundheit geben. Seine Eigenschaften sind Dir nicht verborgen.

3. Dass man ihm alles anvertrauen kann, was man nur wünschen mag. Und Du bist sein Gebieter.

4. Und der grösste der Menschen vor ihm. Und er ist billig in seinen Geschäftsangelegenheiten.

5. Er macht Reisen von Malabar nach Ceylon.

6. Aber seine Waren sind das ganze Jahr über in Aden. Seine Absicht ist, jetzt einen Tausch zu machen, so Gott es will, und fortzuziehen.

תכתבי ליׄ

ואלקרנפל בארבעין אלעשרה אמנאן ומא
כרגת הדה אלסנה אלי עדן לא כאן לי
קנד לך אכברה אלשיך יוסף ב׳ אבו אלמנא
וקד כתבת אליה כתב באן ירסלה לי פאן
כאן פי מינה כאן מעאני יסאפרה באפצ׳
אלדי באלמנזלה פאנה אערף מן מואני יפעל
פי חק אלגרבא גיר ערפת מואני אלי ועלי
חצרתך אפצ׳ל אלסלאם אלגזיל ומן תחוטה
ואנא .. .. ישמה אלסלאם ואנת אלשיך אבו ...ס

... פהו ראעי לה אלדין ונאמר
אן יחסן כלאצה מנכם ומא יכפא עליך אלשנאה
אנה מא ישתהי אחד יתוכל עליה פשנאת יביתה
ואכבר אלנאס פיה והו מנשף במעאמלתה
והו יתרפק מן אלבאר אלי סיאן וקמאשה כל
סנה פי עדן ובריה יתעוק מן שגלה ויגל
ואנא בר לנאס מן אלמואחאת ומא יכפא עליך
הדא אלדי פאן כאן תגבר לבקת ברוגה פגייר
ואן כאן תריד קמאשך כנת תנפד לה פרע
תכתב בכטך והו יסלם לך מן תאכרה אלמטלב
ישתהי מן אנעאמתהא ארסל אלחסאב

ולאספאנס מינהם ... אן ...
... פי אלחין ואמא ... לך ...

7. Denn Menschen können das Unglück nicht meiden, und dieser Umstand ist nicht verborgen vor Dir.

8. Wenn Du daher bis zur Zeit seines Fortzugs warten willst, so ist es gut.

9. Aber wenn Du Deine Waren brauchest, dann sende

10. Einen Brief in Deiner eigenen Handschrift, und er wird die Waren dem übergeben, den Du bezeichnen wirst.

11. Wünsche . . . diè Abrechnung sendend.

12. Fünftausend Bahar, wie wenig davon in Indien gefunden wird.

13. Und er besitzt keine davon. Es ist auch nur wenig Baspas[1] auf dem Markte.

14. Und Coryphyllum kostet 40 pro 10 — ich bin nicht

15. Dieses Jahr nach Aden gereist. Aber ich hatte doch

16. Etwas Ware für Dich, die Scheik Joseph Ibn Abulmanâ mit sich nahm.

17. Ich schrieb ihm einen Brief darüber, den er Dir senden sollte.

18. Sollte er in Ägypten sein, so möge mein Herr ihn unterstützen bei dem . . .

19. Gebührt mir seinem Sklaven.

20. Denn ich weiss, dass mein Gebieter freundlich ist zu den Fremden, ich kenne meinen Gebieter von dieser Seite.

21. Und ich sende Deiner Exzellenz reiche Friedensgrüsse, eben so allen denen in seinem Kreise.

22. Friede sei mit Dir und auch mit Scheik Ibrahim.

Soweit das Fragment. Es ist schwer, das Datum dieses interessanten Briefes festzustellen; aber nach dem Charakter des Papieres und der Schreibschrift zu urteilen, kann es kaum aus späterer Zeit als dem XIII. Jahrhundert stammen. Dass die Juden jener Gegenden viel gereist sind, sogar noch vor dieser Zeit, wird nicht nur durch das „Itinerary“ (Reisehandbuch) von Benjamin von Tudela[2], sondern durch keinen Geringeren als Maimonides bezeugt. Sein Brief nach Jemen ist eine der interessantesten seiner früheren Arbeiten. Maimonides war ursprünglich Kaufmann, der mit kostbaren Steinen besonders in Indien Handel trieb, trotzdem er, wie er es ausdrückt, zu

---

[1] Peganum Harmata, Ruta, eine Droge.

[2] Vergl. die von meinem Bruder, Marcus Adler, publizierte Neu-Ausgabe, London, Frowde, 1907.

Hause blieb, während sein Bruder David das Reisen für die Firma besorgte. Graetz zitiert Alkifti als Autorität für die Tatsache, dass dieser David bis nach Indien kam, und tatsächlich sowohl sein Leben wie seine Juwelen im Indischen Ozean um das Jahr 1168 etwa einbüsste.

Obwohl Maimonides sich sehr um seinen Bruder grämte, so erwies sich sein Verlust doch als ein Gewinn für die Judenschaft; denn er gab das Geschäft von da an auf und wandte sein Interesse der Medizin und Philosophie zu. Die bevorzugte Rolle, die die Juden von Jemen und Aden bei allen solchen Abenteuern spielen, erscheint sehr auffällig.

Selbst heutzutage werden Juden aus Jemen, so verachtet und unbeachtet sie sonst sein mögen, die Lehrer der abessinischen Falascha. Jacques Faïtlovitch ist kürzlich von einer Reise, die er zu den Falaschas unternommen, zurückgekehrt und legt in seinem dem Baron Edmond de Rothschild, der die Kosten der Expedition bestritt, gewidmeten „Rapport“[1] dar, wie die Falaschas ganz und gar von ihren Religionsbrüdern isoliert gewesen sind und nichts von ihnen seit Halévys berühmtem Besuche bei ihnen vor 40 Jahren gehört hatten, so dass sie glaubten, es gäbe keine Juden mehr in der Welt, bis sie die Tatsache erfuhren, dass Juden aus Jemen in Asmara (Nubien), in der italienischen Kolonie Eritrea und in Massaua Handel trieben. Faïtlovitch hat zwei junge Falaschas mit nach Europa gebracht — Emanuel Tamrat von Jeuda und Jeremia Geté von Fenja, die in der École Normale Orientale Israélite in Auteuil und in Florenz erzogen werden. Sie sind heitere und intelligente Menschen, nicht schwarz, aber doch dunkler als die indischen Juden und von ganz anderem Typus. Der eine hat ein fast negerartiges Äussere[2].

Um wieder auf Cochin zurückzukommen: hauptsächlich dank der Liebenswürdigkeit des Herrn Koder war unser Aufenthalt ebenso angenehm wie lehrreich. Er ist auf unserem Bilde der Mann mit dem Helm und den Drellbeinkleidern, der unter dem zwar etwas alten, aber doch passenden (auf unserem Bilde S. 188 nicht leserlichen) Spruch an der weissen Wand eines der Häusser in Jews' Town steht: „Nelsons Losung: England erwartet, dass jedermann seine Pflicht tue.“

---

[1] Notes d'un Voyage chez les Falachas (Paris, Leroux 1905) und ein Artikel über die Falaschas von Dr. Charles Singer, J. Q. R. XVII, der eine Aufzählung von 20 jüdischen Kennzeichen bei den Falaschas in Dambia und Kowara enthält.

[2] Vergl. die Porträts im Jewish Chronicle (1905, 20. Oktober).

Die Koders leben, wie andere vom Glück begünstigte Handelsleute, in Britisch Cochin, ein paar Meilen von Jews' Town entfernt, das in dem Eingeborenenstaate liegt, und zu dem man nur über eine Brücke gelangen kann. Die fashionable Art der Fortbewegung geschieht dort vermittelst des „push-push", einer Art Viktoria, die von Kulis gezogen oder geschoben wird, oder der Rickscha. Vor einiger Zeit befragten diese Juden den Oberrabbiner, ob sie an Sabbaten und Feiertagen in einem solchen „push-push" zur Synagoge fahren dürften, da ein Marsch von zwei Meilen, bei einem Thermometerstand von 50° Celsius und darüber, hin und zurück doch etwas anstrengend wäre; aber der Oberrabbiner musste seine Einwilligung versagen. Koder nahm uns an zwei Wochentagen mit nach Jews' Town und zeigte uns dort die Synagoge und die Mädchenschule, die leider viel zu wünschen übrig liess. Es ist die christliche Missionsgesellschaftsschule, allgemein bekannt unter dem Namen Bishopsche Schule. 37 Mädchen stehen in der Liste; sämtliche davon sind Jüdinnen, 31 weisse und 6 schwarze. Die Lehrerin war eine intelligente und liebenswürdige christliche Eingeborene. Soweit wir ermitteln konnten, wird jedoch kein wesentlich christliches Dogma hier gelehrt.

In Ernakulam besuchten wir die dortigen Synagogen und das Judenviertel. Der Zufall war uns günstig: wir sahen eine jüdische Hochzeit mit an. Es war am zweiten oder dritten Tage der Freudenwoche. Braut und Bräutigam sassen auf einem Sofa im Wohnzimmer, etwas scheu und augenscheinlich voller Unbehagen, und ihre Freunde kamen alle herein, um sich an Wein und Kuchen gütlich zu tun. Wir wurden durch eine uns erwiesene Aufmerksamkeit, die allerdings gut gemeint war, etwas erschreckt. Man besprengte uns nämlich von rückwärts mit Rosenwasser.

Wenn der Raum es nicht verböte, müsste ich eigentlich verschiedene der Persönlichkeiten hier erwähnen, deren Bekanntschaft wir in Cochin machten. Jedenfalls kann man wohl nicht von den Juden in Cochin sprechen, ohne Elias Ezekiel Roby zu nennen, einen würdigen Nachkommen Ezekiel Rachabis, und wahrscheinlich David Rachabis, des traditionellen Gründers der B'nei-Israel-Gemeinschaft. Es wird weiterhin noch von ihm die Rede sein. Der Name wird כחבי, geschrieben und ist wahrscheinlich arabischen Ursprunges, seine Anglisierung in Roby ist ein Zeichen der Zeit. Roby ist nicht nur ein ausgezeichneter hebräischer Gelehrter, sondern auch ein guter Maler und Photograph. Die Wände seiner Zimmer waren mit Ölbildern geschmückt, die die Königin Viktoria und den König, Lord Rothschild und Baron Hirsch und andere englische und jüdische Berühmtheiten darstellten. Er hatte alle diese Porträts nach Zeitungsbildern kopiert und bei manchen war die Ähnlichkeit wirklich gut getroffen.

Der Wortlaut der auf den erwähnten, im Besitze der Juden von Cochin befindlichen Kupferplatten verzeichneten Beleihungsurkunde ist nach Opperts Übersetzung folgender[1]:

„Heil und Glück! Der König der Könige, seine Heiligkeit Śri Bhâskara Ravi Varma, der in vielen 100 000 Plätzen das Zepter führt, hat an dem Tage, als er im zweiten Jahre gegen das 36. Jahr in Muyirikōdu sich aufzuhalten geruhte, diesen Gnadenakt erlassen:

„Wir haben dem Joseph Rabban Anjuvannan (als Fürstentum) verliehen, sowie die 72 Besitzrechte, die Abgaben auf weibliche Elefanten und Reittiere, die Einkünfte von Anjuvannan, Taglampe, und breites Tuch, und Sänfte, und Sonnenschirm, und nordische Trommel, und Trompete, und kleine Trommel, und Portale und Guirlanden über den Strassen und Kränze, und dergleichen mehr. Wir haben ihm die Grund- und Wägesteuer erlassen. Überdies haben wir durch diese Kupferplatten bewilligt, dass, wenn die Häuser der Stadt dem Palaste Steuern zahlen, er nicht zu zahlen braucht, und er die übrigen Privilegien wie dieselben geniesst. Dem Joseph Rabban, dem Fürsten von Anjuvannan und seiner Nachkommenschaft, seinen Söhnen und Töchtern in natürlicher Folge, so lange die Welt und der Mond besteht, sei Anjuvannan ein erbliches Besitztum.

So weiss ich Govardhana Marttanda von Venad;
So weiss ich Kotai Srikanda von Venapalinad,
So weiss ich Manavepala Manaviyan von Eralanad,
So weiss ich Rayaran Sattan von Valluvanad,
So weiss ich Kotai Iravi von Nedumpuraiyurnad,
So weiss ich Murkkan Sattan, Unterbefehlshaber des Heeres.

Die Schrift des Untersekretärs Van Talaiseri Kandan-Kunrappolan."

---

[1] Vgl. Gustav Oppert: Über die jüdischen Kolonien in Indien. (Kohut Memorial, Berlin 1897.)

Oppert nimmt an, dass Anjuvannan mit der fünften oder Fremdenkaste identisch ist.

Ich bilde die Tafeln hier (s. S. 185) nach Originalphotographien Robys ab, die Schrift ist in Vattelutlu, und, obgleich diese Tafeln im VIII. oder IX. Jahrhundert geschrieben wurden, sind sie für den Kenner des Malayalam doch leicht lesbar.

Der indische Zensus vom Jahre 1901 (Band XX. A—Cochin) ist bereits erwähnt worden. Nach ihm gibt es in Cochin 1137 Juden, und zwar 548 männliche, 589 weibliche, von denen 314 männliche und 246 weibliche unverheiratet und 100 verwitwet sind. 250 leben auf dem Lande. Tabelle X gruppiert die Bevölkerung nach der Sprache, und es wird festgestellt, dass 10 Personen im Staate Cochin existieren — 6 männliche und 4 weibliche —, deren Muttersprache Hebräisch ist. Ich kann den hebräischen Dialekt dieser Juden nicht genau bestimmen, nehme aber an, dass es Juden aus Jemen sind, deren Muttersprache eigentlich das Arabische ist.

Tabelle XII A bringt Krankheiten nach Kasten, Stamm oder Rasse geordnet. Aus ihr ergibt sich, dass zwei Juden geisteskrank sind, einer blind ist und einer an Lepra leidet. Das ist ein ganz unbedeutender Prozentsatz; aber es wurde uns mitgeteilt, dass nicht weniger als 15 Prozent der Juden an Elefantiasis leiden, ein ziemlich hoher Prozentsatz, wenn auch nicht so hoch wie bei den Mohammedanern, von denen fast 90 Prozent damit behaftet sind. Auch Koder schreibt gleich Hutchinson diese Krankheit dem leidenschaftlichen Fischgenusse zu. Wir sahen ein paar wirklich Mitleid und Entsetzen erregende Fälle, die aber schliesslich kaum mehr zur Schau gestellt und ausgebeutet wurden als etwa die Gebrechen der Bettler in Neapel.

In Madras fanden wir nur in kaum nennenswerter Zahl Juden vor, vor 100 Jahren aber müssen, der Missionstätigkeit nach zu urteilen, die Juden dort viel zahlreicher gewesen sein. Denn ich besitze eine Kopie des Evangelium Matthäi in hebräischer Sprache, das in Madras im Jahre 1817 gedruckt worden ist und den Vermerk trägt: „Apud Madraspatnam de novo imprimebat J. Fanderlinden. Commercial Press, 1817“. Das Buch ist Rev. S. Mousley, dem Archidiakonus von Madras, von dem Herausgeber Thomas Jarret gewidmet, der angibt, dass „Dieses Evangelium zum Gebrauche der Juden in Asien“ mit den „ersten hebräischen Lettern, die je in Indien gebraucht wurden", gedruckt worden[1] ist. Seltsamerweise steht unter dem hebräischen Titel weiter, dass das Werk in London gedruckt wäre.

Auch in Haidarabad schienen nicht mehr als zwei bis drei Juden zu sein. In Bombay jedoch trafen wir eine zahlreiche jüdische Gemeinde an. Auch hier scheiden sich die Juden in zwei scharf gesonderte Klassen: die Eingeborenen oder B'nei Israel und die ausländischen Juden, die sich zu Handelszwecken hier angesiedelt haben.

Was ist nun die B'nei-Israel-Überlieferung ihrem Ursprunge nach? Haeem Samuel (Kehimkar), der die Seele der anglo-jüdischen Schule ist, hat eine lange Geschichte seiner Sekte in zwei Foliobänden niedergelegt und veröffentlichte vor einigen Jahren eine „Skizze der Geschichte der B'nei Israel und einen Aufruf für ihre Erziehung" (Bombay, Erziehungsgesellschafts-Verlag, Byculla). Er hatte die Freundlichkeit, mir sein grosses Werk zu zeigen, das noch Manuskript ist, und das man als eine autoritative Darlegung vom Gesichtspunkte der B'nei Israel aus betrachten darf. Kehimkar sucht zu beweisen, dass seine „Vorfahren vor ungefähr 1600 oder 1800 Jahren nach Indien gekommen sind, aus einem nordwärts gelegenen Land oder aus den nördlichen Provinzen . . . das Schiff, das sie nach ihrem indischen Zufluchtsorte trug, strandete dicht bei den Henery- und Keneryinseln im Indischen Ozean. Diese Inseln liegen ungefähr 15 Meilen weit von Cheul, das ein grosser Stapelplatz für den Handel am Roten Meere vor ungefähr 2000 Jahren war".

Diese Geschichte ähnelt der Überlieferung der Konkanasth oder Chithavan Brahminen, die sich zu Chiplon an der Konkanküste in der Nähe von Bombay angesiedelt haben, und die sich durch „ihre helle Hautfarbe und ihre hellfarbigen oder grauen Augen" auszeichnen.

Die 14 Juden, die sich aus dem Schiffbruche retten konnten, befassten sich mit dem Pressen von Öl und mit Ackerbau und waren bekannt als „Shanvar Telis" oder „Sonnabendölmänner", weil sie an Sonnabenden nicht arbeiteten. Sie besitzen keinerlei Dokumente oder Urkunden: alles war bei dem Schiffbruche verloren gegangen. Heute zählen sie gegen 10000 Seelen. Ihre religiösen Gebräuche waren die der Epoche der Mischna (ältester Teil des Talmuds), bis sie zur Zeit Davids Rahabi, der sie „vor ungefähr 900 Jahren besucht haben

[1] Meine Kopie enthält angeschlossen einen Brief von Jarret an Lord Hatherleys Vater, den berühmten Alderman Wood, Königin Karolines Stütze und grossen Freund der Juden.

soll", reformiert wurden. Die Ähnlichkeit der Tradition bei den B'nei Israel und den Juden in Cochin ist zu auffallend, als dass es sich hier um einen Zufall handeln könnte. Freilich haben fast alle Völker, die an der Meeresküste leben, Überlieferungen, aus denen hervorgeht, dass sie durch schicksalsschwere Winde dorthin verschlagen worden sind, und es ist also an dem erwähnten Schiffbruche nichts Charakteristisches zu finden. Wohl aber geben die B'nei Israel das Geheimnis ihrer Herkunft preis, wenn sie in ihrer Tradition den Namen Rahabis anführen. Jener Name, רחבי, auf Hebräisch, wird, wie bereits erwähnt wurde, noch jetzt in Cochin gefunden und lautet anglisiert „Roby". Eine dazwischen liegende Form ist „Rhaby", die als Name des Eigentümers sich in einem der alten Gebetbücher vorfindet, die ich aus Cochin mitgebracht habe. Dieser David Rahabi war sicher der Vater jenes Ezechiel Rachabi, der die חופת חתנים (Amsterdam 1659) für die schwarzen Juden drucken liess, ein Vorfahr jenes Mannes, der mit Wessely im XVIII. Jahrhundert im Briefwechsel stand, von Baruch David Rahabi, der mit seiner Gemeinde um das Jahr 1790 herum verarmte, und endlich wohl auch von meinem Freunde Roby.

Es ist daher höchst wahrscheinlich anzunehmen, dass die B'nei Israel ursprünglich aus Cranganor kamen, wo ihre Vorfahren vielleicht Schiffbruch erlitten hatten, und dass sie die Verbindung mit ihren Vettern in Cochin aufrecht erhielten, bis die unruhigen, kriegerischen Zeiten des XVIII. Jahrhunderts ihren Sinn mehr auf dringendere Sachen richteten. Die B'nei Israel traten schon frühzeitig in den Dienst der „East India Company". Sie zeichneten sich hier als Soldaten unter dem Kommando der Engländer aus, während die Juden Cochins in ihrer mehr abgelegenen Gegend allmählich sozusagen degenerierten. Die Überlieferung, die berichtet, dass die B'nei Israel aus Persien stammen, sagt zwar nichts Unmögliches aus, erscheint mir aber unwahrscheinlich. Es ist viel natürlicher, dass diese indischen Juden aus dem Süden und nicht aus dem Norden einwanderten, und dass der letzte Ausgangspunkt dieser Einwanderung Aden war.

Die B'nei Israel zählen ungefähr 12 000 Seelen, die mit ganz wenigen Ausnahmen in der Präsidentschaft Bombay leben, und zwar in Bombay selbst, in Poona und in verschiedenen Dörfern des Konkan oder südlichen Küstenstriches der Präsidentschaft Bombay und in Alibag. Einige wohnen auch in dem daran grenzenden Eingeborenenstaat

Revdanda. Der Rev. Lord, der in bezug auf beide Klassen als Autorität gilt, glaubt, dass der Typus beider Klassen, sowohl der B'nei Israel wie der braunen Juden von Cochin, der gleiche sei, und dass beide „direkte Nachkommen irgendeines jüdischen Stammes sind, der aber nicht mehr vorhanden ist, sondern vor langer Zeit existiert hat". Wenn man statt „schwarze" das Wort „braune" Juden setzt, so gewinnt Lords Theorie viel an Wahrscheinlichkeit. Die B'nei Israel haben ebenso wie die schwarzen Juden, die als משוחררים (libertini) bekannt sind, keine Familiennamen, sondern werden mit dem Namen ihrer Väter genannt, wie z. B. David ben Ruben. Sie leben streng nach allen jüdischen Riten und Bräuchen, aber keiner von ihnen stammt aus dem Geschlechte der „Cohanim" (Priester). Sie sind, und geben das auch zu, die Abkömmlinge von Sklaven und Konvertiten, meistens von Hindufrauen. Bis vor ungefähr 20 Jahren pflegten ihre Frauen sich Kastenabzeichen auf die Stirn zu malen, eines der charakteristischen Merkmale der Indier. Die B'nei Israel haben, wie erwähnt, keine richtigen Familiennamen; aber viele haben sich Ortsnamen mit der Endung „Kar" beigelegt, z. B. Akshikar, Ashtamkar, Awaskar, Bamnolkar, Borgawkar, Bhinjekar, Charikar usw., nach den Namen ihrer Heimatsdörfer an der Küste. Es besteht allerdings die Neigung, auch diese Namen fallen zu lassen.

Die B'nei Israel scheinen den modernen Juden unbekannt geblieben zu sein bis zum 1. November 1845, als ein Artikel über sie in der „Voice of Jacob" erschien, der in dem Vorworte zu der Marathiübersetzung des Oberst Wahab über „Juden, die in der Armee von Bombay dienen", erwähnt wird (Bombay-Erziehungsgesellschaftspresse, Byculla 1879). Aus dem Jahre 1817 wird berichtet, dass in der Schlacht bei Corregaum das zweite Bataillon des von Hauptmann Staunton kommandierten ersten Regimentes der „Native Infantry" vornehmlich aus B'nei-Israel-Soldaten bestand. Im Jahre 1821 standen 40 B'nei Israel im zweiten Bataillon des achten Regimentes. Aber obgleich sie noch heute grosse Neigung zum Soldatenstande haben und von den englischen Offizieren sehr geschätzt werden, dienen zurzeit nur sehr wenige in der anglo-indischen Armee. Das erklärt sich aus der Tatsache, dass ein neues System, das auf Gleichstellung hinzielt, in der Armee eingeführt worden ist, Mohammedaner und Hindus bilden zusammen Korps, so dass die B'nei Israel, wenn sie jetzt in die Armee eintreten, wahrscheinlicherweise nicht auf Beförderung rechnen können. Sie haben bei der Regierung deswegen petitioniert; aber es wurde ihnen geantwortet, dass, falls sich nicht ein Korps von mindestens 250 Mann zusammenstellen liesse, die Beförderung notwendigerweise schwierig sein dürfte. Verschiedene bereiten sich auch auf Universitätsprüfungen vor. B. S. Ezekiel erwarb sich beispielshalber den Titel Baccalaureus an der Universität Bombay. Ein Bruder von ihm ist in London bei einem Rechtsanwalt tätig.

Synagoge der B'nei Israel in Bombay.

Die B'nei Israel sind äusserst lernbegierig und grosse Verehrer der Druckpresse. Sie selber besitzen zwar keine Buchhändler, aber doch sehr viele Bücher. Ihre Sprache ist das Marathi, während die Juden in Cochin Malayalam sprechen; aber dieser sprachliche Unterschied ist für die Frage ihrer mutmasslichen gemeinsamen Abstammung irrelevant. Wie viele englische Juden sprechen heute Holländisch, Polnisch oder Portugiesisch? Die B'nei Israel beanspruchen den Vorrang vor den Juden aus Cochin, wenn sie betonen, dass sie „die Nachkommen Jakobs sind, und nicht, wie die schwarzen Juden, entweder Konvertiten oder von fremden Müttern und jüdischen Vätern abstammend". Aber diese Behauptung ist unbeweisbar. In einem

Formular, das ich in Bombay kaufte, finden sich u. a. auch Vorschriften für die Heirat eines B'nei Israel mit einer Proselytin („גיורה"). Die Juden von Cochin beanspruchen ihrerseits den Vorrang und wollen nicht auf dem Friedhofe der B'nei-Israel-Gemeinde begraben werden. Sie können Anspruch auf ein Begräbnis auf dem allgemeinen jüdischen Kirchhof in Chinchpoogly erheben, zwischen dem einst eleganten Viertel von Byculla und Parel, der ehemaligen Residenz des Gouverneurs, nun aber das Heim vergifteter Ratten und als Pestforschungslaboratorium bekannt.

Es existieren zwei oder drei B'nei-Israel-Synagogen in Bombay, die älteste und grösste ist bekannt unter dem Namen „das Tor der Gnade" (שער רחמים) um das Jahr 1799 erbaut und im Jahre 1860 restauriert worden. Sie liegt im Eingeborenenviertel Kadak in der Samuelstrasse.

Unsere Abbildung zeigt die aus Ebenholz geschnitzte Lade, die gerade von dem Tempeldiener Moses Samson, einem typischen B'nei Israel, geöffnet wird. Sie trägt eine hebräische Inschrift, die übersetzt folgendermassen lautet:

„Diese Bundeslade ist von Samuel Maliankar, aus Tana, gestiftet.
Zimmermann und von seiner Frau Sarah (möge sie vor allen anderen Frauen des Zeltes gesegnet sein).
Zum Gedächtnis ihres Sohnes Rachmin („Gnade"), der abberufen wurde in das Gnadenreich und ruht in Eden, der starb
Am Montag d. 6. Adar 5625, dass sein Name bleiben möge
In Israel bis zu den Tagen des Messias."

Um bei ihrem Gottesdienst auch „Cohanim" (Priester) zugegen zu haben, bitten sie einen „Cohen" aus Bagdad, ihre Synagogen zu besuchen.

Es leben wenigstens 800 Juden aus Bagdad in Bombay.

Einen starken Gegensatz zu diesem alten primitiven Gotteshause bildet das moderne, wunderschöne „Keneset Eliahu", das von Jakob Sassoon, dem Chef der Firma E. D. Sassoon & Comp., errichtet worden ist.

Für meinen Geschmack ist dieser Tempel zu prunkvoll und elegant. Aber er besitzt ein schönes Manuskript (in quarto) des Pentateuch, der Hagiographa und Haftaroth, das von Moses bar Joseph von Atrutel für den jungen Abraham ben Jakob in Sevilla am letzten Sivan 1468 geschrieben worden ist.

Die Schulen der B'nei Israel sind noch pittoresker als ihr Gotteshaus.

Haeem Samuel hatte die Freundlichkeit, die Schüler und Lehrer uns zu Gefallen in ein sehr grosses Zimmer zu beordern, so dass unser Freund David S. Sassoon imstande war, ein ausgezeichnetes Bild mit seinem Apparat aufzunehmen. Die Kinder sahen alle sehr vergnügt und sehr intelligent aus, und es besteht wohl kein Zweifel darüber, dass die Schulen gute Dienste geleistet haben und noch

Die „Sassoon"-Synagoge in „Fort" Bombay.

leisten. Es war erfreulich, an Ort und Stelle die Vorzüglichkeit einer der Lieblingsinstitutionen der anglo-jüdischen Vereinigung bewiesen zu sehen.

Übrigens wählen die studierenden B'nei Israel bei Universitätsprüfungen das Hebräische als verhältnismässig leichten Ersatz für das Griechische. Das ist um so bemerkenswerter, als die B'nei Israel vor 100 Jahren des Hebräischen vollkommen unkundig waren.

Im „Jewish Chronicle" (Juli 1906) habe ich eine Liste verschiedener charakteristischer Bücher veröffentlicht, die von den B'nei Israel gedruckt worden sind. Sie ist zweifellos unvollständig; aber es gibt dort leider keine Buchhändler und keine Bibliotheken, und Bücher halten sich in Indien nicht. Die Ameise ist eine schlimmere Feindin als der Bücherwurm. Diese Bücher geben einem eine höhere Idee von der sozialen Lage der B'nei Israel, als die Eindrücke eines Reisenden zu tun vermögen. Verschiedene andere hebräische Bücher sind in Bombay und auch in Kalkutta von Juden aus Bagdad und anderswoher gedruckt oder lithographiert worden.

Während meines Aufenthaltes in Aleppo habe ich ein geheimnisvoll kabbalistisches Manuskript (ספר הקנה) gesehen, das in Cochin geschrieben worden ist. Dieses Manuskript ist im August des Jahres 1497 von Abraham ben Moses Perez Ha Sephardi für Samuel ben Bekor Hillel in Neu-Sinnim, was wohl Cochin bedeutet, geschrieben worden. Der Verfasser scheint einer der ersten syrischen Juden gewesen zu sein, die nach Cochin auswanderten, und beweist, dass die Juden von Malabar und Aleppo in steter Verbindung miteinander während mehr als vier Jahrhunderten gestanden haben.

Eine Kopie der „Noticias dos Judeos de Cochin" von Mosseh Pereyra de Paiva (Amsterdam 1687), in der eine Reise nach Cochin beschrieben wird, erwarb ich kürzlich auf einer Auktion.

Der Katalog beschreibt dieses Buch, auf Steinschneiders Autorität hin, als die Übersetzung eines jüdisch-deutschen Pamphlets desselben Jahres. Aber der grosse Semitologe irrte sich. Er schloss auf das Vorhandensein eines Originalwerkes (S. 1980 im Bodleyschen Katalog), aus der Tatsache, dass ein Pamphlet: „Wahrhaftige Kuntschaft aus Ost-India" betitelt im Jahre 1638 in Prag veröffentlicht worden ist, „nach Amsterdam bericht und alldort gedruckt geworn 19 elul 447" (1687) mit Genehmigung des Isaac Aboab, und im Jahre 1713 ein ähnliches Pamphlet: „Kennis der Jehudim von Kochin" veröffentlicht und als „wieder hergederuckt" bezeichnet worden ist. Das portugiesische Pamphlet ist so selten, dass noch keiner der Bibliographen es gesehen hat: daher der Irrtum. Es besteht kein Zweifel, dass es keine Übersetzung ist, sondern der Originalbericht des Verfassers über seine „Reise nach Cochin" vom Jahre 1686. Es ist eins der wenigen portugiesischen Bücher, das in den Niederlanden gedruckt worden ist, wo die portugiesischen Juden fast alles in spanischer Sprache druckten. Tatsächlich erwähnt Kayserling eine spanische Übersetzung im Manuskript von gerade diesem Pamphlet. Es ist vom Verfasser veröffentlicht und auf dessen eigene Kosten im Hause von Ury Levi am 9. Ellul 1687 gedruckt worden. Es beschreibt, wie der Verfasser am 21. November in Cochin ankam in Gesellschaft des Kommandeurs Vosburg, seine Begrüssung durch die Ältesten der dortigen Gemeinde David Castiel, Joseph Zackay und medulhar (d. h. Hauptmann) David Levi. Auf Seite 6 ist ein Verzeichnis der hauptsächlichsten Mitglieder der Gemeinde gegeben, genannt „Rol dos bahale batim“, das ist „Verzeichnis der Haushaltvorstände“, das zur Genüge den nicht indischen Ursprung der weissen Juden nachweist.

Die erwähnten Haushaltvorstände sind folgende:

Haim Belilia, dessen Urgrossvater aus Safed kam.

David Levi Medulhar, dessen Grossvater aus Deutschland kam.

Haim Belilia, der Vorleser und Sofer (Kopist religiöser Schriften), dessen Urgrossvater aus Aleppo kam.

David Raby (= Rahabi) aus Aleppo.

Hia Pinto aus Damaskus.

Elia und David Castiel, deren Ur-Urgrossvater aus Kastilien kam.

Judah und David, die Söhne des berühmten Moses Asquenaz, dessen Grossvater aus Deutschland kam.

Semtob Castiel, der aus Paru und Batavia gekommen war.

Moses Aleva (Hallegua), dessen Grossvater aus Aleppo kam.

Joseph und Zacharias Zackay, die Nachkommen der ersten Familien von Cranganor, deren Grossvater der berühmte Haham Solomon Zackay war.

Samuel Barrioti, dessen Vater und Grossvater aus Constantine (Algier) kamen.

David Belilia, dessen Grossvater aus Jerusalem kam.

Elia und Reuyaly Raby, deren Urgrossvater aus Jerusalem kam, und der der erste Fremde in Cochin war.

Isaac Abraham Aleva, dessen Grossvater aus Aleppo kam.

Sason Michael von Ghiraz (Schiras), einer Stadt in Persien.

Joseph Susany Guer (Proselyt) aus Susa.

Aaron von Cranganor, aus den ersten Familien (das primeiras familias).

Isaac Toby, aus Barbary.

Moses und Meir „mizerah-ameluha“ (d. i. aus dem königlichen Hause).

Joseph Asury aus Babel (Bagdad).

Alle diese mit Ausnahme der Zackays und Aaron Moses und Meir, werden also als von ausländischer Herkunft bezeichnet, und die eben Gemeinten kamen aus Cranganor.

Pereyra sagt, dass es dort 460 Familien, Malabarjuden gibt, die in neun Gemeinden eingeteilt sind, nämlich: Cochin mit 3 Synagogen, 120 Familien; Angicaymal mit 2 Synagogen, 150 Familien; Paru mit 1 Synagoge, 100 Familien; Palur mit 1 Synagoge, 10 Familien; Chenot mit 1 Synagoge, 50 Familien; Muttam mit 1 Synagoge, 35 Familien; und er fügt hinzu, dass sie in der Paru-Synagoge zwei Gesetzesrollen aus Cranganor haben. Im Jahre 5272, d. i. 1512, kamen die ersten spanischen Juden nach Cochin. Das heisst ihre Ankunft um mindestens 15 Jahre nachdatieren. Mosseh Pereyra de Paiva gibt dann eine Beschreibung ihrer Bräuche und der von ihnen verehrten Rabbis und erwähnt auch Sabatai Zevi, dessen Glaubensabtrünnigkeit nur als ein mutmassliches „Heble Messiah" (d. i. חבלי משיח messianisches Unglück) bezeichnet wird. Er konstatiert, dass die ersten Juden im Jahre 4130 nach Indien gekommen sind, das ist das Jahr 370 nach der christlichen Zeitrechnung, zur Zeit als 70000 bis 80000 Israeliten in Malabar eintrafen aus dem Königreich Majorca, wohin man sie nach der Zerstörung des zweiten Tempels als Sklaven gebracht hatte, und dass der König Cheram Perimal (der von Goa bis Colombo herrschte) sie in seinem Gebiet aufnahm und dem Joseph Rabani die Stadt Cranganor schenkte, dazu Ländereien von drei Meilen im Umkreis. 120 Jahre später kam ein weiterer Zuwachs an Juden in das Land. Dann folgt eine Übersetzung — die erste — der berühmten Kupfertafeln. Im Jahre 1627 hörte die Amsterdamer Gemeinde zuerst davon. Moses und Meir werden darin als Ur-Urenkel von Joseph Azar, ihrem „terceiro avo" und letzten König von Cranganor bezeichnet. Pereyra traf auch eine schon bejahrte Dame, deren Grossvater väterlicherseits Aaron Azar war, und die einen Sohn in Jerusalem und zwei Töchter hatte. Der ganze Bericht ist augenscheinlich zuverlässig und bildet ein wichtiges Dokument der jüdischen Geschichte.

Kein Bericht über die indischen Juden wäre vollständig, ohne dass zweier kürzlich veröffentlichter Schriften, die diesen Gegenstand behandeln, Erwähnung geschieht.

Die eine ist Lords „The Jews in India and the Far East" (Missions-Presse Kohalpur 1907). Es ist ein nur wenig veränderter Abdruck seiner Artikel in „The Church and Synagogue Magazine", zwischen 1903 und 1906, auf die die Aufmerksamkeit hier bereits gelenkt worden ist.

Die zweite Schrift ist Berthold Laufers „Zur Geschichte der chinesischen Juden“ im Globus (Band 87, 1905, S. 245—247). Laufer glaubt, dass es indische Juden waren, die nach K'ai fong fu über Persien ausgewandert sind, und erklärt so, wie es kommt, dass auf den Tafeln der Synagoge dort als ursprüngliche Heimat der jüdischen Religion Indien (T'ien chu) angegeben wird und die Religion selbst als indisch bezeichnet wird.

Die Theorie einer Auswanderung von Indien nach China ist neu, obgleich Menasseh ben Israel und andere seiner Zeitgenossen behaupteten, dass die amerikanische Urbevölkerung von den Verlorenen Zehn Stämmen herstamme, die ihren Weg nach dort vom fernen Osten Asiens gefunden hätten. Die Erde Indiens ist den Juden nicht zuträglich. Sie wachsen und vermehren sich dort nicht. So bedeutend auch das Alter der indischen Juden sein mag: ihre Zahl ist klein, und die Hauptmasse hat vermutlich Eingeborenenblut in den Adern. Der kernige arabische Jude aus Aden oder aus Bagdad degeneriert bald in Indien[1]. Seine Grösse nimmt ab und seine verhältnismässig grosse Immunität gegen Krankheiten vermindert sich ebenso. Jedenfalls bildet keine andere Gemeinschaft der Israeliten ein so interessantes Problem für den Ethnologen und Historiker als die von Cochin oder Bombay.

[1] Es ist schliesslich noch erwähnenswert, dass die Universitätsbibliothek in Cambridge eine Gesetzesrolle besitzt, aus der Urkundentruhe einer der Synagogen der schwarzen Juden im Innern von Malayala in Indien (nahe Cochin), geschenkt von Dr. Buchanan im Jahre 1809. Vermutlich wurde diese Rolle von Senna in Arabien nach Indien gebracht. Sie ist aus Ziegenleder und gleicht in der Schrift den Gesetzesrollen der Juden in Jemen.

Joachim Schlör

Reisen nach „Judenland“

„Kann nicht“ liegt auf dem Friedhof.
E. N. Adler

„Adler, Elchanan Nathan, Dr. jur., wissenschaftlicher Reisender. Sohn des Chiefrabbi von England, Dr. Nathan Markus Adler, geboren 1861 in London, machte daselbst seine Studien u. begab sich sodann auf Reisen.“
Das ist bei aller Trockenheit, die so ein Eintrag in einer Enzyklopädie auch vermittelt, doch einfach schön zu lesen. Was für eine Berufsbezeichnung! „Wissenschaftlicher Reisender“, wer wollte sich nicht gerne so nennen, und wer sieht vor seinem geistigen Auge nicht die zwei Seiten einer Existenz aufscheinen – Bibliothek und Dampferdeck, Studierstube und Wüstenhimmel, Schreibtischarbeit und Schatzsuche – und sich wunderbar ergänzen. Der Eintrag enthält ein Versprechen: Der kann etwas berichten.
„Er bereiste“, so heißt es weiter in der *Großen Jüdischen Nationalbiographie* von Salomon Wininger, „Ägypten und Palästina 1888, 1898 und 1901; Marokko 1892, 1894 und 1900; Algerien und Tunis 1894/95 und 1905; Tripolis 1905; Persien 1896; Zentralasien 1897; Aleppo 1898; Spanien und Portugal 1892, 1894, 1900 und 1903; Rußland 1889, 1892, 1896, 1897 und 1905; Nordamerika 1901, 1902, 1903 (zweimal) und 1907; Südamerika und Westindien 1902/03; Indien und Aden 1906.“ Eine Welt, beinah' im geographischen Sinne, und in einem Sinn tatsächlich: Es ist die ganze Welt der jüdischen Diaspora, Palästina eingeschlossen, die einer sich im Verlauf von nicht einmal zwanzig Jahren vornimmt. Wahrlich eine „Grand Tour“, allerdings zielgerichtet und mit genauer Absicht.
Die Ergebnisse dieser Reisen legte Adler „in mehreren Broschüren“ nieder, unter anderem auch in dem Buch, das jetzt als Nachdruck vorliegt. Im englischen Original lautet der Titel, neutraler als im Deutschen, „Jews in many Lands“. Die Verlagsentscheidung ist nicht mehr zu rekonstruieren, aber interessant ist es schon zu sehen, wie die britische Sachlichkeit in der deutschen Übertragung mit Wertung aufgeladen wird. Eine von vielen Fragen, die der Text uns stellt. Dieses Nachwort kann keineswegs den Anspruch erheben, erschöpfende Auskunft über Leben und Werk von Elchanan [oder Elkan] Nathan Adler zu geben; man müßte ja hinterher reisen – und selbst auf diesem Wege wäre es angesichts der veränderten Reiseformen eine Jahrhundertwende später kaum möglich, mehr als einen

Eindruck von der unerhörten Leistung Adlers zu bekommen. So werden sich die folgenden Anmerkungen darauf beschränken, einige Motive herauszuarbeiten, die bei einer neuen Lektüre hilfreich sein könnten.

Notizen zur Biographie

Die Familie Adler gehört einer der vornehmsten alten Frankfurter Familien an, die ihren Stammbaum auf Rabbi Simeon Hadarschan oder Kajara, dem vermutlichen Autor des Midrasch *Jalkut Shimoni*, bis ins 11. Jahrh. also, zurückführen kann. Der Kabbalist Nathan ben Simon Ha-Kohen war, so lesen wir im Biographischen Lexikon der Juden Frankfurts, „das bedeutendste Glied der an Prominenten nicht armen ‚Familie Adler' aus Frankfurt a. M., die ihre Herkunft aus Kreta ableiten".[1] Der Frankfurter *Illui* (der Überragende) wohnte im Haus zur Windmühle und war mit Reichle Cohn verheiratet. Im Alter von 21 Jahren gründete er eine Jeschiwa in der Frankfurter Judengasse, hielt dort mit seinen Anhängern mystische Andachten ab, „in denen sich alles zur Ekstase steigerte", galt als „Wundertäter und Hellseher". In Frankfurt wurde ein Bann gegen ihn verhängt, 1782 verließ er die Stadt und ging nach Boskowitz (Mähren), kehrte allerdings 1787 schon zurück. Er starb 1800, konnte aber noch erleben, daß der Bann gegen ihn aufgehoben wurde.
Mordechai Marcus Adler wurde Oberrabbiner von Hannover. Elchanans Vater Nathan Marcus Adler wurde noch, 1803, in Hannover geboren, das damals zur britischen Krone gehörte.[2] Er wurde 1829 Rabbiner von Oldenburg und im Jahr darauf Nachfolger seines Vaters, Marcus Bär Adler, in Hannover. 1844 wurde er als Nachfolger von Solomon Hirschel „Chief Rabbi of the United Hebrew Congregations of the British Empire". In den 45 Jahren seiner Amtstätigkeit entwickelte das britische Judentum seine spezifischen modernen Züge. Seine „aufgeklärte Orthodoxie", für Schubladendenker ein Widerspruch in sich, verhinderte wohl die Durchsetzung der Reformbewegung im Land. Sein Sohn Hermann übernahm seine Stelle, als die Gesundheit des alten Herrn Adler nachließ. Der zweite Sohn ist unser Mann.

Jewish Travellers

Der studierte an der „City of London School" und am renommierten University College, bildete sich zum Anwalt aus. Seine letzte Veröffentlichung von 1930, *Jewish Travellers*, „behandelt alle bekannten jüd. Reisenden von der Zeit Karls des Großen bis zur Jetztzeit und", so die Enzyklopädie, „trägt besond. viel bisher unbekanntes Material darüber zusammen". In seiner Einleitung zu dieser Sammlung von Reiseberichten, die zum größten Teil aus der Zeit des Mittelalters stammen, bezieht sich Adler zunächst auf die von J. D. Eisenstein 1926 vorgelegte Sammlung von Reiseberichten, die unter dem Titel *Ozar Massaoth* („Reise-Schätze") in hebräischer Sprache und Schrift erschienen. Für die englische Ausgabe wurde einiges gekürzt, manches auch neu übersetzt, aber im Großen und Ganzen war die Edition unverändert. Adler führt das Thema so ein:

„The Wandering Jew is a very real character in the great drama of history. From Ur of the Chaldees to Palestine and Egypt and then back again to the Holy Land and then to Assyria and Babylon and Egypt and the farthermost cities of the far-flung Roman Empire, he has travelled as nomad and settler, as fugitive and conqueror, as mendicant and pilgrim, as collector and ambassador. His interest in foreign countries both near and far was fostered by Scripture and the famous chapters of Isaiah and Jeremiah and others are a very mine of ancient geography. He was of necessity bilingual and therefore master of many languages and able to make himself understood, wherever other Jews were to be found. He was the ideal commercial traveller and interpreter."*

Das ist schon gewagt. Das Zerrbild des „wandering Jew", des „juif errant" oder „ewigen Juden", des Ahasver der christlichen Legende, wird hier fast für bare Münze genommen, um dem Thema jüdischer Reisen – Reisen, um des Judentums willen unternommen – eine Einleitung zu geben. Erstaunlich scheint auch die Aufstellung der „Wanderungs"-Motive; können Nomaden und Siedler, Flüchtlinge und Eroberer, Bettler und Pilger so zusammengeworfen werden? Und kann der „Sammler", den Adler hier noch

* „Der ewige Jude ist im großen Drama der Geschichte eine sehr reale Gestalt. Von Ur in Chaldäa bis nach Palästina und Ägypten und von dort zurück in das Heilige Land und dann nach Assyrien und Babylon und wieder Ägypten und bis zu den entferntesten Städten des weitreichenden Römischen Reiches wanderte er als Nomade und als Siedler, als Flüchtling und Eroberer, als Bettler und Pilger, als Sammler und als Botschafter. Sein Interesse an fremden Ländern, in der Nähe und in der Ferne, wurde durch die Heilige Schrift gefördert, und die berühmten Abschnitte bei Jesaja und Jeremiah sind wahre Goldminen antiker Geographie. Er war zwangsläufig mehrsprachig, beherrschte viele Sprachen und konnte sich verständlich machen, wo immer Juden zu finden waren. Er war der ideale Handelsreisende und Dolmetscher."

neben den „Botschafter“ auf die Liste setzt, in seiner Bedeutung mit den anderen Wandernden mithalten? Immerhin legt Adler hier eine Spur, die für unser Verständnis seiner Person und seiner eigenen Reisen ganz wesentlich ist.
Der stellt sich in eine Kontinuität: Es ist, sagt er, gar nicht ungewöhnlich, daß Juden reisen und wandern. Unter den Motiven, die in der Zeit, die das Buch abdeckt – vom neunten bis zur Mitte des 18. Jahrhunderts[3] – Juden zur Reise und Wanderung getrieben haben, ist neben dem der Suche nach sicherem Aufenthalt, nach Schutz und Zuflucht vor Vertreibung auch das des wissenschaftlichen Reisens immer wieder zu finden. Juden sind gereist, weil sie wissen wollten, wie andere Juden leben; weil sie Zeugnisse jüdischer Existenz in versunkenen oder gefährdeten Gemeinden retten und aufbewahren wollten. Und schließlich sind die Propheten, sind besonders Jesaja und Jeremiah, in diesem Sinne, Reisende. Aufbewahrer.
Adler begreift die jüdische Geschichte, wie könnte es anders sein, als Geschichte der Diaspora. Das Interesse am Judentum ist ein Interesse an seiner Zerstreuung, damit: an seiner Vielfalt. Die Sprachen, die einer beherrschen muß, um sich an den vielen Orten jüdischer Existenz zu verständigen, die Sprachen auch der Manuskripte selbst, denen er hinterher reist, geben Zeugnis von dem, was schon vor und besonders nach der Zerstörung des Tempels geschehen ist.

„The Diaspora extended far beyond Palestine, even before the destruction of the First Temple. After the Babylonian captivity, there were always more Jews outside Palestine than within. In the second century B. C. the Jewish Sibyl says of the Diaspora: ‚Every land is full of thee and every sea.‘ Philo, Seneca, and the author of the Acts of theb Apostles testify to its dissemination over the whole of the world.“*

Über die ganze Welt – lese ich falsch, wenn ich in dieser Formel, die ein anderer vielleicht nicht so leichtfertig verwendet hätte, eine Sehnsucht Adlers konstatiere: nach Vollständigkeit, nach einer Aufhebung der historisch begründeten Fragmentierung durch Reise und Sammlung? Gerade

* „Die Diaspora erstreckte sich weit über Palästina hinaus, sogar schon vor der Zerstörung des ersten Tempels. Nach der babylonischen Gefangenschaft lebten immer mehr Juden außerhalb von Palästina als im Lande Israel selbst. Im zweiten Jahrhundert vor unserer Zeitrechnung sagt die jüdische Weissagerin: ‚Jedes Land ist voll von Dir und jedes Meer.‘ Philo, Seneca und der Autor der Apostelgeschichte bezeugen die Verbreitung des Judentums über die ganze Welt.“

in der Berufung auf die Propheten und die Großen der jüdischen Wanderungsgeschichte, biblisch und nachbiblisch, wirkt sein Anliegen (weit jenseits der einfachen Aufgabe, eine bereits publizierte Anthologie in Übersetzung neu einzuführen) selbst prophetisch, ein bißchen „missionarisch" und arg aufgeladen mit Botschaft und Rechtfertigung. Mehr gestattet er sich allerdings nicht, im weiteren werden die Texte der Anthologie kommentiert, die mit einem Bericht des Übersetzers Isaac [Eginhard von Franken] beginnt, den Karl der Große zu Harun-ar-Raschid sandte. Karl der Große und Harun-ar-Raschid – Mythos und Märchen, möchte man sagen, und findet doch plötzlich in der Person dieses Übersetzers einen Faden von Realität: jüdischer Realität im frühen Mittelalter.

Und findet, von da an, eine fast ununterbrochene Kette von Unternehmungen, die sämtlich vom Streben nach Ganzheit, Erfüllung, Ausgleich bestimmt sind. Natürlich läßt sich auf der Grundlage dieser Berichte – Aben Scheara bringt Neuigkeiten aus der Astronomie von Ceylon nach Bagdad, Joseph von Spanien transportiert das System der arabischen Zahlen aus Indien in den Westen – eine Geschichte Europas, weit gefaßt, neu schreiben: nämlich unter Einbeziehung dieser vermittelnden, übersetzenden, Nachrichten bringenden, von neuesten Erfindungen beseelten, dieser reisenden Juden. Das hat Adler aber höchstens nebenher im Sinn. Sein Interesse erwacht mit der Person des Rabbi Chisdai ibn Shaprut – „he introduces an new factor into the character of the Jewish traveller, the missionary sent by Jews to inquire about other Jews"* –, der sich von Cordoba aus auf die Suche nach den Khasaren gemacht und den großen Dichter Judah Halevi zu seinem Gedsang von den *Cuzari* angeregt hat. Und in seiner Folge traten die ersten „Bibliophilen" auf, gesandt von den Kalifen in Cordoba und Toledo, also im Spanien der glücklichen Zeit: gesandt, Manuskripte zu sammeln.

Das Drama der jüdischen Geschichte, ihre Zerrissenheit zwischen der Sehnsucht nach dem Land, dem Ort der „Herkunft" (besser vielleicht: der Bestimmung), dem Lande Israel, und der wirklichen Existenz an einem ganz anderen, weit entfernten Ort bildet den Grundton aller Berichte (und Adlers Überlegungen). Judah Halevi nahm den Weg „zurück" auf sich und wurde womöglich von einem Kreuzfahrer ermordet; andere Reisende gingen nach Palästina, um dort wenigstens die Gräber verehrter Vorfahren zu

---

* „er führt eine neue Facette in den Charakter des jüdischen Reisenden ein: den Missionar, der von Juden geschickt wird, um Erkundungen über andere Juden einzuholen"

finden. Der größte aller Reisenden, Benjamin von Tudela, „wandered over the greater part of the civilized world of his day" in der zweiten Hälfte des zwölften Jahrhunderts, und das hieß: Rom, Konstantinopel, Alexandria, Jerusalem, Bagdad. Katalonien, Südfrankreich, Italien, wieder Konstantinopel, die griechischen Inseln, Rhodos, Zypern, Antiochien, noch einmal Palästina, Damaskus, erneut Bagdad, Persien, Basra, die Insel Kish im Persischen Golf, Aden, Assuan, und dann, schreibt Adler, „and thence home". Aber wo war „home" für einen wie diesen Reisenden?
Oder für Maimonides, der von Cordoba nach Kairo flüchtete und das alte eigene Land aus nächster Ferne – die schlimmer sein kann als ferne Nähe, wo (in Worms oder Krakau) „Israel" ganz langsam zur Metapher wurde, unerreichbar und tendenziell des Erreichens gar nicht mehr bedürftig, sondern vermittelbar auf andere Plätze – nur tastend, zögerlich in seine Reichweite nahm? Wo ist Heimat? Soll man die alte Heimat wieder ins Blickfeld rücken, soll man den Glaubensgenossen von einer möglichen Rückkehr erzählen? Im weit entfernten Jahr 1210 soll in England so etwas wie ein „zionistischer Kongreß" abgehalten worden sein, weil man mit der Ankunft des Messias im christlichen Jahr 1211 oder 1216 rechnete und sich daran machte, die Juden für eine Pilgerreise nach Jerusalem zu versammeln.
Mit der allgemeinen Kenntnis über die Gesetze des Reisens – im 14. Jahrhundert wird der Kompaß erfunden, der „Kartenjude" Jafuda Crescas hat einiges dazu beigetragen – wird auch die „jüdische Reise" modernisiert. Juden sind an den großen Unternehmungen beteiligt, und Adler hat wiederum eine Erklärung bereit, die viel von ihm und seinen Reisemotiven erzählt:

„The century which followed saw the great discoveries of Vasco da Gama and Columbus, in which Jews also took part, for no navigator sailing to unexplored regions, thought himself safe without his Jewish interpreter. The unknown world was held to be assuredly inhabited by descendants of the Ten Tribes, and who so able to converse with them as their brethren?"*
Ein Ergebnis dieser Reisen ist regelmäßig die Überlegenheit der Exilierten über ihre – oft bäuerliche – Umgebung: „The exiles were the most cultu-

* „Das folgende Jahrhundert sah die großen Entdeckungen von Vasco da Gama und Kolumbus, an denen ebenfalls Juden beteiligt waren, denn kein Navigator, der in unerforschte Regionen segelte, fühlte sich sicher ohne seinen jüdischen Dolmetscher. Die unbekannte Welt stellte man sich mit Sicherheit als von Abkömmlingen der zehn Stämme bewohnt vor, und wer wäre besser geeignet mit ihnen zu reden als ihre Brüder?"

red men of their time", Druckereien und Verlagshäuser sind der alltägliche Ausdruck dieser Dominanz. Nach und nach ziehen, so dürfen wir Adlers introduction lesen, die „anderen" nach. Das Reisen wird gewöhnlicher.

„After the sixteenth century, geographical discoveries had made the whole world familiar to most people, and the traveller only journeyed afield, with a specific object, which could hardly be of general interest or importance. The wandering Jew becomes less the diplomatist or scientist and more of the bagman and beggar. But he still remains a royal link between the scattered members of the Diaspora, pious and alert and generous both in what he expects and what he gives."*

„Afield" – was für ein brauchbares Wort, schwer zu übersetzen allerdings. „Draußen"? „Im Feld"? Banalisierung (angesichts der bis dahin unglaublich erscheinenden Reisemöglichkeiten) und Konzentration zugleich sind in diesem Wort vergraben – Zeit, zu Elkan Nathan Adler zurückzukommen. Adler begründet den Beginn seiner Reisetätigkeit – kein schönes Wort, aber es hilft vielleicht, das Zielgerichtete des Unternehmens zu illustrieren – mit einem Auftrag, den das Komitee des ‚Holy Land Relief Fund' ihm gegeben hat. Diese Stiftung hatte die Aufgabe, die wohltätigen und auf eine berufliche Umschichtung der jüdischen Einwanderer gerichteten Initiativen von Moses Montefiore zu verwalten.
Sir Moses Montefiore, der große englische Philanthrop, für seinen Biographen Paul Goodman „the outstanding Jewish figure of a great part of the nineteenth century", würdig der Nachfolge Mendelssohns, hatte nach einem ersten Besuch 1839 (dem wir die erste Zählung der jüdischen Minderheit in Palästina verdanken[4]) „showered gifts on the poor, who indeed formed the overwhelming bulk of the Jewish population". Aber es war ihm bald klar geworden, daß bloße Mildtätigkeit die soziale Situation der Juden in Jerusalem nicht langfristig würde verbessern können. Plänen zur Errichtung eines jüdischen Staates im alten Land, die ihm gelegentlich angetragen wurden, stand er skeptisch gegenüber. Aber alle vernünftigen

* „Nach dem 16. Jahrhundert und den großen Entdeckungen war die ganze Welt den meisten Menschen bekannt. Reisende begaben sich nur noch mit ganz bestimmten Zielen, die für die Allgemeinheit kaum von Interesse oder Bedeutung waren, in die Ferne. Der ewige Jude wird danach weniger Diplomat oder Wissenschaftler als Wanderverkäufer oder Bettler; doch er bleibt immer ein erhabenes Bindeglied zwischen den verstreuten Gliedern der Diasporagemeinde, seinem Glauben treu, immer auf der Hut und großzügig in seinen Erwartungen wie in seinen Gaben."

Maßnahmen zur Unterstützung des alten *Jishuv* konnten auf seine Förderung zählen. Selbst der Bau einer Eisenbahn zwischen Jerusalem und Jaffa, den spätere Besucher, Adler darunter, noch mit großem Zweifel betrachteten, interessierte ihn. 1855 kaufte er Land in der Nähe von Jaffa, dort sollten die ersten Zitrusplantagen entstehen, 1874 entstand zu seinen Ehren ein „Testimonial Fund", dessen Gelder für jüdische Siedlungen im Land verwendet werden sollten. Zu seinem 99. Geburtstag 1883 konnten die neugegründeten Siedlungen *Rishon le-Zion, Jehud, G'oni, Peki'in, Bne Bilu* und *Zichron Jaakov* daraus unterstützt werden, und aus Anlaß seiner Hundertjahr-Feier gründete die von Leon Pinsker inspirierte Chibbat Zion eine „Montefiore Association for the Promotion of Agriculture among Jews" Aber nicht alle Pläne reiften unmittelbar, und besonders in der Gegend um Jerusalem wollten die landwirtschaftlichen Siedlungen nicht recht gedeihen.

Jetzt sollte also, drei Jahre nach dem Tod des großen Mannes, Adler nach dem Rechten sehen. „Arme und verzweifelte Juden" hatten unrechtmäßig Besitz von einem Gelände ergriffen, das, so Adler, „herrenlos" geworden war. Sie wurden vertrieben – „entfernt" – und durch „arbeitsame Ansiedler" ersetzt. Mit diesem kurzen Bericht führt uns Adler mitten hinein in eine ungewöhnliche und problematische kulturelle Situation, die einige Erläuterung verträgt. Über Jahrhunderte war das Land, *Erez Israel*, obwohl durchaus erreichbar und zugänglich, in die Randbezirke der Wahrnehmung auch sehr bewußter Juden geraten. Das Land, das eine so prominente Rolle für die Begründung, für die Vermittlung, auch für die Überlebenskraft der jüdischen Religion innehatte, war zum Zitat im Gebet geworden, zum nurmehr angerufenen Ort, dem seine Wirklichkeit abhanden gekommen war. Immer wieder einmal waren Einzelne – Adler wird sie heranrufen in seinen Arbeiten – Richtung „Palästina" gewandert, aber so wie der römische Besatzungsname den alten Begriff vom „Land Israel" übertönte, so undeutlich verschwamm die alte Erde hinter den symbolischen Überlagerungen in der Literatur. Das hochgebaute Jerusalem wurde zum Bild. Wer von Jerusalem sprach, mußte Phantasie mitbringen, Einfühlungsvermögen, eine Fähigkeit zur Übertragung von Hoffnungen aus Deutschland, England, Spanien – aber er mußte das wirkliche Jerusalem nicht kennen.

Reiseberichte sind auch Literatur. Aber sie müssen, bei allem Anspruch an Überhöhung und Symbolkraft, doch stärker als Romane, Erzählungen, Gedichte vom wirklichen Ort ausgehen. In diesen Berichten ist Jerusa-

lem, Zion, das Land Israel, immerhin anwesend; aber selbst hier verschwindet es in seiner Realität hinter den Zuschreibungen, die darüber gefunden werden. Erst in der Mitte des 19. Jahrhunderts kommt es zu einer neuen Wahrnehmung. Juden – und Nichtjuden kaum weniger –, die (aus welchen Gründen immer) am Bild Jerusalems arbeiten, sehen sich vor der Herausforderung: ihr eingebildetes Jerusalem mit einem wirklichen, trostlosen, einem enttäuschenden Ort in Einklang zu bringen. Dort leben Juden (und nicht nur), dort – am erhobenen Ort, der fast bloß noch Sinnbild ist – gibt es auch Armut, Obdachlosigkeit, Bettelei. Besonders die Abhängigkeit der wenigen jüdischen Bewohner Jerusalems von Spenden, die von überall her eingesammelt werden, wird zum Thema. *Chalukka* erinnert die Juden in der Diaspora an die Existenz der Wenigen, die, stellvertretend, ein Leben im Land Israel führen; Spenden werden gegeben, in Deutschland, England, Polen für diejenigen, die ein Versprechen wahr machen, dem man sich selbst nicht hingeben will. Wenn aber einer hinfährt, kommt er mit Enttäuschung zurück.
Das ist schon anders, als Adler reist. Nach den gewalttätigen Ausschreitungen gegen Juden in Südrußland 1881, nach der Veröffentlichung von Leon Pinskers deutsch geschriebenem Pamphlet „Autoemanzipation", nach der Ankunft der ersten Gruppe von Biluim, die Pinsker selbst in Odessa noch vom Balkon seines Hauses verabschiedet hatte – und noch lange vor Theodor Herzls „Judenstaat" [1896] – hat sich die, elendes Wort, „Qualität" der Einwanderer völlig verändert. Adler traf schon auf Pioniere. Das Jerusalem selbst des Jahres 1888 ist anders als der gleiche Ort zwanzig Jahre vorher. Es gibt jetzt „arbeitsame Ansiedler", die den Platz einnehmen konnten, den andere verlassen mußten.
Mehr erfahren wir hier nicht. Wir wissen nur, daß die Begegnung mit dieser Veränderung – einem *turning point* jüdischer Geschichte – Elkan Nathan Adler offenbar dazu veranlaßt hat, „eine ganze Anzahl anderer Reisen nach jüdischen Zentren der Alten sowie Neuen Welt zu unternehmen". Warum? Da war das „altruistische Interesse" am Schicksal der Glaubensgenossen, und da war das Interesse an den Manuskripten. Gut, aber da war mehr. Zwischen dem Leben in London, das E. N. Adler als Sohn seines Vaters erleben konnte, und der seltsamen Ansicht des wirklichen Jerusalem im Übergang von der längst vergessenen Möglichkeit zur plötzlichen Wirklichkeit, mußte noch etwas anderes sein. Wo sind unsere Leute? Wo ist, jenseits dessen, was London zu bieten hat und vor dem, was Jerusalem verlangt, Judentum? Dieser Frage reist er hinterher.

Noch einmal die Frage nach dem Titel: Von England aus scheint es dem Interessierten so wie ein großes Versprechen – „Jews in many lands". In der deutschen Version wird daraus ein Blick auf „das Ghetto". Vermutlich ist es keine deutsche Besonderheit, auch englischsprachige Reisende benutzen das Bild des Ghettos, wie etwa David Philpson in seinem 1943 [!] erschienenen *Old Europen Jewries*, der einleitend schreibt: „I had determined to write the story of the ghetto, and it occurred to me that it would add interest to the work if I could supplement my studies by a view of the sites of certain old Jewries."*[5] Aber für Adler scheint mir dieser gezielte Blick auf die Institution des Ghettos als zwangsweisen Aufenthalt einer jüdischen Gemeinde unter der Aufsicht und Kontrolle einer (in der Regel) christlichen Obrigkeit kein überzeugendes Motiv. Anders als Philipson – und anders auch als Israel Cohen, der seine *Travels in Jewry* (1953 veröffentlicht) auch kurz vor der Katastrophe unternahm und so einführte: „These studies cover a wide range, extending from Paris to Salonica, from Lisbon to Lemberg, and from Budapest to Rome. They also embrace a manifold variety of communities, whose distinguishing features present striking contrasts in the social, political, and cultural fields. [...] It is desirable to have [...] a portrayal by a contemporary of the conditions that existed before Hitler destroyed so large a part of European civilisation"**[6] – besucht Adler Zentren jüdischer Gelehrsamkeit und Bildung in ihrer Blüte und in ihrer Kapazität als Belege für die weltweit verstreute (und von ihm in einer höchst aktuell anmutenden Virtualität wieder zusammengefügte) jüdische Kultur.

Das kann kaum verhindern, daß wir Heutigen seinen Text dennoch so lesen müssen wie die beiden anderen zitierten Reisebücher: als traurigen Rückblick auf eine zerstörte (oder, im Blick auf die arabischen Länder, zumindest gewaltsam aufgelöste) jüdische Welt. Wir lesen, was vom Judentum in Europa handelt, mit der Shoah und ihren Folgen in unserem Bewußt-

---

* „Ich hatte mich entschlossen, die Geschichte des Ghettos zu schreiben, und es schien mir, daß mein Werk an Interesse gewinnen könnte, wenn ich meine Studien durch Ansichten der Stätten bestimmter alter Judenheiten ergänzte."

** „Diese Studien berühren ein weites Feld, das von Paris bis Saloniki reicht, von Lissabon bis Lemberg, und von Budapest bis Rom. Sie umfassen auch eine außerordentliche Vielfalt von Gemeinden, deren unterschiedliche Besonderheiten starke Gegensätze im sozialen, politischen und kulturellen Bereich aufweisen. [...] Es ist wünschenswert, ein von einem Zeitgenossen gezeichnetes Porträt der Lebensbedingungen zu erhalten, die bestanden bevor Hitler einen so großen Bestandteil der europäischen Zivilisation zerstörte."

sein. Das läßt sich nicht ändern, es hat auch gar keinen Sinn, der Tatsache – zumal schreibend, nachdenkend, gar öffentlich redend – entkommen zu wollen. Wie kann es uns aber dann gelingen, einem Unternehmen wie dem Adler'schen gerecht zu werden und den Text, der uns überliefert ist, so zu lesen, wie sein Autor ihn verstanden haben wollte?

Die Antwort auf diese Frage führt ins Zentrum einer Auseinandersetzung, die untergründig schon lange schwärt und ihre längst fällige Wendung ins Öffentliche noch erwartet. Wie wird, gerade in Deutschland, Judentum wahrgenommen? Aus welchem tieferen Grund publizieren, rezensieren, kaufen wir solche Bücher? Was führt Zehntausende von Menschen in das leere Gebäude des künftigen Jüdischen Museums Berlin im aufgerissenen Davidstern von Daniel Libeskind? Und wenigstens Tausende jedes Jahr selbst an kalten Sonntagen in die wenig aussagestarken Straßen des Berliner „Scheunenviertels", dessen historischen Ort sie überdies treffsicher verfehlen? Die hier sich offenbarende – freilich verständliche, dennoch fragwürdige – Sehnsucht nach einer „Rekonstruktion" jüdischen Lebens *an den Orten* vergangener, zerstörter jüdischer Präsenz ist längst nicht mehr bloß ein deutsches Phänomen, allerdings hier besonders ausgeprägt. So viele Gedenkstätten. So viele Museen. So viele Bücher. Und was erzählen sie alle vom Judentum? Sie erzählen, nein, wir erzählen vielleicht allzu häufig von dem, was uns (wiederum: sehnsuchtsvoll) „Beziehungsgeschichte" heißt, wenn schon nicht doch „Symbiose", wir zwingen – noch einmal: mit guten Motiven – das Judentum in einen Zusammenhang, den *wir* definieren. Deutsch-Jüdische Geschichte. Europäisch-Jüdische Geschichte. „European civilisation", bei Israel Cohen. Untrennbare, unlösbare Verbindung. Dagegen tritt uns bei Adler eine eigene Welt entgegen.

Ich weiß wohl, auch das ist kritischer Nachfrage wert, wenn ein Nichtjude, der sich eben beruflich und wissenschaftlich mit dem Judentum befaßt, sozusagen „zionistisch" beginnt zu argumentieren. Gerade in Deutschland ist es nicht opportun, den Begriff des Andersseins, des Fremden – oder, anders herum: des Eigenen im Judentum – im Blick auf die jüdische Geschichte zu verwenden; allzu schnell gerät man womöglich in Kumpanei mit denen, die aus der Tatsache der Unterschiedlichkeit eine Notwendigkeit zur Trennung ableiten. Aber das ist so eine Art Angst vor dem Beifall von der falschen Seite, die uns vom klaren Denken nicht abhalten darf. Das zionistische Erlebnis des deutschen, des jüdischen Soldaten Sammy Gronemann im Ersten Weltkrieg[7] ist nur ein Beleg dafür, daß in der (womöglich allgemeinen) Anerkennung der Unterschiedlichkeit ein größerer Wert liegen kann als in einer gut gemeinten, aber historisch blinden Betonung des Gemeinsamen.

Und damit, genau hier, zurück zu Adler. „Für uns Juden muß Ägypten immer von höchstem Interesse sein." So beginnt der Text, und nicht anders kann er beginnen. Da ist gar nichts von „Renaissance" und noch weniger von „Zionismus", da ist reine Selbstverständlichkeit. Natürlich ist die Menschheitsgeschichte mit angesprochen, aber Adler spricht von Ägypten zuerst als von einem Ort jüdischer Präsenz. Das schließt einiges aus. Und gerade das ist legitim.

Kairo ist die erste Stadt der Reise, ein angemessener Ort, da tatsächlich, wie Adler schreibt, keine andere Stadt der Welt von sich behaupten kann, „so ununterbrochen wie Kairo seit Menschengedenken jüdische Gemeinden beherbergt zu haben" (S.). Das zeichnet, aus jüdischer Sicht, Kairo aus. „Im Jahre 1888", als Adlers Bericht beginnt, ist der große Fund der Kairoer *Genizah* noch nicht gemacht. Aber er erkannte ihre Bedeutung als einer der ersten und brachte, so teilt uns die Enzyklopädie mit, 25.000 Fragmente zurück nach London. Etwa 4.500 davon verarbeitete er in seinem *Catalogue of Hebrew Manuscripts in the collection of E. N. Adler*, der 1921 erschien.

Manuscript Hunting

„Kenntnisreicher Sammler hebräischer Manuskripte". Diese Reisen waren zielgerichtet, ihr Zweck war der Aufbau und die Erweiterung einer Sammlung hebräischer Manuskripte. Seit 1923 befindet sich diese Sammlung von Inkunabeln und Altdrucken im Jewish Theological Seminary in New York.

„Es gibt keinen Sport, der der Jagd nach vergrabenen Manuskripten gleichkommt" (S. IX) – ich wüßte keine deutsche Veröffentlichung zu nennen, die einen solchen Satz enthält. „Manuscript hunting" ist ein wesentlicher Bestandteil der Bibliophilie, auch wenn natürlich nicht alle Bücherliebhaber diesen aktiven Aspekt ihrer Leidenschaft selbst betreiben können. Während die Bibliophilie selbst keine nationalen Grenzen kennt und überall verbreitet ist, scheint das „scholarly adventure" der Jagd nach Manuskripten besonders im angelsächsischen Raum ausgeprägt. In einer Zusammenstellung solcher „Jagd"-Geschichten hat Richard D. Altick die Anforderungen an die scholar adventurers, die Abenteuergelehrten, formuliert:

„To some tastes, indeed, the literary researcher has the most colorful and dramatic of all the tasks of modern scholarship. He deals not with the inanimate or the subhuman phenomena of the world, but with human material; and he differs from the social scientist and the psychologist in that he is not primarily concerned with the mass behaviour of mam as a scientific phenomenon, but with man as a creator – the creator of one kind of art, the literary. [...] he is, therefore, a historian of man in his imaginative-intellectual capacity."*[8]

Das ist sehr allgemein und im Hinblick auf den Forscher geschrieben, der nach Roman-Manuskripten, Frühfassungen, Varianten sucht. Es läßt sich aber gut auf den Bereich übertragen, der für Adler so wichtig war, daß er ihm seine ganze freie Zeit gewidmet hat. Jüdische Überlieferung handelt, wenn man so will, von einem einzigen Text. Die Thora ist der Anfang und das Zentrum aller schriftlichen Zeugnisse der jüdischen Kultur. Aber sie ist eben auch – Text. Sie ist Literatur, ist Manuskript. Sie wurde niedergeschrieben, abgeschrieben, es gibt unzählige Varianten und Abweichungen. Es gibt Interpretationen. Es gibt eine unendliche Fülle von Folgetexten. Die Thora ist Gegenstand historischer, religionswissenschaftlicher, soziologischer Forschung, sie hat ihre eigene Literaturgeschichte. Der „Manuskript-Jäger" Adler stellt sich eine Aufgabe, die sich von den Arbeiten seiner literaturwissenschaftlich motivierten Zeitgenossen nur durch ihr Gewicht unterscheidet, nicht jedenfalls durch das Vorgehen.

Grand Tour jüdisch

Adler zeichnet sein Bild als das eines „modernen Reisenden". Diese Idealfigur ist wohl ebenfalls, wie so vieles in diesem Leben und Werk, aus englischen Traditionen und Vorstellungen konstruiert. Dieser Reisende geht direkt auf sein Ziel zu. Er läßt sich von den Unbilden des Klimas oder der lokalen Gebräuche nicht beeindrucken. „Und der Reisende muß Kosmopolit sein." In einer erfrischenden – oder: englischen – Unbekümmertheit

* „Manche glauben tatsächlich, daß der literarisch interessierte Forschungsreisende die bunteste und dramatischste aller Aufgaben der modernen Wissenschaft erfüllt. Er hat es nicht mit den unbelebten oder den menschenlosen Phänomenen der Welt zu tun, sondern mit dem menschlichen ‚Material'; er unterscheidet sich vom Sozialwissenschaftler oder vom Psychologen dadurch, daß ihn nicht in erster Linie das Verhalten der Masse als Gegenstand interessiert, sondern der schöpferische Mensch – der Schöpfer einer Kunst, der literarischen. [...] Er ist deshalb der Historiker des Menschen in seiner Eigenschaft als vorstellungsreiches, intellektuelles Wesen."

übernimmt Adler das Negativ- und Feindbild des „allgegenwärtigen" Juden und wendet es ins Positive:

„Das Hebräische war – und ist – eine ‚Lingua franca', die die Geheimnisse der bezaubernden Küste und des Hinterlandes der drei großen Binnenseen der Alten Welt erschließt. Was Amerika betrifft, so ist jetzt erwiesen, daß alle großen Entdecker, von Kolumbus an, Juden auf ihren Reisen bei sich hatten, als Dolmetscher, Gesellschafter und Berater." (S. X)

Das ist, wie bei anderen Reisenden, freilich ein ausgewählter, ein dadurch eingeschränkter Blick auf die Welt; aber er greift doch weiter aus. Die Suche nach „Judenland", nach der jüdischen Welt in der Welt, erfaßt wohl mehr von der ganzen Welt als jede andere Jagd. Und geht dabei nicht anders vor. Die englische Tradition der „Grand Tour" hat auch diesen Reisenden geprägt. Ihr innerster Kern besteht in der Überlegung, daß es den Menschen bereichert und vorwärtsbringt, wenn er andere Länder besucht. Der Besuch in anderen Ländern ist ein Wert an sich; was einer daraus macht, ist seine Sache. Auch die Reise ist seine Sache, nicht die des besuchten Landes. Es muß einer nur eine Motivation haben, einen Plan mitbringen, und sein Ziel nicht aus den Augen lassen.
Der italienische Autor Attilio Brilli hat eine überzeugende Deutung der „Grand Tour" vorgelegt. Der Reisende, so Brilli, ist „ein weltlicher Pilger, der den Wegen nachgeht, die das Wissen der Menschheit seit der Antike genommen hat." Schon diese Vorstellung: daß das Wissen „Wege nimmt", läßt sich – wohl auch in einem gewissen Unterschied zu anderen Kulturen – direkt auf den Hintergrund und die Ziele von E. N. Adlers Reisen übertragen. Die jüdische Geschichte ist seit dem Beginn der Diaspora – oder, wenn wir genau hinsehen, von ihren ersten Ursprüngen an – nur in der Anerkennung einer Plurilokalität zu begreifen. Zum wirklichen Reiseerlebnis gerät ihm die Fahrt nach Buchara und Samarkand, hier sind auch die Juden, wie es scheint, organisch zugehöriger Teil einer insgesamt für den Reisenden bezaubernden Landschaft.
Mit der Suche nach den hebräischen Manuskripten – hundert im Jahr! – unternimmt Adler den Versuch einer Rekonstruktion, im Sinne der Wiederherstellung, des in alle Welt Zerstreuten. Er hebt, tendenziell, die Fragmentierung auf, von der die jüdische Geschichte seit dem Beginn des Exils geprägt ist; er fügt, in seiner Bibliothek, zusammen, was durch Gewalt, Vertreibung, Migration auseinandergesprengt wurde. Er ist ein textbesesse-

ner Zionist, der seine Form der „Rückkehr“ im Zusammenfügen des verlorenenen Materials findet.

In einem Text, den Fritz Homeyer seiner Darstellung *Deutsche Juden als Bibliophile und Antiquare* programmatisch vorangestellt hat, schreibt Karl Wolfskehl:

„Grund, Mitte und Umfang seines Daseins ist für den jüdischen Menschen seit drei Jahrtausenden das Buch. Dies Buch, nach feststehender, stets unverbrüchlich angenommener Überlieferung vom Weltenschöpfer, dem Gotte der Erzväter und des Bundes, selbst dem erkorenen Künder und von diesem niedergeschrieben für das Volk, dem er Wesen gab und Sinn auf Gottes Geheiß, dies Buch, seit es entstand, solange es wirkt im immer gleichen, immer ungleichen Fluß des Geschehens und bis ans geheimnisvolle Ende aller Dinge: immer war es, immer bleibt es eine ‚Schrift‘, immer wieder wurde es niedergeschrieben, war es zum Lesen bestimmt, war es ein in die Materie gebannter, unverrückbar festgelegter Spiegel des ewigen Vorgangs.“[9]

Genug, weitere Lektüre sei empfohlen. Uns heutigen stößt eine Stelle auf: „im immer gleichen, immer ungleichen Fluß des Geschehens“. Das ist schon aus moderner Erfahrung festgehalten: Das Ungleiche, die Varianz, ist bloß Teil des Gleichen. Adler reist mit der Tradition der Grand Tour im Rücken, die Geschichte der Reise „als Ortsveränderung“ (Brilli), wie sie sich seit dem elisabethanischen Zeitalter, „als das Reisen zur Mode wurde“, entwickelt hat, gilt gegen die Mitte des 19. Jahrhunderts mit der Einführung der Eisenbahn und der Popularisierung des Reisens als nahezu abgeschlossen. Adler stehen alle Mittel zur Verfügung, die Welt ist bereits kleiner geworden: „Es ist nur eine Nachtreise vom Suezkanal, der grossen Welthandelsstrasse. Port Said ist heute von London in kaum vier Tagen zu erreichen, und Jaffa ist nur zehn Stunden von Port Said entfernt.“ (S. 17) Aber die in der Grand Tour erworbene Einsicht, daß das Reisen eine Kunst sei, die wie im Zeitraffer die menschliche Reise durch das Leben darstelle, wirkt unter diesen modernen Gegebenheiten noch immer nach.

Deshalb ist die Erkenntnis des „immer gleichen, immer ungleichen“ doch auch programmatisch zu lesen für einen, der diesem „immer wieder“ jetzt hinterher reist von Kairo und Port Said aus nach – ja, wohin? In das Land, zurück zur Spur der Geschichte, müßte man denken und einiges erwarten an Reverenz gegenüber dem Boden, der schließlich am Beginn der Geschichte, als Versprochenes, steht und dann noch einmal, eben von Ägypten aus, versprochen und endlich erreicht worden war. Was Adler aber findet, ist Jaffa: „Die größte Überraschung für den, der die alte ‚Alte Welt' besucht, ist die Kleinheit aller Dinge." (S. 17) Nicht nur so überraschend nah, sondern auch so klein („nicht grösser als Kent") ist das Land, das zu dieser Zeit noch (und vielleicht bis in unsere Tage, aller Modernisierung zum Trotz) „Sackgasse" ist. Wie in einer gerafften Wiederholung der gesamten jüdischen Geschichte in ihrer Beziehung zu diesem Land macht jeder Besucher, und später (oder schon fast gleichzeitig mit Adlers Ankunft) jeder Einwanderer die Erfahrung, nicht sofort und unmittelbar eingelassen zu werden. Adler thematisiert diesen Zusammenhang nicht, spätere Reisende haben es getan, aber im Zusammenhang seiner Reise muß das Bild erwähnt werden. So wie Abraham das ihm versprochene, aber unbekannte Land nur erreicht, um es bald wieder zu verlassen, so wie Moses nach der langen Wanderung durch die Wüste nach der Flucht aus Ägypten kurz vor dem Erreichen des Ziels stirbt, so muß auch in der neuen Zeit jedenfalls der Schiffsreisende noch einen Moment innehalten, muß mit seinem Schiff vor dem Hafen (und den Klippen) von Jaffa anhalten, muß den „unentwirrbaren Lärm" (S. 18) der arabischen Bootsleute hören, der anzeigt, daß das Land, wiederum, in anderem als jüdischem Besitz ist.

Eine Reise in das jüdische Land, 1888, ist eine Reise in den Orient. Jaffa ist damals, aus jüdischem Gesichtspunkt, uninteressant (und schon sieben Jahre später nicht mehr). Adler erlebt das Land im Übergang. Er hat viel Negatives gehört und findet erstaunlich viel Positives. Er macht sich unmittelbar nach seiner Ankunft auf, Jerusalem zu erreichen. Er überliefert uns das Bild einer Stadt, die sich gerade daran macht, aus ihren Mauern heraus zu brechen und die Belastungen der alles dominierenden Vergangenheit zu überwinden. Er besucht die Schulen und wohltätigen Einrichtungen, er ist angenehm objektiv in der Beschreibung des wirklichen jüdischen Lebens, das aus seiner Sicht längst nicht (mehr) so sehr von Bettelei und Abhängigkeit bestimmt ist, wie es andere Berichte behaupteten. Er fügt sich dem Land ein, akzeptiert die türkische Herrschaft ohne ein kritisches Wort, er begibt sich auf eine innere Reise, die in der Wüste, beim einsamen Ritt von Jericho aus in die Wüste hinein sicher ihren Höhepunkt hat: „Das Bewußtsein, mich an der Stelle zu befinden, wo Davids Abenteuer während der romantischsten Episode seines Lebens sich zugetragen hatten, bevölkerte die ganze Gegend mit den Schatten der Vergangenheit."

Er läßt sich von diesen Schatten anregen, mitnehmen, ja, aber er läßt sich nicht überwältigen. Er bleibt ein Reisender. Den besten Beleg für die Fortwirkung der Tradition der „Grand Tour" liefert Adler mit der kurzen Beschreibung vom Verlust seiner Notizen. Einen wirklichen Wissenschaftler hätte dieser Diebstahl vermutlich davon abgehalten, überhaupt nur eine Zeile zu veröffentlichen. Adler kann unbekümmert mitteilen, er sei im Folgenden etwas „unpräzis" und „nachlässig", und müsse sich eben – wie wir als seine Leser – mit dem zufrieden geben, was die Erinnerung übrigließ. Das wäre der Todesstoß für jede Dissertation – es ist aber die geöffnete Tür für den Reisebericht, dem wir weiter folgen, gerade weil sein Autor sich so unvollkommen gezeigt hat, wie wir es beim Nachlesen auch sind.
Die Veränderungen im alten Land[10], suspekt in den Augen nicht nur der osmanischen Regierung, sondern auch der etablierten jüdischen Gemeinschaften in Europa, öffnen eine ganz neue Zeit. Adler hätte ihr Botschafter werden können. Statt dessen blieb er, auf der Suche nach den Manuskripten, in der Vergangenheit und reiste ihr weiter hinterher. Was ihn durchaus interessiert, sind die Schulen. Die *Alliance Israélite* Universelle, gegründet 1860 in Paris, betrieb Schulen in Palästina und im ganzen Nahen Osten – überall dort, wo Juden lebten. Ihr Programm war nicht zionistisch und stand lange unter dem Verdacht des Antizionismus. Das schreckte Adler überhaupt nicht – wo Bildung Programm war, war auch er zu finden. Seine Arbeit läßt sich deshalb, wie sein ganzes Buch, kaum als Beitrag zur Geschichte des modernen Israel lesen, wie ihn beispielsweise das israelische Unterrichtsministerium für seine Lehrbücher verwenden würde. Mit der vordergründig allein gegen einen antijüdischen Rassismus argumentierenden Notiz, „In der Tat: an keinem anderen Orte kann man so wie in Jerusalem, wo alle Nationen vertreten sind, sich von der Tatsache überzeugen, dass es keinen einheitlich-charakteristischen Typus für das jüdische Gesicht gibt" (S.), weist Adler auch alle zionistische Tendenz zur Schaffung eines „neuen jüdischen Menschen" zurück.
Das Buch, wie die Arbeit des Sammelns und Zusammentragens, ist vielmehr im Hinblick auf die Geschichte der Shoah und auf die Geschichte der weiteren Existenz einer Diaspora außerhalb des 1948 endlich gegründeten jüdischen Staates von grundlegender Bedeutung. Die politische Aufgabe, einen sicheren Hafen der Zuflucht für das bedrängte Judentum zu errichten, ist – wenn auch viel zu spät – erfüllt. Was bleibt, außerhalb des Landes, aber in engster Verbindung zu ihm, sind die Zeugnisse (auch und gerade die schriftlichen Zeugnisse) jüdischer Kultur in der ganzen Welt. Bis

nach Indien und China, bis nach Südamerika. Bemühungen zur Sicherung und Bewahrung dieser Zeugnisse gab es immer wieder, aber erst in unseren Tagen läßt sich, nach der Überwindung der Teilung Europas, mit dem neuen Erwachen jüdischen Lebens in Osteuropa, mit dem endlich erwachten Interesse Spaniens und Portugals nach 1992, der Versuch unternehmen, diese schriftlichen Quellen für die jüdische Präsenz mit modernen Methoden und in einer internationalen Kooperation zu sichern. Ich habe die unbescheidene Phantasie, daß es Elchanan Nathan Adler gefallen hätte, von einer Zusammenkunft von Archivaren und Bibliothekaren gemeindlicher und staatlicher Einrichtungen zu hören, die im Juli 1999 erstmals in Potsdam – wahrlich: an unvermutetem Ort – stattfinden konnte. „Preserving Jewish Archives as Part of the European Cultural Heritage" war das Motto einer von der Europäischen Kommission geförderten Tagung, die hoffentlich nur den Auftakt zu einer großen, europaweiten, ja weltweiten Anstrengung bildete: die schriftlichen und bildlichen Zeugnisse der jüdischen Geschichte, nach der Zerstreuung, nach der Zerstörung, und in enger Kooperation mit den israelischen Archiven zu sammeln, zu katalogisieren und der Forschung zugänglich zu machen. Für die Frage, was alles zu tun ist in diesem Bereich, wohin unser Blick sich richten muß, sind die Reiseberichte von Adler eine der wichtigsten Quellen. Somit könnte die neue Auflage seiner Berichte eine Aktualität annehmen, die selbst Adler kaum hatte ahnen können.

Anmerkungen

1 Paul Arnsberg: Die Geschichte der Frankfurter Juden seit der Französischen Revolution. Band III: Biographisches Lexikon der Juden in den Bereichen Wissenschaft, Kultur, Bildung, Öffentlichkeitsarbeit in Frankfurt am Main. Hrsg. vom Kuratorium Jüdische Geschichte e.V., Frankfurt am Main. Bearbeitet und vollendet durch Hans-Otto Schembs. Darmstadt 1983, S. 15 f.

2 Ausführlich dazu H.D. Schmidt, Chief Rabbi Nathan Marcus Adler (1803-1890). Jewish Educator from Germany. In: Leo Baeck Institute Year Book VII/1962, S. 289-311.

3 Vgl. dazu Shlomo Berger, The Desire to Travel: A Note on Abraham Levy's Yiddish Itinerary (1219-1723), in: Aschkenas. Zeitschrift für Kultur und Geschichte der Juden 6/1996, H. 2, S. 497-506.

4 The Children of Israel Living in the Holy Land in the Year 5599 – 1839.

5 David Philipson, Old European Jewries. Philadelphia 5703 – 1943, S. 1.

6 Israel Cohen, Travels in Jewry. New York 1953, S. 7.

7 „Ich habe mich später oft gefragt", schreibt Gronemann in seinen immer noch unveröffentlichten Erinnerungen, (zitiert nach Manuskript im New Yorker Leo Baeck Institute) „wie es nur geschehen konnte, daß so viele jüdische Männer, die bis dahin allen jüdischen Dingen ferngestanden hatten oder zumindest den Gedanken des Zionismus ablehnten und mit Emphase betonten, daß sie nichts seien als Deutsche jüdischen Bekenntnisses, durch ihre Erlebnisse als Soldaten und an der Front vollkommen ihre Überzeugung änderten und sich zur national jüdischen Anschauung bekannten. Die Tatsache an sich ist nicht zu bezweifeln, und wie ich hat jeder, der jene Zeit bewußt miterlebt hat, diese Erscheinung vielfach beobachten können. Sie ist durchaus nicht auf eine verstärkte antisemitische Haltung im Heere zurückzuführen. (...) Die Gründe lagen viel tiefer. In normaler Zeit, war es der offene oder latente Antisemitismus, der zu jenem ungesunden und unnatürlichen Verhältnis der Juden zu ihren Gastvölkern führte. Überlegenheitsgefühl, Hochmut oder im besten Falle wohlwollende Toleranz gegenüber den Angehörigen einer zweitrangigen Klasse ihrer Mitbürger auf der einen Seite - Minderwertigkeitskomplexe, der Drang zur Überkompensierung derselben oder latentes Mißtrauen auch gegenüber Wohlwollenden der herrschenden Mehrheit auf der anderen Seite, schufen jene unerträgliche Atmosphäre. Man empfand ständig das Bestehen einer festen Schranke." Jetzt, im Kriege, war die Schranke „zeitweilig" gefallen, „und da nun endlich man gleich und gleich verkehrte, als die Schranken weggefallen waren, als jeder sich so gab wie er war und nicht wie er scheinen wollte, begriff der Jude, daß er doch etwas ganz anderes sei als der arische Freund und Kamerad. Er stellte vielleicht nichts Besseres und nichts Schlechteres dar, aber etwas anderes." Im „vertrauten Verkehr" erst wurde sich jeder des Besonderen bewußt, das er darstellte, und „fand zu sich zurück". Die zionistische Interpretation, später hinzugefügt, lautet: „Und es ging ihm die Erkenntnis auf, daß der Antisemitismus erst dann aus der Welt verschwinden würde, wenn auf eigenem freien Boden ein jüdisches Volk wohnen wird, das in die Gemeinschaft der Nationen als gleichberechtigt eintreten und in das große Konzert aller Völker seine eigene Note bringen wird". Er begriff, daß nur der freie, sich natürlich und ungezwungen gebende Jude von den anderen angesehen und empfangen werden kann. Er begriff es vielleicht gerade dort, im Osten, wo die deutschen Eroberer den im Grunde sympathisierenden Bewohnern mit großer Arroganz entgegentraten: „Ich sah dort zum ersten mal die Juden wirklich ihr eigenes Leben führen, so natürlich, wie es ein Engländer oder Franzose lebt. Sie brauchten sich nicht erst künstlich zu beweisen, daß sie Juden oder daß die Juden ein Volk sind."

8 Richard D. Altick, The Scholar Adventurers. New York 1960, S. 1 f.

9 Karl Wolfskehl: Die Juden und das Buch. In: Fritz Homeyer: Deutsche Juden als Bibliophile und Antiquare. Tübingen 1966, S. 1–5; hier S. 1.

10 Vgl. dazu Jehuda Reinharz, Old and New Yishuv. The Jewish Communit in Palestine at the Turn of the Twentieth Century. Jewish Studies Quarterly, vol. 1/1993, S. 54–71.

Erläuterungen

Elchanan Nathan Adler erläutert viele der von ihm verwendeten Fachbegriffe aus der jüdischen Religion, Geschichte und Literatur selbst. Diese Begriffe werden hier nicht aufgenommen. Statt dessen sollen einige Stichworte assoziativ herausgegriffen werden, die folgenden Erläuterungen wollen weniger ein Glossar sein als ein Bestandteil des Nachworts.

Vorwort

Sir Moses Montefiore. Geboren 1784 in Livorno, aufgewachsen in London, ausgebildet bei einer Firma von Lebensmittel- und Teegroßhändlern. Wurde einer der zwölf jüdischen Börsenhändler in der Londoner City. Seine Heirat mit Judith Cohen, 1812, machte ihn zum Schwager von Nathan Mayer Rothschild. Nach einer ersten Palästina-Reise 1827 begann er, ein traditionelles Leben zu führen, seine starke Opposotion bremste die Entwicklung der jüdischen Reform in Großbritannien. 1838 entwarf er einen Plan für den Landkauf in Palästina, er brachte Industrie ins Land und regte die Gründung verschiedener landwirtschaftlicher Kolonien an. Der Stadtteil Yemin Moshe in Jerusalem ist nach ihm benannt. Montefiore galt als der Letzte der shtadlanim, deren persönliche Beziehung zu den Regierenden das Los der Juden zu verbessern halfen. Er starb 1885 in London.

Holy Land Relief Fund. Von Moses Montefiore gegründete Stiftung zum Erwerb von Land in Palästina.

Ägypten im Jahre 1888

Saadia. (Said) b. Josef, 892 Fajjum (Oberägypten) – 942 (Sura (Babylonien), Gaon zu Sura, Religionsphilosoph, Exeget, Grammatiker, Apologet und liturgischer Dichter. Saadia gilt als der erste Autor der rabbinischen Literatur und Begründer „fast ihrer sämtlichen Literaturzweige", wie auch als Verteidiger der mündlichen Lehre „gegen Karaäer und andere Sektierer" (Philo-Lexikon 1936)

Maimonides. Mose ben Maimon (RaMBaM), geb. 30. 3. 1135 Cordoba, gest. 13. 12. 1204 in Fostat (Ägypten, Vorstadt von Kairo), begraben in Tiberias. Bedeutendster jüdischer Philosoph des Mittelalters, Kodifikator und Arzt. Als sein Hauptwerk gilt *More Newuchim* („Führer der Verirrten"), eine Darstellung des Judentums mit den Formen der aristotelischen Philosophie. Außerdem: *Mischne Tora* („Wiederholung der Gesetze") und *Sefer ha-Mizwot* (Buch der Gebote und Verbote), beide arabisch geschrieben.

Minhag. (Führung, Sitte) Religiöser Brauch mit örtlich unterschiedlichen Varianten bzw. gottesdienstlicher Ritus.

Karaiten (B'ne Mikra, Söhne der Schrift; Karaäer). Jüdische Sekte, deren Anhänger nur die Bibel anerkennen, den Talmud aber ablehnen. Entstanden im 8. Jh. in Vorderasien, breitete sich die Sekte über Byzanz nach Rußland, vor allem auf die Krim, aus.

Masoretische Bibel. Massora, hebr. „Überlieferung", Bezeichnung für die sprachliche Überlieferung des Bibeltextes, die Gelehrte in Babylonien und Palästina („Massoreten") vom 7. bis 10. Jh. pflegten.

Ladino. Die Juden der iberischen Halbinsel entwickelten eine eigene Mischsprache, das „Judenspanisch" oder „Spaniolisch" verbreitete sich nach der Vertreibung 1492 mit den sephardischen Juden über die ganze Welt. Als Fachbegriffe haben sich in der Forschung judeo-espanol für die aus einem altertümlichen Spanisch entwickelte Umgangssprache und Ladino für alle (zumeist in hebräischen Lettern verfaßten) Texte religiösen Zusammenhangs durchgesetzt.

Alliance Israélite Universelle. Internationale jüdische Hilfsorganisation, 1860 unter dem Eindruck der Damaskus-Affäre gegründet. Kampf gegen Antisemitismus, für jüdische Emanzipation, humanitäre Hilfe. Schwerpunkt war (und ist) die Erziehungsarbeit mit einem Netz von Schulen und Lehrwerkstätten von Marokko über die Mittelmeerländer bis Palästina, ebenso in den Ländern des Balkan.

24. Psalm. Der Psalm (von David) bezieht sich auf den Einzug ins Heiligtum des Herrn.

Laubhütten (Sukkot). Das Laubhüttenfest anläßlich der Obst- und Weinernte vom 15.–22. Tischri, nach den hohen Feiertagen, ist ein Fest der

Freude. Besonderes Kennzeichen ist das Wohnen in einer Laubhütte zur Erinnerung an das Leben in Hütten und an Gottes Bewahrung beim Auszug aus Ägypten (Lev 23, 42 f.). Für Reisende wie Adler war die Präsenz von Laubhütten ein sichtbares Zeichen für die Religiosität der besuchten Gemeinden, aber auch für die religiöse Toleranz der jeweiligen Orte.

Von Jaffa nach Jerusalem

Westmauer (ha-Kotel ha-Ma'arawi). Der Westteil der Umfassungsmauer des herodianischen Tempelbezirks in Jerusalem ist das letzte erhaltene Zeugnis nach der Zerstörung des Tempels, 70 u.Z. Erst im 16. Jh. wurde der Ort der Schechina, Gottesgegenwart, der Westmauer zugeschrieben; seitdem gilt sie in allen literarischen Quellen als zentraler Ort der Versammlung und des Gebets.

Drusen. Religiös-ethnische Gruppe im Libanon, in Syrien und den Nachbargebieten, ca. 90.000 Seelen. Der Name geht zurück auf Darazi, der 1017 den fatimidischen Kalifen al-Hakim zur letzten Inkarnation Gottes erklärte. Die Lehre bleibt großenteils geheim, nur etwa 15% der Bevölkerung kennen sie. Drusen unterstützen politisch die Herrschaft des jeweiligen Wohngebiets.

Chassidismus. Mystisch-religiöse jüdische Bewegung, um die Mitte des 18. Jhs. in Südostpolen und Galizien entstanden. Als Begründer gilt Israel ben Elieser, der Baal Schem Tow, der vor allem auf die breiten und verarmten Volksschichten wirkte. Nach 1773 bilden sich verschiedene Gruppen und Dynastien heraus, in denen die leitende Stellung des *Zaddik* vererblich wurde. Gott durchdringt die gesamte Materie, jede Handlung kann Gottesdienst sein. Tanz und Musik spielen eine wichtige Rolle.

Luria, Isaak ben Salomo. Geb. 1534 in Jerusalem, gest. 1572 in Jerusalem (?). Mit dem Begriff der Kabbala (hebr. Überlieferung") verbindet sich die Vorstellung einer jüdischen Mystik und Geheimlehre. Entstanden aus esoterischen Strömungen im Judentum, führt die Kabbala jüdisches Gedankengut und mystische Vorstellungen, Spekulationen etwa über den „himmlischen Thronwagen", über Engel und Dämonen, über den Gottesnamen, Zahlenmystik und Buchstabendeutung zusammen. Hauptwerk der älteren Kabbala ist das Buch *Sohar.* Isaak Luria entwickelte ein neues, messianisch gefärbtes System, „in ihm kann ganz Israel die bei einer kosmischen Katastrophe in die materielle Welt versprengten göttlichen Lichtfunken durch Läuterung und Tora-Erfüllung wieder zusammenfügen" (Lutz Doering).

Chalukah (hebr. „Verteilung"). System der finanziellen Unterstützung armer und frommer Juden in Palästina, v.a. in den heiligen Städten Jerusalem, Hebron, Safed und Tiberias, durch Gemeinden in der Diaspora. Vor allem aschkenasische Einwanderer bildeten gemäß ihrer Herkunftsregion „spendenempfangende Gruppen" (hebr. Kolelim) und verteilten die Gelder nach bestimmten Schlüsseln „pro Kopf". Die Calukah geriet seit Mitte des 19. Jhs. und nach dem Beginn einer Pionier-Einwanderung in die Kritik.

Die Umgebung Jerusalems

Hirsch, Moritz Baron von. Geboren 1831 im München, gest. 1896 in O'Gyala, Ungarn. Mitinhaber einer Bank in Paris und Konzessionär für Eisenbahnbauten im osmanischen Reich, verwendete er sein Vermögen zum großen Teil für jüdisch-philanthropische Zwecke, so gründete er 1891 die Jewish Colonization Association.

Rischon le-Zion. Gelegen in der judäischen Ebene. 1882 von Immigranten aus Rußland gegründet, war das Dorf – anders, als sein Name (nach Jesaja, 41:27) es behauptet, nicht das „erste", sondern das zweite zionistische Siedlungsprojekt. Unter der Verwaltung von Baron Rothschild wurden Weinberge angepflanzt und Kellereien errichtet, die bis heute bestehen. 1900 übernahm die PICA, Palestine Jewish Colonization Association, die Verwaltung.. 1887 wurde hier die erste Organisation landwirtschaftlicher Arbeiter, *Agudat Poalim*, gegründet.

Hebron, das Tote Meer und Jerusalem

Sarona. Die christliche Sekte der Templer, ursprünglich aus dem Württembergischen stammend, gründete in den vierziger Jahren des 19. Jhs. eine landwirtschaftliche Siedlungen in Palästina, bes. in Haifa und in der Nähe Jaffas (Wilhelma, Walhalla). Während des Zweiten Weltkriegs wurden die Templer vom britischen Mandatar zumeist nach Australien deportiert.

Sarona liegt heute inmitten und Tel-Aviv, dort befindet sich das israelische Verteidigungsministerium.

Zweiter Besuch in Palästina im Jahre 1895

Das Neue Jerusalem. 1856 hatte Jerusalem eine Gesamtbevölkerung von ca. 18.000 Seelen, davon waren 6.000 Juden. Während der gesamten Zeit der osmanischen Herrschaft (seit 1517) hatte es einen regelmäßigen Zuzug in die Stadt gegeben. 1860 entstand das erste außerhalb der alten Stadtmauern gelegene neue Viertel, Mishkenot Sha'ananim. 1874 entstand Mea Shearim. Erst danach schufen auch Christen (1878) und Muslime (Ende des Jahrhunderts) eigene neue Stadtviertel. Die erste Einwanderungswelle, ausgelöst durch Pogrome in Südrußland und inspiriert durch den Gedanken der „Zionsliebe" und der von Leon Pinsker formulierten „Autoemanzipation", begann 1882. 1890 hatte die Stadt bereits 40.000 Einwanderer, die Hälfte davon Juden.

Squatters (engl., „Besetzer").

Türkische Zollbehörde. Nach der Niederwerfung des letzten großen jüdischen Aufstands (Bar-Kochba, 135 u. Z.) gaben die Römer dem Land den Namen Palästina (griech.-lat. „Philisterland"). Nach der Teilung des Römischen Reiches gehörte das Land zu Byzanz. 636 eroberten die islamischen Araber das Land, danach herrschten zeitweise die Kreuzfahrer, nach 1291 gehörte Palästina zu Ägypten. Von 1517 an war das Land ein Teil des Osmanischen Reichs und darin der Provinz Syrien. Nach den militärischen Erfolgen Großbritanniens im Ersten Weltkrieg übertrug der Völkerbund Großbritannien das Mandat über Palästina, das ab 1922 galt.

Saloniki

Almemor (vom arab. „Kanzel") für den hebr. Begriff bima („Bühne"), umgrenzter Platz in der Mitte der Synagoge zur Vorlesung der Tora.

Sabbatai Zevi. Pseudomessias, geb. 1626 in Smyrna (heute Izmir), gest. 1676 in Dulcigno (heute Ulcinj, Montenegro). Ergriffen von der lurianischen Kabbala, „die die messianischen Erwartungen und das Bewußtsein förderte, durch asketischen Lebenswandel, Meditation und Bewahrung der Gebote das messianische Zeitalter vorbereiten zu können", aber auch unter dem Eindruck der Pogrome in der Ukraine und Polen, verließ S. Smyrna und gelangte nach Jerusalem. Ließ sich im Mai 1665 zum Messias ausrufen und scharte eine große Zahl von Anhängern um sich. 1666 verhaftet und vor die Wahl zwischen Hinrichtung und Übertritt zum Islam gestellt, entschied er sich für die Konversion.

Genizah (urspr. persisch, hebr. „Aufbewahrung"). Unbrauchbar gewordene heilige Bücher und Schriften, auch Gegenstände werden in Synagogen aufbewahrt und (häufig) später rituell bestattet. Im Kairoer Stadtteil Fostat wurden im 19. Jh. in einer Synagoge aus dem Jahr 1882 über 200.000 vergessene Texte und Fragmente aus dem 9.–13. Jh. wieder entdeckt. Der größte Teil wird in der „Taylor-Schechter-Collection" an der Universität Cambridge und am Jewish Theological Seminary in New York aufbewahrt.

Smyrna

Dreyfus-Affäre. Anlaß für die schwerwiegende und folgenreiche innenpolitische Krise in Frankreich war die unbegründete kriegsgerichtliche Anklage gegen den jüdischen Offizier Alfred Dreyfus (1859–1935) wegen der angeblichen Spionage für Deutschland. 1894 wurde D. zu lebenslänglicher Verbannung verurteilt; trotz der Entdeckung gefälschter Dokumente und trotz öffentlicher Proteste (1898 schrieb Emile Zola sein „J'accuse") erneute Verurteilung 1899, erst 1906 wurde D. rehabilitiert. Theodor Herzl war Beobachter des Prozesses und schrieb nicht zuletzt unter diesem Eindruck sein Buch „Der Judenstaat".

More Nebuchim (oder *Newuchim*). „Führer der Verwirrten" oder „Unschlüssigen", Hauptwerk des Mose ben Maimon. Arabische Urfassung mit hebräischen Lettern 1190, erste hebr. Übersetzung 1204. „Zeigt die Übereinstimmung der zeitgenössischen Wissenschaft, d.h. des arabischen Aristotelismus, mit den jüdischen Quellen. Dabei schwankt der Verfasser selbst zwischen philosophischem Naturalismus und religiösem Supranaturalismus. [...] Spekulative Erkenntnis, nicht moralische und religionsgesetzliche Pflichterfüllung ist danach das höchste menschliche Gut." (Daniel Krochmalnik)

Beth Din, rabbinische Bezeichnung für den jüdischen Gerichtshof. Nach dem Ende des großen Sanhedrin 70 u. Z. das unumstrittene kulturelle und politische Zentrum der Juden in Palästina. In der Diaspora, v. a. im Mittelalter das entscheidende Instrument der gemeindlichen Autonomie, heute hat es zumeist die Bedeutung eines Schiedsgerichts in religiösen Fragen, in Israel bezeichnet es das rabbinische Gericht, das in religiösen und personenrechtlichen Fragen entscheidet.

Aleppo

Benjamin von Tudela. Jüdischer Reisender und Chronist der zweiten Hälfte des 12. Jhs. Seine Reisen (um 1160–1173) führten ihn in nahezu 300 Orte der verschiedensten Länder, sein Buch „Sefer ha-Massaot" (erstmals 1543 in Konstantinopel veröff.) gilt als eines der bedeutendsten geographischen Bücher des Mittelalters – darin enthalten sind auch Mitteilungen über die Lebensweise der Gemeinden, ihre Größe und soziale Schichtung.

Tamerlan. Abendländisch für Timur i-Läng (Timur der Lahme), türkisierter mongolischer Kriegshäuptling.

Die persischen Juden

Anglo-Jewish Association. Englisch-jüdische philanthropische Organisation, 1871 zur Förderung des Schulwesens in den orientalischen Ländern gegründet, öffnete sich 1925 zionistischen Ideen und Projekten.

Buchara. Stadt in Mittelasien, um 1930 ca. „30.000 Juden ältester Herkunft (vielleicht 1. Jh.), anthropologisch u. kulturell von den übrigen Juden unterschieden, jüdisch-persische Sprache" (Philo-Lexikon 1936). In Israel als Sammelbegriff für Juden aus den kaukasischen Republiken üblich.

Marranen (span. „marranos", abgeleitet von „marrana", „Sau"). Umgangssprachlich seit dem 16. Jh. für (zwangs)getaufte Juden, die häufig – oder vorgeblich – im geheimen ihrem jüdischen Glauben weiter anhingen. In amtlichen Dokumenten Converso oder Nuevo Cristiano.

Russisch-Jüdische Frage. Tatsächlich wurde die Anregung Adlers unter Stalin in Ansätzen verwirklicht, in der „Autonomen Jüdischen Sowjetrepublik"

Birobidschan in Sibirien entstand ein jüdisches Wohngebiet als politische Alternative zum Zionismus, die allerdings nie mehr als eine Bevölkerung von 30.000 und ca. neun Prozent der Gesamtbevökerung dort erreichte.

Der Besuch in Moisesville

Jewish Colonization Association. Gegründet 1891 von Baron Moritz von Hirsch mit dem Ziel, Mittel für die Schaffung jüdischer Ackerbaukolonien in Argentinien bereitzustellen.

In Kowno

Schechita (Schlachtung). Schlachten gesunder, reiner Tiere nach den Bestimmungen des jüdischen Gesetzes; approbierter Schächter (Schochet).

Steinschneider, Moritz. Orientalist und Bibliograph, geb. 1816 in Proßnitz (Mähren), gest. 1907 in Berlin. Dozent an der Veite-Heine-Ephraim-Stiftung und Direktor der jüdischen Mädchenschule in Berlin. Herausgeber zahlreicher Kataloge, hebr. Bücher und Handschriften. Festschrift (1896) enthält ein Schriftenverzeichnis.

Responsen. Hebr. Scheelot u-Teschuwot. Rabbinische Bezeichnung für einen Briefwechsel zwischen Gelehrten über Probleme der Halacha, aber auch für Antworten gelehrter Rabbiner an Gemeinden in der Diaspora. Responsen sind als Präzedenzfall-Entscheidungen wichtige Faktoren für die Weiterentwicklung der Halacha und des Rechts und geben darüber hinaus Einblicke in die sozialen, wirtschaftlichen, religiösen und politischen Verhältnisse der Juden in verschiedenen Zeiten.

Die indischen Juden

Bene(i) Israel. Jüdische Gemeinschaft in Indien, v.a. Bombay, mit eigener, vom rabbinischen Judentum weitgehend getrennter Entwicklung. Wiederannäherung an das rabbinische Judentum im 19. Jahrhundert, als auch Schulen entstanden und Hebräisch unterrichtet wurde. 1948–1969 wanderten über 12.000 B. nach Israel aus, fühlten sich dort aber lange Zeit diskriminiert.

Reihe JÜDISCHE MEMOIREN

Herausgegeben von Hermann Simon
Direktor der Stiftung „Neue Synagoge Berlin – Centrum Judaicum"

Meno Burg — Band 1

Geschichte meines Dienstlebens

Erinnerungen eines jüdischen Majors der preußischen Armee

Erweiterter Neudruck der Ausgabe von 1916
Mit einem Nachwort von Hermann Simon
DM 36,80/18,40 Euro · 240 S., 18 Abb., Festeinband mit Schutzumschlag, ISBN 3-933471-00-1

Burg wollte in dieser Niederschrift Juden der jüngeren Generation durch sein eigenes Beispiel ermutigen, sich mit Engagement und Gottvertrauen an eine Karriere im Staats- und Militärdienst zu wagen; ein Vor-Bild, das freilich höher hing, als er selbst glauben wollte. Frankfurter Allgemeine Zeitung

Jacob Teitel — Band 2

Aus meiner Lebensarbeit

Erinnerungen eines jüdischen Richters im alten Rußland

Vorwort von Simon Dubnow und einer Charakteristik von Maxim Gorki
Neu hrsg. mit einem Essay und Anmerkungen von Ludger Heid
Einleitung von Hermann Simon
DM 36,80/18,40 Euro · 344 S., 18 Abb., Festeinband mit Schutzumschlag, ISBN 3-933471-03-6

... neu aufgelegt und von Ludger Heid sachkundig kommentiert – ein bewegendes Zeugnis vom jüdischen Leben im alten Rußland ... Frankfurter Allgemeine Zeitung

Karl Schwarz — Band 4

Jüdische Kunst – Jüdische Künstler

Erinnerungen des ersten Direktors des Berliner Jüdischen Museums

Herausgegeben von Chana C. Schütz und Hermann Simon
Mir zahlreichen Abbildungen, Kurzbiographien der erwähnten Künstler und einem Register
DM 48,–/24,00 Euro · 309 S., 40 Abb. z.T. farbig, Festeinband, ISBN 3-933471-05-2

Schmerzhaft auferlegtes „Verzichten" des Autors auf die Freuden eines gesunden Mannes, „Geschichten" aus seinem Leben, „Bilder" in übertragenem Sinne, und reiches hinzugefügtes Bildmaterial fügen sich in diesem interessanten Buch als ein Ganzes zusammen, etwas, das „bleibt". Israel Nachrichten

Martin Riesenburger — Band 5

Das Licht verlösche nicht

erscheint Ende 2001

Erinnerungen an ein Berliner Rabbinerleben

Herausgegeben und mit Beiträgen von Andreas Nachama und Hermann Simon
ca. DM 29,–/14,50 Euro · ca. 128 S., ca. 10 Abb., Festeinband, ISBN 3-933471-21-4

Sabine Hank und Hermann Simon

Feldpostbriefe jüdischer Soldaten 1914–1918

Sonderband
erscheint Ende 2001

Briefe ehemaliger Zöglinge an Sigmund Feist
Direktor des Reichenheimschen Waisenhauses der Jüdischen Gemeinde zu Berlin

Herausgegeben von der Stiftung „Neue Synagoge Berlin – Centrum Judaicum" und dem Militärgeschichtlichen Forschungsamt, Potsdam
ca. DM 38,90/19,50 Euro · ca. 240 S., ca. 66 Abb., Broschur, ISBN 3-933471-25-7

Fräulein Rabbiner Jonas

Sonderband

„Kann die Frau das rabbinische Amt bekleiden?"
Eine Streitschrift von Regina Jonas

Regina Jonas 1902–1944, erste Rabbinerin der Welt
Ediert, kommentiert und eingeleitet von Elisa Klapheck
Mit einem Vorwort von Hermann Simon
DM 39,80/20,00 Euro · 328 S., 31 Abb., Festeinband
2. korrigierte Auflage , ISBN 3-933471-17-6

Das Buch ist ein fortwirkendes Gemisch aus Intelligenz, Bildung und virtuosem Umgang mit den Quellen.
Aufbau, New York